甘肃省一流学科建设项目资助成果

教育部人文社会科学重点研究基地西北师范大学西北少数民族教育发展研究中心资助成果

教育部人文社会科学研究青年基金项目"新课程下西北民族地区语文课堂教学方式调查研究"（编号：13YJC880119）研究成果

西师教育论丛
主编 万明钢

西北地区语文课堂变革研究
——以甘南、临夏、天祝、肃南四地为例

赵晓霞 著

Xibei Diqu Yuwen Ketang Biange Yanjiu
Yi Gannan Linxia Tianzhu Sunan Sidi Weili

中国社会科学出版社

图书在版编目(CIP)数据

西北地区语文课堂变革研究：以甘南、临夏、天祝、肃南四地为例 / 赵晓霞著. —北京：中国社会科学出版社，2019.9
ISBN 978 - 7 - 5203 - 5198 - 0

Ⅰ. ①西… Ⅱ. ①赵… Ⅲ. ①语文课—课堂教学—教学研究—中小学—西北地区 Ⅳ. ①G633.302

中国版本图书馆 CIP 数据核字（2019）第 216549 号

出 版 人	赵剑英	
责任编辑	周晓慧	
责任校对	无 介	
责任印制	戴 宽	

出　　版	中国社会科学出版社	
社　　址	北京鼓楼西大街甲 158 号	
邮　　编	100720	
网　　址	http://www.csspw.cn	
发 行 部	010 - 84083685	
门 市 部	010 - 84029450	
经　　销	新华书店及其他书店	

印　　刷	北京明恒达印务有限公司	
装　　订	廊坊市广阳区广增装订厂	
版　　次	2019 年 9 月第 1 版	
印　　次	2019 年 9 月第 1 次印刷	

开　　本	710×1000　1/16	
印　　张	22	
插　　页	2	
字　　数	318 千字	
定　　价	108.00 元	

凡购买中国社会科学出版社图书，如有质量问题请与本社营销中心联系调换
电话：010 - 84083683
版权所有　侵权必究

总　序

正如学校的发展一样，办学历史越久，文化底蕴越厚重。同样，一门学科的发展水平，离不开对优良学术传统的坚守、继承与发展。西北师范大学教育学的发展，也正经历着这样的一条发展之路。回溯历史，西北师范大学前身为国立北平师范大学，发端于1902年建立的京师大学堂师范馆，1912年改为"国立北京高等师范学校"，1923年改为"国立北平师范大学"。1937年"七七"事变后，国立北平师范大学与同时西迁的国立北平大学、北洋工学院共同组成西北联合大学，国立北平师范大学整体改组为西北联合大学下设的教育学院，后改为师范学院。1939年西北联合大学师范学院独立设置，改称国立西北师范学院，1941年迁往兰州。从此，西北师范大学的教育学人扎根于陇原大地，躬耕默拓，薪火相传，为国家培育英才。

教育学科是西北师范大学教育学院的传统优势学科，具有悠久的历史和较强的实力。1960年就开始招收研究生，这为20年后的1981年获批国家第一批博士点打下了坚实的基础。当时，西北师范学院教育系的师资来自五湖四海，综合实力很强，有在全国师范教育界影响很大的著名八大教授：胡国钰、刘问岫、李秉德、南国农、萧树滋、王文新、王明昭、杨少松，他们中很多人曾留学海外，很多人迁居兰州，宁把他乡做故乡，扎根于西北这片贫瘠的黄土高原，甘于清贫、淡泊名利、默默奉献，把事业至上、自强不息、爱岗敬业的精神，熔铸在西北师范大学教育学科发展的文化传统之中，对西部教育事业的发展作出了重要贡献。"随风潜入夜，润物细无声。"先生之风，山高水长。为西北师范大学早期教育学科的卓越发展作出重大贡献的先生们，他们身体力行、典型示范，对后辈学者们潜心学术，继承学问产生了重要的、潜移默化的影响，体现了西北师范大学的教育学人扎根本土、潜心学术、面向全国、放眼世界，站在学科发展前沿，培养培训优秀师资，服务地方经济社会发展的教育胸怀与本色。

西北师范大学教育学科历经历史沧桑的洗礼发展走到今天，已形成了相对稳定而有特色的研究领域。尤其是在国家统筹推进世界一流大学和一流学科建设的大背景下，西北师范大学的教育学作为甘肃省《统筹推进高水平大学和一流学科建设实施方案》规划的一流学科建设项目，迎来了学科再繁荣与大发展的历史良机。为此，作为甘肃省一流学科建设项目成果、西北师范大学课程与教学论国家重点（培育）学科建设成果、教育部人文社会科学重点研究基地西北师范大学西北少数民族教育发展研究中心科研成果，我们编撰了"西师教育论丛"，汇聚近年来教育学院教师在课程与教学论、民族教育、农村教育、高等教育以及学前教育等方面的学术成果。这些成果大多数是在中青年学者的博士学位论文，科研项目以及扎根教学实践的基础上进一步凝练的结晶。他们深入民族地区和农村地区的村落、学校，深入大学与中小学的课堂实践，通过详查细看，对语文、数学、英语、物理、化学、研究性学习等学科课程教育教学的问题研究，对教育基本理论问题的思考，对教育发展前沿问题的探索……这些成果是不断构建和完善高水平的现代教育科学理论体系，大力提高教育科学理论研究水平和教育科学实践创新能力，进一步发挥教育理论研究高地、教育人才培养重镇、教育政策咨询智库作用的一定体现，更是教育学学科继承与发展的重要过程。

筚路蓝缕，以启山林。目前付梓出版的这些著作不仅是教师自我专业成长的一个集中体现，也是西北师范大学教育学院教育学科发展与建设的新起点。当然，需要澄明的是，"西师教育论丛"仅仅是西北师范大学教育学研究者们在某一领域的阶段性成果,是研究者个人对教育问题的见解与思考,其必然存在一定的不足,还期待同行多提宝贵意见,以促进我们的学科建设和发展。

万明钢

2017年9月

目　录

第一章　绪论 …………………………………………………… （1）
　一　研究缘起 ………………………………………………… （1）
　二　研究目的和意义 ………………………………………… （3）
　三　文献综述 ………………………………………………… （5）
　四　研究内容 ………………………………………………… （10）
　五　研究思路与方法 ………………………………………… （12）

第二章　西北地区语文课堂变革的理论分析 ………………… （16）
　一　西北地区教育变革的影响因素分析 …………………… （16）
　二　语文课堂教学有效性模式探微 ………………………… （24）
　三　语文教师专业发展的核心构成要素 …………………… （39）

**第三章　西北地区语文课堂变革调查（一）：课堂
　　　　　有什么变化** ………………………………………… （57）
　一　调查研究的背景和意义 ………………………………… （57）
　二　研究设计与实施 ………………………………………… （58）
　三　西北地区语文课堂教学变革调查结果与分析 ………… （62）
　四　西北地区语文课堂变革调查结论与讨论 ……………… （105）

**第四章　西北地区语文课堂变革调查（二）：课堂
　　　　　发生了什么** ………………………………………… （126）
　一　课堂教学研究的背景和目的 …………………………… （126）

二　课堂教学研究的对象与选择……………………………（127）
　　三　课堂研究的设计与基本方法……………………………（129）
　　四　课堂观察结果与评析……………………………………（132）
　　五　课堂研究结论与讨论……………………………………（276）

第五章　结论与展望……………………………………………（299）
　　一　西北地区语文课堂变革研究结论………………………（299）
　　二　深化西北地区语文课堂变革的建议……………………（325）

参考文献…………………………………………………………（336）

后　记……………………………………………………………（342）

第一章 绪论

一 研究缘起

随着我国课程改革的推进和深入，发展学生"自主、合作、探究"能力的教育观念已被广泛接受。近年来，我国在"立德树人"教育方针的指导下，提出了"中国学生核心素养"理念，并把核心素养体系作为研究学业质量标准、修订课程方案和课程标准的依据。其中，学科核心素养是学科育人价值的集中体现。在这样的背景下，我们对西北地区语文教育教学展开调查研究，这既是对2001年新课程改革实施以来语文课堂变革以及教学质量的深入研究与反思，同时也是对今后如何提高西北地区学生语文核心素养问题的探索与思考。

2017年，中共中央办公厅、国务院办公厅印发《关于实施中华优秀文化传承发展工程的意见》，这是国家为增强国家文化软实力而颁布的文件，也是国家建设社会主义文化强国的指导性意见，是对继承与弘扬中华优秀传统文化的进一步推进。该意见特别指出，中华优秀传统文化发展工程要"贯穿国民教育始终"，尤其要以基础教育为重点，"加强相关教材建设，构建中华文化课程和教材体系，修订道德与法治、语文、历史等课程教材，实施中华经典诵读工程，开设中华文化公共课"。因此，培养青少年的文化自信，梳理民族共同体意识，对于西北地区基础教育来讲，是一个不容忽视的问题。具体落实在学校教育当中，则需重点从民族地区语文课程与教学入手，集中关注"课堂"这一教育场域，通过对语文课堂生态以及效果的调查和评估，发现不足与问题，进而寻求改进和解决的方案。

在西北五省区中，甘肃历来是通达边疆之要塞、中原与外蕃往来之枢纽，且是多民族聚居的省份。全省现有54个少数民族，世居甘肃的少数民族有回族、藏族、东乡族、土族、裕固族、保安族、蒙古族、萨拉族、哈萨克族、满族等16个。其中，东乡族、裕固族、保安族为甘肃的独有民族。省内现有甘南、临夏两个民族自治州，有天祝、肃南、肃北、阿克塞、东乡、麦积山、张家川7个民族自治县，有39个民族乡。其中，藏族在宗教、文化、社会生活等各个方面都具有鲜明的特点，藏族地区教育也表现出地域差异性，尤其是汉语文教育，有的地区学生的母语是藏语，有的地区则为汉语，因此，汉语文教育存在着地域的复杂性和差异性。其中回族、东乡族、保安族、裕固族、土族等，尽管在宗教、文化、社会生活等方面独具特色，然而，在语文教育方面，有的没有民族语言，有的有民族语言但没有文字，因此，汉语基本上是其通用语言，语文教育的地域差异性相对较小，但其教育质量和教育改革的成效仍然值得我们重点关注。

本书以"语文参与式"为理论视角，探究如何将我们长期以来建构的语文参与式研究理论成果运用于西北地区的语文课堂变革研究中，"语文参与式"既是本书的理论基础，同时也是通过实践研究对理论进行验证和完善的过程。所谓"参与式"语文学习，是以促进学生个性的全面和谐发展为宗旨，以平等参与、丰富多样的学习活动为载体，通过小组和班级合作等学习形式，引领学生自主运用语文知识，历练言语能力、思维能力、探究能力、审美鉴赏能力及培养其情感态度的实践活动。[①] 在这一概念中，不但关注"平等参与""合作探究"等参与式教学的一般特征，而且强调和渗透了发展学生"言语能力、思维能力、审美能力、文化涵养"的语文学科核心素养的内涵。因此，探索在"语文参与式课堂"下促进学生"语文学科核心素养"的发展，是提升西北地区语文课堂教学质量的关键。我们从"什么是好的语文参与课堂"这一根本性问题出发，在对西北地区语文参与式课堂变革影响因素做深度观察以及综合分析的基础上，提出符合语文参与式内

---

① 靳健：《语文参与式学习及其有效性条件》，《教育研究》2014年第6期。

涵的、以促进学生语文素养发展为旨归的改进策略。

此外，笔者对少数民族教育发展有着浓厚的兴趣和热情，尤其关注民族地区汉语文课程与教学的发展；笔者所在单位为西北少数民族发展与研究中心，有着天然的地理便利和研究条件保障。

二　研究目的和意义

（一）研究目的

在新时代背景下，如何促进西北地区学生语文核心素养的发展，是时代赋予的新课题和新挑战。语文核心素养的发展要具体落实到课堂变革的探究中来，那么，以语文参与式为理论视角，通过对西北民族地区语文课堂教学方式变革问题展开深入调研，在理论和实践分析研究中，总结、归纳当下西北民族地区语文课堂教学方式的现状、特点、影响因素等，从而为西北民族地区语文课程改革的推进和实施提供可行性的对策和建议，以期提高西北地区语文教育的整体水平。这可从两个层面来看：

其一，根据甘肃省少数民族分布的特点，选取适合的样本，进入民族地区对语文课堂做调查研究，探索民族地区语文课堂教学方式的现状和特点，深入考察在新课程实施过程当中不同民族地区语文教学方式的状况以及存在的问题。

其二，结合语文参与式研究的理论成果，对民族地区语文课堂教学的有效性和创造性展开系统、深入的研究和评价，进而总结出符合西北民族地区语文课堂教学方式的影响因素，探究符合西北民族地区语文课堂教学适切性的策略和方法，提高西北民族地区汉语文教育水平，提高学生汉语水平和素养，培养学生使用祖国通用语言文字的积极情感态度和价值观。

（二）研究意义

从理论的角度来看，早在2001年《全日制义务教育语文课程标准（实验稿）》就指出："语文教学应在师生平等对话的过程中进行"

"阅读教学是学生、教师、文本之间对话的过程",强调新课程语文教学理念的变革,提倡平等、对话、参与的教学理念,并提出由传统的"填鸭式"教学向自主、合作、探究的教学方式转变。2011年《义务教育语文课程标准》进一步强调了语文阅读教学理念的变革,指出"阅读教学是学生、教师、教科书编者、文本之间对话的过程"。2017年颁布的《普通高中语文课程标准》也指出:"加强实践性,促进学生语文学习方式的转变。"其中,语文学科核心素养是学生在积极的语言实践活动中积累与构建的,并在真实的语言运用情境中表现出来的语言能力及其品质;是学生在语文学习中获得的语言知识与语言能力,思维方法与思维品质,情感、态度与价值观的综合体现,主要包括"语言建构与运用""思维发展与提升""审美鉴赏与创造""文化传承与理解"四个方面。

从我国新课程"课程标准"(实验稿)到2011年颁布的《义务教育语文课程标准》,再到2017年《普通高中语文课程标准》的表述中我们不难看出,课程改革突出了以下两个方面:一是从语文内涵上突出语文教学的丰富性和多元性。语文课堂教学应当以文本为依托,开展多元的对话和交流,如生生对话、师生对话、生本对话、师本对话等,在这种多向交流和对话中提升学生的语文素养并促进学习主体的人格发展。而教学理念的转变与教学方式的变革都必然呈现在每一节语文课堂上,理念和实践是不可分割的。二是突出了教学方式的转变。老师结合语文教育的恰切内容而选择适当的课堂教学方式,是一堂好的语文课的重要衡量因素。因此,现象学哲学启示下的教育研究,让我们"回到课堂本身";从语文课堂教学方式转变的角度切入,可以深入考察民族地区语文教学的本真状态,研究西北民族地区新课程实施的状况和存在的问题,进而探究符合西北地区语文教育特点的教学方式,找出所存在问题的原因并提出建议。这是本书的理论价值。

从实践的角度来看,我国自2001年启动课程改革至今已近20年,从新课程实施提出"自主、合作、探究"的教学方式,到2014年开始在"立德树人"方针指引下对"语文核心素养"进行的实践探究，如何促进"语文课堂教学方式的变革"，始终是我国课程改革推进的重要内容之一。相对于发达地区课程与教学改革的发展，西北地区尤其是西北民族地区受到如地域环境、教学条件等外部因素的限制，以及教师教学观念、教学方式、评价方式等的制约，课程与教学改革进程相对较为缓慢。同时，西北地区文化环境差异性较大，汉语文课程与教学的实施又具有独特性，因此，我们对西北地区的实际状况展开调查研究，探讨适合西北地区特点的语文课堂教学方式具有现实的指导意义和价值。这既是对西北地区语文新课程实施状况的一个总体考察，同时也是对西北地区语文课堂教学适切性、有效性策略和方法的探索和研究。这是本书的实践价值。

总体来讲，本书不是要探讨具有普适价值的教学方式或方法，而是在课程改革的背景下，以语文参与式理论为视角，对西北地区语文课堂教学方式所做的调查研究，以期发现实际存在的问题和探究解决问题的方案。教学是一个复杂的过程，正如克林伯格所言，"目标—内容—方法"无非强调了教育过程中基础范畴的原则性关系。面对西北不同少数民族的不同文化背景和特点，在新课程实施这一大背景下的语文课堂教学所呈现的教学方式变革应当有其独特性。同时，从现有的研究来看，侧重于理论研究的较多，聚焦具体调查研究的较少，关于"西北地区"语文课堂教学方式变革的相关理论和实践研究更少。本书将结合已有的理论探索，针对西北地区的具体状况进行调研，分析、总结出西北地区语文课堂教学变革的基本特点和影响因素，为提高"西北地区"语文教育的水平提供科学可行的对策和建议。

三 文献综述

（一）目前国内外研究的现状和趋势

从教学论研究领域来看，关于教学方式变革的研究是长期以来关注的热点问题之一。从内涵来讲，教学方式不能等同于教学工具或教学手段，而是指为了达到某种教学目的，师生所采取的一定的行为模式。"能文之士,未必知教授法;知教授法者,又未必为能文之士。"早在 1909 年倡导国文教授法的蒋维乔就强调了语文教学方式的重要性。

我国语文教学方式的变革从时间纵轴来看,主要分为三个阶段。第一阶段是指传统语文教育,主要是指以儒家"四书五经"为代表的"伦理性教育",尤其强调对自身修养的培养,通过"知言养气"培养"文质彬彬"的君子,并以此培养其社会担当和家国情怀。从孔子的"诗教"到唐宋以来的"文教",遵循的都是以伦理性教育为本位的传统教学思想和方法——贯彻以德育为目标,以美育为过程的教育主张。[1] 其中,教学方式的变革有孔子的"兴观群怨"教学模式,孟子的"知人论世、以意逆志、知言养气"教学模式,韩愈的"吟诵、博览、提要、钩玄"教学模式,朱熹"章句、训诂、讽咏、涵濡"教学模式,王阳明的"知行合一"教学模式(具体包括"考德、背书诵书、习礼或课艺、诵书讲书、歌诗"),等等。古代课堂教学方式的变革,是紧密围绕经典教学内容展开的,如朱熹讲求"循序渐进、熟读精思、虚心涵泳、切己体察"等方法,与其"经典"的内容是非常贴切的,这也是我们在语文教学中开展经典教育所需要借鉴和提倡的学习方式。

第二阶段是指现代语文教学。19 世纪末 20 世纪初,受到西方教育理念和体制的影响,语文教学逐渐走上"科学化教育"的道路。1904 年颁布"癸卯学制"是语文独立设科的标志,母语教育逐步从传统伦理性教育中脱离出来,并逐步凸显出科学性和知识性的特征。例如 1898 年出版的马建忠的《马氏文通》,是我国第一部汉语语法专著,对我国语文教育影响较大;1918 年公布"注音字母";1919 年开始的"新文化运动"对白话文教育的促进;1920 年新式标点符号的使用;1951 年出版了吕叔湘、朱德熙合著的《语法修辞讲话》;1953 年、1954 年陆续出版了张志公的《汉语语法常识》和《修辞概要》;1963 年吕叔湘发表了《关于语文教学的两点基本认识》的文

---

[1] 靳健:《语文课程研究》,中国档案出版社 2002 年版,第 23 页。

章。这些研究和成果集中在对汉语语法和修辞方面的科学性探索上，进而影响到语文教育教学的科学性价值取向。20世纪80年代对于"双基"——基础知识和基本技能的强调，对于语文的"八字宪法"——"字、词、句、篇、语、修、逻、文"的重视，都成为这一阶段语文教育普遍认可的课程与教学观念。人们力图建立一套现代课程意义上的科学的母语学习体系，语文教学模式也处在不断创新中。例如欧阳代娜构建了"语文能力训练（98个训练点）与知识传授（40个专题）"的网络。① 洪宗礼以"一本书、一串珠、一条线"为基本框架，建构了"单元合成，整体训练"的语文教育教学体系。此外，还有于漪的"情感教育"、李吉林的"情境教育"、钱梦龙的"导读"模式、魏书生的自学模式、刘朏朏的作文训练模式、陆继春的语言训练模式等，都是在反复的、长期的教育实践基础上所提出的关于语文教育教学科学性的模式和理念。

  第三阶段是当代语文教学阶段。21世纪初，我国开始了第八次课程改革，新课程改革提倡"自主、合作、探究"的教学模式，并在很大程度上影响了当代语文的课堂教学方式变革。如"参与式"教学模式在语文课堂上的推广和运用，将以往以"教"为中心转变为以学生的"学"为中心。在这样的背景下，很多地方及学校推出课堂教学方式的变革实验与探索，语文课堂教学也呈现出多元化的特点，尤其凸显了学生的参与式学习。如对分课堂、杜郎口模式等，关注课堂时间的调控与分配，强调学生自主参与的"三三六"和"10+35"课堂教学模式。近年来，语文课堂上开展了群文阅读、专题性学习、基于任务的学习等课堂教学改革，改变了以往仅关注单篇教学的局面，不断探索语文课堂教学的有效性和创造性问题。随着教育技术的革新，翻转课堂、微课、慕课等逐渐进入语文课堂教学改革中，通过将互联网技术融入语文课堂教学，解决了部分传统教学难以实现的难题。

---

  ① 刘国正：《中国著名特级教师教学思想录·中学语文卷》，江苏教育出版社1996年版，第440页。

西方对教学方法的探索最早可以追溯到苏格拉底的"产婆术",即用对话和辩论的方式探究真理,其基本的教学方法即为"诘问"式对话。在中世纪神学背景下,奥古斯丁的《论教师》赋予教师话语以神性的特征。13世纪以后,"口述笔记"成为学习的重要方法。16世纪以后,随着印刷术的推广,大众教育得以普及,按照年龄和知识习得程度开展集体式组织管理这一方法得到大力推广。17世纪,夸美纽斯的《大教学论》是近代教育学出现的标志,提出"展示教授一切事物给一切人的普遍的艺术的大教学"理念和方法。18世纪末19世纪初,裴斯泰洛齐提出"直观教学法",将儿童视为认识的主体而不是如夸美纽斯和洛克一般将儿童视为"白纸",是被动的接受者。

19世纪初,赫尔巴特的《普通教育学》问世,他提出了"明了、联系、系统、方法"的四阶段教学模式,在他的影响下,其学生莱因发展了广为流传的"五段教程",即"预备:复习旧课——提示:说明目的和重点——比较:建立新旧知识的联系——概括:归纳文章中心思想——应用:把知识应用于实践"。我们也称"五段教程"为"莱因模式","五段教程"经由日本传入我国,在相当长的时间内,对我国阅读教学产生了深刻的影响。莱茵就"教学方式"所做的进一步专门研究也十分丰富。

20世纪初,杜威倡导"做中学"的教学模式,他认为:"学校科目互相联系的真正中心,不是科学,不是文学,不是历史,不是地理,而是儿童本身的社会活动。"[①] 20世纪初,克伯屈提出"设计教学法"(1918),以"目的、计划、实行、判断"四个环节组织单元,其单元教学法的核心是"目的性活动",是以桑代克的行为主义学习理论为基础的。帕克赫斯特提出"道尔顿制"(1920),旨在对学生实施个性化教育。到了20世纪60年代,随着行为科学和行为主义心理学的发展,泰勒(R. W. Tyler)出版《课程与教学的基本原理》

---

① 杜威:《学校与社会 明日之学校》,赵详麟、任钟印、吴志宏译,人民教育出版社1994年版,第9页。

（1949），"泰勒原理"运用行为科学的方法，将课程与教学过程划分为确定目标、选择学习经验、组织经验和评价教育经验四个阶段和环节。20世纪70年代，布鲁姆提出了"教育目标分类学""形成性评价"以及"掌握学习理论"等，都对现代课程与教学产生了巨大的影响。在认知心理学的影响下，教育文化学的研究不断被拓展，以布鲁纳为代表的研究者提出了"文化教育学"理论，从建构主义视角出发对课堂教学范式产生了深远的影响。日本佐藤学则提出了"学习共同体"的概念，倡导一种对话的教学方式等，对我国课程改革产生了较大的影响。

应该说，教学方式的变革，其本质是教育教学理念变化的反映。我们可以透过课堂教学方式的变革来审视教师所秉持的教育教学观念。无论是认知主义教学范式，还是教育文化学的范式，都是基于人们对学习的理解以及对培养什么样的人这一理解而发展建构的。因此，探讨语文课堂教学变革问题，最终也要落实到培养什么样的人的根本性问题上来。当下，语文课程培养人的根本目标是促进学生核心素养的发展，具体落实在学生语文核心素养的发展上。基于这样的目标，语文课堂首先要结合教学内容选择适宜的教学方式和方法，其次要结合学生的年龄特点和已有的语文经验等，最终促进学生的言语能力、思维能力、审美能力和文化素养等的提升和发展。运用"语文参与式"理论观照西北地区语文课堂变革问题，也是对语文教育培养人的问题的观照和审视，旨在促进西北地区语文教育的发展和建设。

（二）现有研究的不足

在"立德树人"教育方针的指导下，对语文课堂教学变革的研究取得了丰硕的成果，但总体来讲，针对西北地区语文课堂教学变革的研究相对较少。第一，西北地区汉语文教育的整体水平与发达地区相比，还存在很大的差距，而且所受到的重视程度和关注程度都十分不够。第二，西北地区语文课堂教学变革有其特殊性，这是由民族地区文化环境的独特性和学生语言学习现状的差异性所决定的，需要做专门的研究。第三，西北地区语文课堂教学变革问题不仅关系到民族地区学生汉语文素养提升的问题，而且是培养民族地区儿童文化自信的时代需要，因此，需要我们不断探索适合其特点的学习策略和方法。

四 研究内容

（一）研究的核心内容

第一，针对西北地区（以甘肃省甘南、临夏、天祝、肃南四地区为例）开展语文课堂教学方式变革的现状进行调查研究。以甘肃省四个民族地区的语文课堂教学方式为研究对象，选取回族、藏族、东乡族、土族、保安族等少数民族聚居区的若干中小学校进行调研。主要调查中小学语文教师对新课程及课堂教学方式变革问题的认识以及具体的课堂实施状况、教学方式变革程度与学生语文素养和能力提升的相关程度、教学方式变革与学生语文成绩提高的相关关系、教师和学生对语文课堂教学方式变革的情感态度、影响中小学生语文教学方式变化的各种内外部因素等。访谈相应地区的教师、学生以及教育行政官员、校长等，了解他们对新课程实施中语文课堂教学方式变革状况的认识与评价。

第二，结合语文课堂教学方式变革的相关研究和理论，对调研结果做科学、合理、准确、全面的处理和分析，从而总结甘肃省民族地区语文课堂教学方式变革的总体特征和趋势，结合理论和实践的成果为西北民族地区语文课堂教学变革提供应对策略和指导意见。包括对不同民族地区语文课堂教学方式的差异问题研究、不同民族语文教师对语文价值取向的认识、民族地区不同学段学生学习方式的差异比较研究、民族地区中小学生男女性别与学习方式的差异分析、不同民族地区语文课堂教学方式变革的影响因素研究，等等。

（二）拟突破的重点和难点

第一，选取适合的样本做课堂研究是本书研究的重点和难点问题。甘肃是一个多民族聚居的省份。全省现有54个少数民族，世居甘肃的少数民族有回族、藏族、东乡族、土族、裕固族、保安族、蒙古族、萨拉族、哈萨克族、满族等16个。其中，东乡族、裕固族、保安族为甘肃的独有民族。省内现有甘南、临夏两个民族自治州，有天祝、肃南、肃北、阿克塞、东乡、麦积山、张家川7个民族自治县，有39个民族乡。如何选取适合的样本需考虑到多方面的因素，所选取的样本既要具有一定的代表性，同时也要保证样本的丰富性，还要考虑到做调查研究的可行性等。

新课程实施背景下民族地区语文课堂教学方式的变革问题，既具有普遍性，又具有个体差异性。例如在不同民族文化背景下，语文教师对于新课程课堂教学方式变革的接受程度和理解程度既有共性也具有地域和民族差异性，教师和学生对语文课程的价值取向以及对于汉语文的文化认同和理解等都受到民族文化因素的影响。这便涉及语文教学方式变革的文化制约性、文化匹配性等问题。在语文课堂教学中，各种教学方法往往是更替使用的，教师对教学方法的选取受到多方面因素的影响。这些因素在语文课堂教学方式的变革中起到了怎样的作用并如何产生作用，都是课堂研究的核心内容。对此，应该选取哪些调查研究方法对语文课堂教学方式进行描述和分析，也是本书的重点和难点。

第二，探究适合西北地区的、具有语文特质的、恰切的教学模式。在新课程推进的过程中，对于语文教学方式的转变，基本上存在着两种不同的意见。一种意见认为，新课程理念下语文课堂的教学方式如师生互动、对话、合作、参与等具有积极的作用和价值，对培养学生的语文学习兴趣和语文素养具有较好的作用；另一种意见则认为，新课程下的自主、合作、探究学习方式大多流于形式，徒有外在热闹而对学生语文素养的提高并未起到实质性作用。我们认为，探究具有语文特质的、恰切的教学方式才是核心问题。所谓"语文特质"是指民族地区语文教学的核心内涵；"恰切"则是指选择符合语文学习内容的、符合学生实际和教学环境的方式展开教学。西北地区语文教育有其地域性和文化的特殊性，语文课堂教学方式的变革受到客观环境、少数民族文化、心理等诸多因素的影响，对于新课程理念的接受和新课程的实施也具有地域和民族的独特性。因此，以甘肃省民族地区的语文课堂教学方式变革为例进行调查研究，旨在促进整个西北地区语文教育的健康发展，从而提高西北地区语文教育的整体水平，提高学生的语文综合素养，培养民族地区学生使用祖国语言文字的良好情感、态度及观念。

五　研究思路与方法

（一）基本思路

本书的总体研究思路是：在诸位专家的指导下，在充分论证的基础上，先确立调查研究的基本框架，然后进行实践研究，再结合理论研究和一定的处理工具对调研的结果进行科学的分析和评价，形成系列论文。在广泛征求有关专家意见的基础上，做进一步的修改与完善，最后形成体系完整的研究报告。

首先从理论出发，通过文献法、比较研究法等探究语文课堂教学方式的变革和影响因素，并对甘肃四个民族地区语文教育的现状做资料准备，也即"在这里"。从纵的方面梳理语文教学方式的演变历程，总结影响教学方式变革的相关因素，如教学理论对教学方式的影响、新课程理念对教学方式的影响、教师因素对教学方式的影响、文化传统对教学方式的影响等。同时对民族地区文化特点进行资料的准备和分析，在理论上形成研究框架。

其次确定调查研究的样本及其大小，选择甘肃省少数民族聚居区的学校，重点研究语文课堂教学的现状，也即"去那里"。在实地调研当中，以语文课堂观察为核心研究方法，主要观察语文课堂上课程变革的影响状况，如新课程所倡导的合作学习、对话教学、参与式教学开展的情况等。从"知识与能力""过程与方法""情感、态度、价值观"等维度考察四个民族地区语文课程实施状况。同时，结合访谈法、问卷法等，与民族地区中小学语文教师进行深度访谈，了解教师的语文教学价值取向和认识，调查师生对新课程的理解程度和情感态度。

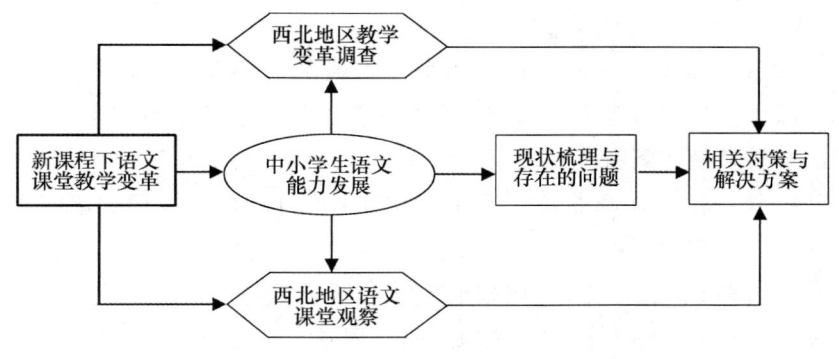

图 1-1 研究框架

最后将理论研究和实践研究结合起来，进行综合分析，总结得出新课程下西北民族地区语文课堂教学实施状况及特点，也即"回到这里"。形成系列论文和调研报告。

本书遵循"提出问题""实践探索""理论建构"的基本步骤，围绕甘肃民族地区中小学生语文课堂教学变革的基本问题，选取调查研究和课堂观察的研究样本，调查甘肃地区、临夏地区、天祝地区以及肃南地区等语文教学变革的状况，并区分牧区、农牧区和林区等不同生活背景下语文教学变革的现状与存在的问题，提出相应的对策，从而推动民族地区文化的交融与发展，促进青少年素养的提升。

（二）具体研究方法

课堂教学变革是一个十分复杂的问题。其中既需要进行量化的调查研究，又需要开展质性的课堂观察研究，进行深度访谈和追问现象背后的原因。因此，要求研究者深入课堂这一"田野"，做人类学考察。

1. 文献研究法。围绕核心问题，展开系统文献阅读与整理，开阔研究视野，做到对研究问题进行宏观系统的把握，为调研做好充分准备。

2. 问卷调查法。问卷调查主要分为教师调查和学生调查两个部分。广泛了解和梳理甘肃民族地区语文课堂教学变革的基本现状和问题。

3. 课堂观察法。进入甘肃四个民族地区中小学校，采用现场观察、课堂教学实录等形式，结合语文课堂教学评价的基本框架，分析汉语文教学的实际状况。

4. 访谈法。在调查研究部分，将初步拟订的评价框架付诸实践，访谈一线语文教师和学生，深入了解实际状况和问题。

5. 比较研究法。通过比较研究，分析比较国内外语文课堂教学的先进经验和策略，针对西北地区语文课堂教学变革的主要问题和现状，提出改进策略和建议。

6. 案例研究法。提炼经典教学案例，为进一步提高语文教学水平提供一定的借鉴和支持。

本书在样本选取方面以甘肃省四个民族地区为例，选取18所中小学为样本学校进行调研，其中包括回族聚居地区、藏族聚居地区和东乡族聚居地区的学校。样本学校分布在甘肃省境内不同民族聚集地区，主要包括临夏回族自治州、甘南藏族自治州、天祝藏族自治县、临夏州东乡县、天祝藏族自治县等。农村和城市各选取若干所学校，按照生活方式划分，分为农业地区、畜牧业地区以及半农半牧区；按照学段划分，分为小学、初中和高中阶段。运用文化人类学、心理学、教育学等多学科的相关理论和方法，深入甘肃民族地区进行田野式研究，通过课堂观察研究、问卷调查研究、访谈研究、个案研究等方法，对该地区语文课堂教育的成效及存在的问题进行实证性考察。在这些实证方法当中，尤其倚重课堂观察和案例分析法。对于课堂教学案例采取相关因素的对比分析方法，从课堂教学目标的要求、课堂教学内容的特征、教师的教学活动、学生的学习活动各个维度进行全面分析。对于课堂教学实录，采用统计量表和弗兰德斯（Ned Flanders）互动分析理论，对课堂教学活动的类型、活动发生的顺序、时间分配和语言互动等方面进行分析。

通过对实践研究结构和数据的分析与处理，反映出甘肃民族地区新课程改革以来语文教学方式的现状和特征。再利用文献法、比较研究法等，结合我国新课程实施以来语文教学方式变革研究的理论和实践背景，归纳和总结西北地区语文教学方式变革的总体特点及其启示，从而使得本书具有实践性、创新性和前沿性。

（三）研究进程安排

研究进程分为三个阶段。第一阶段主要是对语文课堂教学方式变革研究做文献准备，尤其关注语文课堂教学的影响因素研究和变革成效的评价研究。第二阶段深入"田野"做调查研究，使用问卷调查、访谈、课堂观察等方法展开调研。第三阶段是对调查的数据进行录入、分析，对调查结果进行系统的分析、总结，形成研究结论。

1. 文献准备：对有关语文课堂教学方式变革的研究进行文献梳理，尤其关注语文课堂教学的影响因素研究和变革成效的评价研究，以及少数民族文化教育的特点，进一步完善资料，借鉴前人研究成果，形成本书的基本理论框架和设想。

2. 调查研究：深入田野做调查研究，使用问卷调查、访谈、课堂观察等方法展开调研。走访本书所选取的甘肃省4个民族聚居区的18所民族地区中小学校，结合研究工具深入调研语文课堂变革现状。

3. 总结阶段：征求专家意见，对调查研究的数据进行录入、分析，对调查结果进行系统的分析、总结，形成调查报告和结论。

第二章 西北地区语文课堂变革的理论分析

一 西北地区教育变革的影响因素分析

2001年我国启动第八次基础教育课程改革，从最初的理念贯彻到逐渐步入改革深水区，随之提出"核心素养"概念，对课程改革提出了新的挑战和任务。在这样的背景下我们看到，甘肃省进入第八次课程改革相对于全国来讲是比较晚的，到2013年甘肃省首次进入新课标高考命题。从理念的变革到课程改革的具体实施，对于西北地区的教育来讲，是一条漫长的改革之路。西北地区不但地域辽阔，而且地区间经济、文化差异较大，学校教育更是具有多样性和复杂性的特点。因此，我们还需要将课堂变革问题放在社会文化的大背景和生态系统中展开反思和探讨。

加拿大多伦多大学教授迈克尔·富兰是世界知名教育家，他在其系列著作《变革的力量——透视教育改革》《变革的力量——透视教育改革（续集）》和《变革的力量——深度变革》中，系统地谈到了影响教育变革的诸多因素，包括"道德目标与变革动力""变革过程的复杂性""作为学习型组织的学校""学习型组织及其周围环境""师范教育"以及"个人与学习型社会"等层面。这为我们反思西北地区语文课堂教学变革提供了理论的依据和支撑。

（一）厘清变革的目标和动力

关于教育变革的目标和变革动力。迈克尔·富兰认为："处理好道德的目标和变革的动力是有成效的教育变革的核心。"① 所谓道德目标，即为什么要实施变革以及变革最终要达成怎样的目标。在众多变革目标当中，不仅涉及深层次的教育体制变革、教育公平等问题，而且从变革实施的核心动力来讲，尤其需要关注教师个人对变革的理解和意愿。因此，富兰认为，教师是教育变革和社会进步的动力。教师之所以能够成为变革的动力，是因为只有当教师对变革的本质和变革的过程具有自觉的意识时，真正的变革才能发生。教师通过个人努力实现变革的目标，能够对整个教育的变革起到杠杆作用。富兰指出，教师的变革能力又包含了个人愿景的形成、探索能力、控制能力和协调能力等。②

首先，在教师专业发展的诸多影响因素当中，教师个人愿景也即教师对教育教学的理解和定位，是影响教师专业发展的核心因素之一。教师个人愿景是与变革的目标紧密联系在一起的，培育教师的个人愿景，是从使教师明白为什么要从事教学开始的，也即"我个人努力有什么意义？"其次，对教育教学的探索是一个持续不断的过程，也是伴随着教师专业发展的终极性价值问题。理查德·帕斯卡尔（Richard Pascale，1990）提出："保持我们的范例常新的基本活动是持续不断地提出疑问，我要用探索一词，探索是活力和自我更新的发动机。"这就是说，作为教师，要保持探索能力，需要有提出问题、积极实践和个人反思的能力，而且这种能力要内化成为习惯和品质。我们注意到，很多优秀的语文老师在谈到他们从教多年的经历时，都提及他们从教以来从未停止过学习这一基本状况。这里的学习不但是指对于学科专业知识的学习，还包括对于教学法知识、教育哲学知识、教育管理学知识等的探索和学习，这需要教师在教学中不断发现问题，不断反思，从而具有"持续的探索能力"。

再次，教师变革愿景的达成，还需要持续的调控能力作为支撑。教

---

① ［加］迈克尔·富兰：《变革的力量：透视教育改革》，中央教育科学研究所、加拿大多伦多国际学院译，教育科学出版社 2004 年版，第 14 页。

② 同上书，第 18—19 页。

师不仅要尝试获得变革的思想和方法，而且需在行动当中不断发现和找到新的思想和方法。圣吉（Senge，1990）认为："当个人控制变成了一种方法，我们把它做为融入我们生活中的一项活动时，它包含着两项基本的活动。第一项是不断地澄清对我们重要的东西（目标和愿景）；第二项是不断学习如何更清楚地看待当前的现实，将愿景和当前现实的清楚画面两者并列在一起产生我们所谓'创造性的拉力'。"[1] 这对教育变革的启示是，教师首先需要在混乱、复杂的教育生活中，澄清并明确变革的目标和愿景，并借助一定的理论和方法，不断厘清目标和愿景。这是一个教师不断自我超越和学习的过程，自我超越是一个过程、一种学习的习惯和一种终身的修炼。因此，越是具有自我超越能力的人，就越会敏锐地发现自己的无知、不足和欠缺。

最后，协作能力也是教师变革的重要影响因素。通常来讲，小范围的协作包括形成良好的师生关系、教师团队关系等；大范围的协作包括学校、学区、与其他学校、与大学乃至社会团体组织等的关系。

因此，教师变革的能力主要由形成个人愿景、持续的探索能力、依据环境进行调控的能力以及环境中的协调能力等构成。从变革动力来讲，教师的道德目标是变革的核心影响因素，是教师对待变革的"情感"和"意愿"的集中体现。教师对于变革的持续的探索能力和调控能力，需要教师针对现实状况发现问题和创造性地提出解决方案，并在纷繁复杂的教育现象中不断保持调控变革的目标。最后，教师能够与周围环境开展有效的协作，是变革得以实现的重要保障。

（二）认识变革过程的复杂性

帕斯卡尔（Pascale，1990）认为："有成效的教育变革在过度控制与无序之间徘徊。"[2] 我们之所以将教育的变革视为一项复杂的活动，是因为变革过程当中很多情况是难以控制和"不可知"的，如政策的改变、人员的变动、个人理解的偏差等，都可能会成为影响变

---

[1] P. Senge (1990), *The Fifth Discipline*, New York, Doubleday.
[2] P. Pascale (1990), *Managing on the Edge*, New York, Taouchstone.

革效果的"不可控"的因素。即使是教师的个人因素，其中的个人愿景、探索能力、控制能力和协调能力也存在着很多"不可控"的因素。例如教师情感的倦怠、个人愿景的迷茫、改革中控制能力的减弱等。如果从关系的角度讲，在教育变革中，即使是同样的教师和同一批学生，也会在不同的情境中遇到各种阻碍和困难；而在相互作用中所遇到的这些阻碍和困难，也是难以量化和预测的。为了更好地在复杂的现象当中寻找到清晰的目标和解决的方案，迈克尔·富兰提出了"新的变革"八项启示（见表2-1）。

表2-1　　　　迈克尔·富兰"新的变革"八项启示

启示一	你不能强制决定什么是重要的（变革越复杂，你能强迫它做的就越少）
启示二	变革是一项旅程，而不是一张蓝图（变革是非直线的，充满着不确定性）
启示三	问题是对我们的促进（问题会不可避免地出现，如果没有问题，就没有变革）
启示四	愿景和战略计划稍后形成（不成熟的愿景和盲目的计划）
启示五	个人主义和集体主义必然有同等的力量 （对于孤独性和小集团思想，没有单方面的解决方案）
启示六	集权和分权都行不通（自上而下和自下而上的策略是必要的）
启示七	与更广泛的环境保持联系是成功必不可少的因素 （最好的组织机构向外部学习也向内部学习）
启示八	每个人都是变革的力量 （变革不能只依靠专家，个人的思维模式和熟练掌握是最后的保障）

这八项启示能够帮助我们反思和分析教育教学变革中所存在的问题和现象。例如"变革是一项旅程，而不是一张蓝图"，这句话充分说明了变革不是纸上谈兵，而是在实践中不断反思和调适的过程。有人称变革"好比一次有计划的旅程，和一伙叛变的水手在一艘漏水的船上，驶进了没有海图的水域"。因此，要充分考虑变革中所遇到的各种困难和阻碍，这些困难和阻碍有些是来自外部的，如政策、体制、学校环境等，有些是来自内部的，如教师改革的愿景，变革的探索能力、控制能力和协调能力等。其中启示三"问题是对我们的促进"，指出了变革中我们面对问题的基本态度。启示八"每个人都是变革的力量"，让我们明确变革不仅是"外部"力量的影响，而且是在一定的环境和条件下激发变

革中个人的内在动力,并持续探究和行动,变革才有可能真正发生。

(三) 变革中的学校：发展学习型组织

对于教育变革来讲,学校培养学习型组织至关重要。学习型组织的外部形式可以多种多样,如教研活动、教师共同备课、教师示范课教学等,学习型组织针对课程建设、教法探讨、学情分析以及教学模式变革等展开合作与探究。这些学习型组织大部分是教师之间的,但也包括由教育行政部门组织的专家引领的形式,还包括教师与学生所建构的课堂上的"学习共同体"。学习型组织最为核心的即为学习的内核,也即在教师之间、教师与专家之间、教师与学生之间建立起有效的学习模式和关系。伊斯顿（Easton, 1991）认为："如果教师的教学实践在学校变革后没有发生变化,那么,它在学校改进计划实施以后也不会改变。"[1] 这是因为,如果学校没有建立起有效的学习型组织,教师在课堂上也未能与学生建立起有效的学习共同体,那么,教师对于变革的理解就只会停留在表面,外在的变革将是隔靴搔痒。

研究表明,"自上而下"的变革往往都难以深入变革的核心问题,即教师的教育教学实践变革。对很多教师来讲,上头有计划的变革不是一种综合性的战略发展,而是"一件又一件令人讨厌的事情"。因此,对于学校教育教学变革,需要从校长、行政管理者、教师等多方面创造环境和条件。对于校长和管理者而言,作为变革的设计者,要能够让其他人不断增进对于变革的了解、理清变革的目标和愿景、建立同心协力的学习型模式。

对于教师来讲,他们是学校学习型团体的核心力量,应该对变革中的自身形象有良好的定位。对于优秀教师的理解,以往都是"春蚕到死丝方尽,蜡炬成灰泪始干"的鞠躬尽瘁的形象。这种理解和宣传,或以牺牲教师个人健康为代价,或将教师变成道德的楷模,这无疑是对教师职业的一种道德绑架,也使得变革中的很多教师望而却

---

[1] 转引自 J. Estonia (1991), *Decision Making and School Improvement*: *LSCs in the First Two Years Reform*, Chicago, IL, Chicago Panel on Public School Policy and Finance.

步。迈克尔·富兰提出了变革中教师需要关注的七项新工作：第一，教师做出道德目标的承诺——使学生的一生发生变化：更加卓越、更加积极、更能够发现问题。第二，教师必须大量增加其教育学方面的知识，包括一般专业领域的知识、教育政策的知识、学科领域的知识、学科教学法知识等。第三，理解学校教育目标和教育政策、社会发展之间的关系。第四，教师工作需要有高度互动的协作，包括与其他教师、管理者、家长等的协作。第五，建立新的教学模式，如教师团队，提供协同计划的时间，与家长、社区等建立联系，利用网络平台等。第六，教师必须逐步形成不断探索和学习的习惯与能力。这也就是前面所讲到的探索能力。第七，教师在变革过程中必须深入同行中，深入变革过程复杂多变的各种事务中。换言之，无论是否冠以"变革"的名号，教师的专业发展都需要在这七个方面下功夫。[①] 富兰的阐释让我们认识到，教师在变革中所关注的七项工作，正是一名优秀教师对自身专业发展的积极定位。

从学校来讲，建立起学习型组织还需要注意防止两方面的倾向。首先是对于"协作"的理解问题。协作是指"和而不同"，而非表面上的一致。因为表面上的一致，没有冲突和分歧的学习型组织往往缺乏内在的活力；如果在协作中故步自封，刻意在内部形成凝聚力而对外部组织和团体加以排斥，也是影响变革的阻力。笔者曾经参与田家炳基金会的研讨项目，主办方学校的S老师上了一节公共课。在课后研讨环节，来自省外的老师提出了批评意见，认为主办方示范课S老师对文言文文本的处理明显是大而化之的，缺乏学生与文本的对话；主办方语文教研组的另一位教师为了维护S老师，展开了针锋相对的反驳。笔者在一次国培项目中，参与国培学员与本地学校教师的"同课异构"活动，因为之前有国培学员对该校教师示范课的"示范性"提出过意见，在这次活动中，主办方校长不分青红皂白地对国培学员的示范课进行了批评，从而袒护本校教师。显然，从根本上讲，这是

---

① ［加］迈克尔·富兰：《变革的力量：透视教育改革》，中央教育科学研究所、加拿大多伦多国际学院译，教育科学出版社2004年版，第97—98页。

由小团体内部故步自封的态度造成的，听取不了"不同的意见"。一个真正具有学习精神的学习型团体，应该能够站在对话和交流的视角，从容地听取不同的意见和声音，从而促进自身的发展。

（四）变革中的环境：建立协作系统

在教育教学变革当中，不仅仅涉及小环境中的协作，还会牵扯到"与较大的周围环境建立联系"的问题。与周围环境建立联盟、伙伴关系，意味着在一段时间内能够开展联合协作与联合行动，其中各方面的力量都应努力争取进步和创新成果。舒拉兹（1990）给"协作"下的定义是："协作是共同创造的过程：两三个人各有所长的技能互相配合产生出共同的认识，这是以前他们中没有人有过的认识或者他们各自不可能得出的认识。"[1]

因此，调动教育变革中各个层面的力量，在合作中创生，是教育变革的重要影响因素。西北语文课堂教学的变革，不仅是对教师的挑战和责任，还需要有支持教师实施变革的环境和土壤，如来自校长的支持、制度的保障、同事的理解、家长的配合等。对于西北地区的学生，尤其是母语不是汉语的少数民族学生来讲，他们往往缺乏汉语学习的环境，很多学生难以熟练地运用汉语进行交流和表达。因此，利用家庭、社区、校外资源等创设汉语学习的环境，是民族地区学生汉语教学改进所要关注的问题。

教育教学变革须创建有效的协作系统，要充分注意当地教育中已有的文化和特点。对于一个地方的教育生态来讲，不能过分期冀依靠外来的力量，而是要发掘并依靠现有教育生态系统中能够奏效的理论。从协作系统的视角来看，领导者有责任帮助现有水平参差不齐的教师们通过增加学习的机会来获得专业发展，从而推进变革进程。同样，教师推进教学变革，也不能仅仅期冀依靠"好学生"来获得成功。教师倘若将自己教学变革的成效仅仅寄希望于"好学生"，那么可能会取得短期的效果（因为成绩较好的学生往往在学习能力和习惯上更加突出），但从长远的

---

[1] M. Schrage（1990），*Shared Minds*，New York，Random House，p. 40.

教育发展来看,这种"过分选择"的后果与教育变革的目标是不一致的。因此,我们需要扎根现实环境,利用好现有条件和资源,建立起有效的协作关系,即要落实"不能跳出教育生态环境搞改革"这一基本原则。

扎根现实建立协作系统,首先要反思教育变革的主体是否具备了学习型组织的特征;其次,不能仅仅依靠外在的支持和力量。富兰提出了管理学区共同发展的"学习联合体"的概念,学习联合体主要有三个目标:首先是制定计划、开创教师发展和学校改善的新计划;其次是通过研究对创新项目形成新的共识;最后需要对计划和认识进行传播,确立改善的内容。在这个过程当中,教师作为学习者,需要把"改进课堂"与"改进学校"的关联作为基本的框架。

(五)变革中的教师:培养学习型教师

兰英(Laing)说:"变革不可避免,而成长是可以选择的。"[①] 这句话成为教师个人变革的名言。教育变革是时代发展的必然,而个人在面对挑战时,却有可能产生不同的反应。教育变革成败的关键部分还是教师个人的成长和变化。用富兰的话来讲就是:"教育的最终目的是产生出一个学习的社会,事实上是一个学习的地球。学习的关键是教师,他们必须把内心的和外在的学习结合起来……如果没有学习型的学生,就不可能有一个学习型的社会;如果没有一个学习型的教师,就不可能有学习型的学生。"[②] 任何一项教育变革,教师都位于变革的核心。

首先,从教师学习的内在因素来看,教师对教学变革应有自己明确的目标和愿景,能够沉浸在教学活动当中并保持好奇心和探索精神,能够对真实发生的教育现象进行分析判断,开展反思和经验总结,从而持续调控变革的目标和改进策略。斯特尔认为,孤独是教师学习的关键,"学习、思考、革新和保持与自己内心世界的接触,都是

[①] P. Laing (1992), "Administrative Workshop," unpublished paper, Oshawa, Ontario, Durham Board of Education.

[②] [加]迈克尔·富兰:《变革的力量:透视教育改革》,中央教育科学研究所、加拿大多伦多国际学院译,教育科学出版社2004年版,第158页。

由孤独所促成的"[1]。从这个意义上讲，教师个人正确的学习态度对于个人发展和教育变革极其重要。

其次，从教师学习的外在因素来看，主要是指学习的外部环境对教师的影响。例如，教师需要将其内在的学习动因与外在的环境和学习要求结合起来，形成合力；教师还需要与周围环境建立起一种和谐的、可靠的关联。试想，如果一名教师的学习行为与学校制度文化等格格不入，教师往往就很难开展自身的学习并获得发展。

综上所述，教育变革是一项复杂的、系统的工程，它不仅是一个宏大的蓝图，也是一个持续性发展的过程。在这个复杂的生态系统当中，有多方面的力量和因素影响着变革的成败，如教育政策、行政管理、学校文化、社区环境、家长、教师观念和实践能力等，这些因素形成了动态的、多变的体系。教育变革正是要协调各个层面的力量和因素，使之形成合力。从学校来讲，需要发展学习型组织；从环境来讲，需要建立协作系统。而这其中最为核心的教育变革力量是教师，包括教师对教育变革的个人愿景、探索能力、保持能力和协作能力。这四个方面缺一不可。当考量西北地区语文课堂教学变革的基本状况时，不但要以课堂教学为中心，还要充分考虑到背后的其他影响因素，考虑到教师内心的学习和外部协调能力等诸多关系。这是本书研究所依据的基本理论框架。

二 语文课堂教学有效性模式探微

教育教学变革从宏观的设计到具体的实施，应是总量和分量的同构关系。具体到语文课堂教学，其有效性是教学变革取得成效的关键性保障和核心课题。建构一堂有效的语文课堂教学是否有一定的模式可以依循？应该说，这是对语文教学本真内涵的理性探索，好的语文课不能仅跟着教师的"感觉"走，而应立足于语文课程的特性和学习心理学理论，构建课堂教学行之有效的结构模式，进而促进学生创

---

[1] A. Storr (1988), *Solitude*, London, Flamingo Press, p. 28.

造性能力的提升。

本书立足于语文课程特性和学习心理学理论，探索语文课堂教学的有效性模式："准备前提—建构目标""营造情境—落实过程""言语分享—有效反馈"，形成了一套行之有效的语文课堂教学机制。在有效性模式的实施当中，语文课堂还应注重从阶梯式层级目标、语言文化内涵的挖掘以及个性化的"内在话语"的生成等方面凸显创造性，创造性是语文课堂教学有效性模式的根基和保障。

（一）建构语文课堂教学有效性模式的理论基础

语文课堂教学有效性模式的建构，其基本的依据有二：一是基于学习心理学的负反馈理论；二是基于语文学习的基本规律。

控制论代表人物维纳提出，人的学习心理过程是由一个个负反馈环路构成的——学习是对系统的一系列输入不断进行检出偏差、纠正偏差的监控，使系统的输出值与目标值趋于一致的过程。① "负反馈环路"包括了认知（结构）主义者强调的学习刺激与认知结构的内化（S—O），实用主义者强调的对学习刺激的适应过程所起的机能作用（O—R），以及行为主义者强调的学习刺激与行为的变化（R—S）。在教学系统中，如果教学目标和教学结果在负反馈过程中趋于吻合，则说明教学过程是有效的。从语文教学的角度观之，有效语文教学活动应包括三大基本要素，即语文的"知识刺激""思维操作"和"言语表达"。因此语文有效课堂教学是由一定的目标提示开始，由语文知识刺激引发学生的学习行为，并通过活动内化为思维操作，最后形成外化的言语产品，这是一个由目标到反馈的环路过程。

从语言学习的规律来讲，王宁等提出：语文教学从言语实践的过程来看，是个性化的"言语"与社会化抽象的"语言"相互转换的过程。② 这里"言语""语言"的概念来自于索绪尔的区分：语言（lan-

---

① ［美］维纳：《控制论》，郝季仁译，科学出版社 1985 年版，第 6 页。
② 王宁、易敏：《语言与言语理论在语文教学中的运用》，《语文建设》2006 年第 2 期。

gue）是一种社会现象，是全体社会成员共同遵守的一个特殊规范；而言语（parole）是一种个人的活动，是个人的意志或智力的行为。① 语文教学的实践从实质上讲就是"言语—语言—言语"转换的过程，也即"用他人的言语作品来提高学生的语言能力"② 的过程。

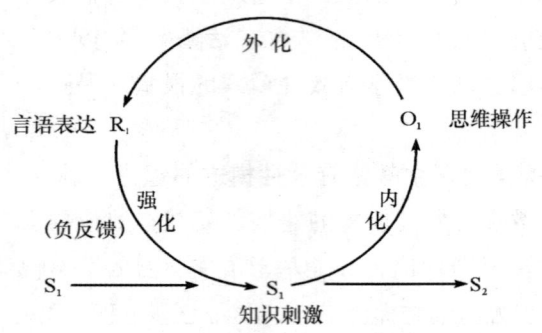

图2-1　学习心理过程的负反馈环路

我们从"学习心理过程的负反馈环路"③ 中可以发现，心理中负反馈理论的知识刺激、思维操作、言语表达的学习过程与语言学习的基本规律"言语—语言—言语"具有内在的相通性，并共同指向了语文教学的"有效性"。如语文中的课文即可看作一种"知识刺激"，这是一种个性化的"言语"，教学由学生与文本、作者、教科书编者的对话开始，通过学生的"思维操作"活动，将作者个性化的"言语"归纳概括为具有普遍意义的"语言"，也即学生对言语的认同和内化阶段，最后，通过学生外化的"言语表达"，实现学生的"着我之色"的个性化"言语"。如果只停留在"知识刺激"与"思维内化"阶段而缺失了"言语表达"的反馈活动，教学过程不能形成有效的反馈环路，学生看似学到了"语文知识"，但实际上还是抽象的概念化的知识，容易遗忘；如果语文课堂教学只是关注"言语表达"

---

① ［瑞］费尔南迪·德·索绪尔：《普通语言学教程》，商务印书馆1980年版。
② 王宁、易敏：《语言与言语理论在语文教学中的运用》，《语文建设》2006年第2期。
③ 靳健：《后现代文化视界的语文课程与教学论》，甘肃教育出版社2006年版。

而缺失了语文的"知识刺激"和由此产生的"思维内化"过程,那么语文课堂可能就会出现一种"泛语文"现象,语文课就可能变成"思想教育课""社会课"等,缺失了语文课程独特的内涵。

(二)建构语文课堂教学有效性模式的基本内涵

根据负反馈理论以及语言学习的基本规律,结合对大量语文教学实践活动的归纳、总结,我们提出了语文课堂教学的有效性教学模式,包括"准备前提—建构目标""营造情境—落实过程"以及"言语分享—有效反馈"。

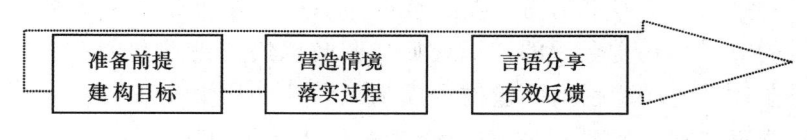

图2-2 语文有效性教学模式

1. 准备前提—建构目标

教学目标既是教学活动的出发点,同时也是测量和评价教学质量的重要指标。结合布鲁姆(B. S. Bloom)的"教育目标分类学"理论和语文课程性质,确立了语文课堂教学的目标领域:思维方法、情感行为和言语过程。语文课堂教学的过程,即以语文知识为中介的思维方法、情感行为、言语过程三维目标的全面实施,最终促进学生语文素养的提升和个性的全面发展。因此,语文课堂教学的有效性目标的构建包括四个层面。

(1)言语实践目标

"言语性"是语文课程最为核心的特性。我们认为,将语文课程标准中的"工具性"理解为"言语性",即理解为听、读、说、写的言语实践特征,也许是最为接近语文教育规律的观点,这也是国际上对母语课程特征普遍采用的说法。[①] 在语文课堂教学中,培养学生

---

① 靳健:《后现代文化视界中的语文课程与教学论》,甘肃教育出版社2006年版,第61页。

"听、读、说、写"的言语实践能力是首要的任务,并在言语实践活动当中实现学生语文知识的积淀,思维能力、审美能力的培养,进而促进学生主体精神的发展。例如学习李白的《将进酒》,就要立足于"言语实践目标"的"反复吟诵",并在诗歌的字里行间品味李白豪放飘逸的浪漫主义情怀。

（2）语文知识目标

作为母语课程的语文包含着丰富的语文知识。语文知识包括名物知识、方法知识、理论知识等。在语文教学中,教师要具有科学的、合理的知识观。以往的语文知识观往往把知识视为普遍的、固有的、独立于学习主体而存在的客观知识,并导致教学中"灌输知识"的弊端。科学合理的知识观则强调知识的批判性和创造性,并且是在教学活动过程当中建构生成的。因此,语文知识目标的制定要注重语文知识的呈现方式,强调学生对语文知识的探究与实践。首先,应结合教学内容确立知识目标。语文知识的内涵是非常广泛的,但在课堂上需要选择那些对学生最为重要的、不可缺少的知识,由点及面,贪多毋得。其次,结合学生的言语实践活动确立知识目标。例如朱自清的《荷塘月色》运用了"通感"的修辞手法,老师的学习目标之一是"理解通感并学习使用通感的修辞手法造句"。这就需要在教学中结合"阅读"和"练笔"来完成该知识点的教学,学生通过"读""写"等言语实践活动理解掌握"通感"的修辞手法。

（3）思维能力目标

语文思维是一种特殊的心理现象,它既包含普遍意义上的概括、判断、分析、综合、比较、创造等思维方法,又具有语文思维的独特性,如相对于抽象思维的形象思维,相对于分析思维的直觉思维等。如汉字的构造思维、语感的直觉思维、文学阅读的审美思维、议论文的语言逻辑思维、言语实践的创造性思维等。学生语文思维能力的发展水平,是评判语文素养的重要标准。在语文教学中,思维与语言的发展是不可分的,是在言语实践活动当中发展语文思维的。例如,学习戴望舒的《雨巷》,其目标之一是培养学生的审美思维，所制定的教学目标应表现"通过理解体悟诗歌的'意象'之美，培养学生的审美思维能力"。

(4) 主体人格发展目标

语文教育作为母语教育，最终的目的体现在学生主体人格的发展上。学生通过理解和运用母语，积累语言，培养语感，发展思维，培养识字写作、阅读写作、口语交际等综合能力，逐渐形成独立、自由、自强、自律、合作、宽容的主体性素质。[1] 教师在设计教学目标时，应充分考虑到学生主体人格的发展，既要做"经师"，又要为"人师"。访谈中一位老师谈到：

> 从我从教的经验来看，语文课对学生主体人格的培养在价值观上是丰富而多元的。比如在讲陶渊明的《归去来兮辞》前，我事先梳理了以往学过的课文，发现课本中还有很多像《我的空中楼阁》《故都的秋》等，提出的是相对淡薄的人生观，追求一种平和的人生态度，教我们反省和审视人生与内心。语文课价值观的多元化为学生提供了多种选择，有利于学生健全人格的培养。

从人的发展来看，学生可能会受阅历和生活圈子所限，对人生还没有形成深彻的体悟。但当我们翻开语文书时，就会遇到一个又一个文化或思想的巨人，当我们在与他们进行对话的时候，其实是在感受别样的人生。因此，主体人格发展目标是母语教育的旨归。

这四个维度的语文课堂教学目标，在内涵上虽各有偏重，但相辅相成。其中，"言语实践目标"是核心，"语文知识目标"是平台，"思维能力目标"是基础，"主体人格发展目标"是旨归。在现实教学中，我们发现许多老师在确立教学目标时缺乏理论的指导，如设计教学目标时过于偏重"思想教育"目标，而忽略学生的知识积淀和

---

[1] 靳健：《后现代文化视界中的语文课程与教学论》，甘肃教育出版社2006年版，第61页。

语文思维发展，有的老师则将三维课程目标——"知识与能力""过程与方法""情感态度与价值观"照搬为语文课堂教学目标，因失之于宏大而缺乏可行性。

2. 营造情境—落实过程

对语文教学目标的有效实施，我们则应该立足于"营造情境—落实过程"。这里强调了"语文知识问题情境"的构建，强调了教师对于学生活动的有效指导模式，强调了中国传统语文教育"主客一体"的实践教学观，从而促进学生课堂上的积极参与，帮助学生实现知识刺激的内化和建构。

（1）构建"语文知识问题情境"

从罗杰斯意义学习（significant learning）角度来看，学习不是指那种仅仅涉及事实累积的学习，而是指一种使个体的行为、态度、个性以及未来选择行动方针发生重大变化的学习。而且意义学习将逻辑与直觉、理智与情感、概念与经验、观念与意义等结合起来。[①] 那么，要让学生全身心地投入学习活动，其有效策略就是创设与学习者发展紧密相关的"知识问题情境"。

"知识问题情境"强调语文教师在不提供答案式内容的情况下，学生在非常具体的知识问题情境中，像教师或专家一样研究问题、解决问题。[②] 我们提倡"语文知识问题情境"，而不是"问题情境"，主要强调的是以"语文知识"为教学的中介和基础。以下为一节高三复习课的课堂片段[③]：

师：（老师首先出示了一张标点有问题的例句）同学们，大家来看这个句子。请问，本句中冒号的使用有没有问题？

生1：第一个冒号后面的内容是直接引用，而第二个是间接引用。

---

① 施良方：《学习论》，人民教育出版社2001年版，第384—385页。
② 靳健：《后现代文化视界的语文课程与教学论》，甘肃教育出版社2006年版，第119页。
③ 赵晓霞：《如何在知识情境中展开对话——高三语文复习课对话教学例说》，《语文教学通讯》2012年第3期。

师：你分析的逻辑关系是对的。但是句中冒号正是起到一种提示下文的作用，这是其常见用法。似乎也没有什么问题啊？

　　生2：第二个冒号改为逗号。因为两个主题是一种陈述，不需要用冒号。

　　师：冒号是对内容陈述的一种提示，用得也没有问题啊！既然两个冒号自身的使用都是合理的，那为什么大家觉得这个句子有问题呢？

　　生3：因为一个句子里不允许出现两个冒号。

　　师：正确，正是这个问题。这是冒号使用的规则，一个句子里不允许出现两个冒号。（板书该规则）

　　通常来讲，高三复习课往往是以知识记忆为特点的，而创设"知识问题情境"，使得课堂教学更加有效。其一，以"知识问题情境的创设"为先导，使学生处于"愤然""悱然"的状态，从而产生学习、探究的动力和兴趣。其二，在"言之有物"的语文知识基础上形成学习"共同体"。如本课例中，学生在教师提出的"为例句找毛病"这一问题情境中自然形成解决问题的热情和兴趣，而且教师始终是学生知识探究过程的"倾听者"和"建议者"，并就知识与之展开对话。

　　（2）落实有效教学的支架范式

　　有效教学的落实，要求教师不仅有丰富的知识，而且有敏锐的观察力和交流能力，能够根据学生的需要搭建起帮助学生获得新的知识的"支架"，培养学生获取新知的能力。这突出了教师对学生学习活动有效指导的方法和策略。支架范式（Scaffolding）是指通过教师的引导和帮助（支架意为建筑行业的脚手架，这里是比喻的说法），逐渐把语文学习的任务及其学习管理工作转移给学生，让学生主动地发现知识、运用知识，和同伴们一起完成更高水平学习任务的教学范式。这是一种建构主义者经常使用的教学范式。支架范式有两个重要过程：示范（modeling）过程和支架过程。在支架过程当中，老师积极地介入并提供足够的结构和指导，允许学生有效运用策略。随着过程的深入，这

种支持将逐渐减少,最后拆除支架。[①] 以下文为例:

> 这是刘雅利老师的一节公开课。《哀江南》节选自孔尚任的戏剧《桃花扇》结尾的一套曲子,其中包括"北新水令""驻马听"等七支曲子。教学中,刘老师首先从"文眼"——"哀"入手,进而提出本堂课要解决三个问题:"为何哀""哀什么"和"怎么哀"。之后老师以第一支曲子为例,师生共同探讨"哀什么""怎么哀"。然后刘老师为全班学生分配了新的学习任务:分析其余六首曲子,谈谈你为什么喜欢它?描写的景物有什么特点,表达了怎样的思想感情?学生们于是自由组合,根据刘老师提出的问题探讨解决问题。

总体来讲,支架范式包含三个基本环节:其一,准备支架。在教学开始阶段,教师将学生引入一定的问题情境。其二,支架帮助。在教学发展阶段,教师帮助学生确定学习目标,选择学习方式。其三,支架撤销。在教学的最后阶段,教师放手让学生自己选择解决问题的方式,让每个小组独立进行探索。在本案例中,刘老师的教学有如下特点。第一,教学示范部分非常到位。以第一支曲子的分析为例,使学生对解决策略有了清楚的理解。第二,支架教学部分任务的提示非常清晰。让学生明白自己该干什么,如何做。正是基于老师对学生学习方法和策略的有效指导,学生真正学会了鉴赏诗歌,最终达成"撤销支架"的目的。

(3) 贯彻传统"主客一体"的实践教学观

中国古代的母语教学非常重视通过诗歌的吟咏达到对学习者内心情志自然化之之陶冶,孟子谓之"知言养气","养气"是语文教育的目的,"知言"则强调学习者听、读、说、写的言语实践基础,二者是主客一体的实践过程。明代教育家王阳明提出:"栽培涵养之方,则宜诱之歌诗以发其志意,导之习礼以肃其威仪,讽之读书以开其知

[①] A. S. Palincsar & A. L. Brown, "Reciprocal Teaching of Comprehension-fostering and Comprehension-monitoring Strategies," *Cognition and Instruction*, 1984, 1 (2).

觉。今人往往以歌诗、习礼为不切时务，此皆末俗庸鄙之见，乌足以知古人立教之意哉？"① 王阳明所提倡的学习之法，是通过"吟咏诗歌"来激发学生的志趣，通过习礼来庄重他们的外表，教导读书来开发他们的智慧，并且必须结合"吟咏""习礼""读书"等方法，否则不能达成"立教"之目的。

中国古代"主客一体"的实践教学观对当代语文教育的意义深远。如果语文教学仅仅作为一种"工具"，则缺失了母语教育的精神内涵；如果过于注重"人文性"而忽略了听、读、说、写的言语实践活动，又失去了语文特征。因此，语文教学的有效实施，还须发扬贯彻传统语文教学"主客一体"的实践教学观，将"言语实践"与"精神涵养"视为同一的活动。具体来讲，语文教学需要在言语的"吟咏""诵读"当中，"因声求气""知言养气"，达到对"人之本体"精神境界的提升和完善。

3. 言语分享—有效反馈

一堂有效的语文课，通过"准备前提—建构目标"到"营造情境—落实过程"，其有效性机制已基本达成，最后一个关键性环节是有效的反馈，语文课堂的有效反馈主要是指师生"言语产品"的分享过程。在语文课堂教学当中，通过学生与文本、教师、同伴以及环境等的对话，形成课堂"成果"，即"言语产品"，具体来讲就是语文的"听、读、说、写"的实践能力。根据负反馈理论，"言语产品"的分享过程是学生言语"外化"的过程，也是语文学习由大众化的"语言"规律到个性化的"言语"实践的过程，从而进一步强化教学目标，促进学生语文素养的发展。

这四种能力的发展在一堂课上未必面面俱到，而是应该根据具体的教学目标和篇目有所侧重。例如诗歌的教学，就应该凸显"诵读"的言语实践能力，课堂有效反馈的重要指标即学生诵读的"言语产品"的生成状况。例如笔者在访谈一位老师中，当问及"这些年的从教经历中有没有让自己感到特别满意的语文课"时，这位老师谈到：

---

① （明）王阳明：《传习录》（中卷），中州古籍出版社2008年版，第280页。

要说自己感到满意的课，印象比较深的就是李白的《将进酒》了。因为以往的诗歌教学，一般是师生先读一读，或者听听名家的朗读录音，之后还是由老师讲解诗歌大意，提出一定的问题，全班讨论写作手法，等等。《将进酒》是人教版选修模块1第三单元的"赏析示例"课文。该单元的主题为"因声求气、吟咏诗韵"。于是我就突破以往的教学方式，以"吟咏"法贯穿始终。一开始，我先给同学们播放了名家朗诵的音频，当读到"呼儿——将出——换美酒"时，学生一开始觉得可笑，可是很快他们就对诵读产生了兴趣，大家纷纷模仿。之后，我不再讲解分析课文，而是采用"吟咏"法：自读、分小组读、合作诵读等。虽然都是读，但是我发现每个人读出来的感情和味道都不一样。同学们之间相互点评，你那里读得不够好，重音没有把握好。课堂气氛很热闹。而那一节课上完之后，同学们就基本能背诵下来了。

从这位老师的心得里可以看出，古人"知言养气""因声求气"等传统教学方法仍然具有现实指导意义。在"吟诵"当中分享学生的"言语产品"："虽然都是读，但是我发现每个人读出来的感情和味道都不一样"。可见，学生通过"诵读"不但形成了个性化的吟诵体验，而且在群体交流中形成了吟诵心得，最后达成"背诵"的教学目标。因此，师生的"言语分享"过程，也是提高学生审美、思维、言语能力的过程。倘若缺失了"言语分享"环节，语文课堂教学的目标达成情况则无从检验，学生的学习过程也因缺乏"外化"与"强化"环节，其教学有效性将大打折扣。

（三）在课堂教学有效性模式中凸显创造性

从根本上讲，语文课堂教学有效性模式建构是基于语文课程培养目标的。如在2011年《义务教育语文课程标准》中，"使学生获得基本的语文素养"是构建语文课堂教学有效性模式的逻辑起点；"通过优秀文化的熏陶感染，促进学生和谐发展，使学生提高思想道德修养和审美情趣，逐步形成良好个性和健全人格"，就包含了学生创造性能力这一更高目标。因此，我们认为，在构建语文课堂教学有效性模式的过程当中，还应充分考虑到培养学生的"创造性"能力。在课堂教学的有效性模式当中凸显创造性，主要应注意以下原则。

1. 在阶梯式层级中构建创造能力

结合布鲁姆的教学目标分类学，语文教学的目标可分为言语目标、思维目标和情感目标，而这三大目标具有阶梯式层级的特点，由浅入深、由表及里地形成学生的创造性能力。例如情感目标，其层级为愿意—行动—批判—建构—创造。前一个层级为后一个层级的基础。因此，在教学当中，应该考虑如何吸引学生"愿意"的情感行为，只有当学生有了兴趣和意愿，才能够引发行动、批判、建构和创造。"思维目标"的"识记—领会—运用—分析—综合—评论"，以及"言语目标"的"听—读—说—写"，都具有阶梯式层级的特征，课堂教学中应在螺旋式上升中逐步构建学生的创造性能力。

例如，笔者观察了高一（2）班的《孔雀东南飞》课本剧活动，学生由初读文本，到将之改编成剧本，再到合作表演，最后反思交流，正是体现了教学的阶梯式层级关系，进而培养学生的创造性。如学生改编的"剧本"台词："感谢你的真情实意，你既然如此惦念我，希望不久后能盼得你的归来。你如果做那磐石，我就做那蒲苇；蒲苇柔韧如丝，磐石坚固沉稳……"台词优美隽永，非常符合爱情剧本身的浪漫情怀，同时又加入了一定的现代元素。又如在最后的反思交流课上，很多学生都能结合自己的价值观对故事人物和命运进行创造性评论，这种创造性的生成，正是在于前期阶梯式层级的步步推进，通过"言语实践活动"实现学生与文本、学生与故事人物以及与同伴之间的对话，最后实现对文学经典内涵的新的理解和建构。

2. 在"语言—文化"场域中凸显创造性

作为母语课程，语文课程对学生创造性能力的培养不仅着眼于语文作为表达和交际工具的层面，同时还应着眼于母语教育的文化熏陶和精神陶冶的价值。现代语言学家韩礼德（M. A. K. Halliday）基于他的"以语言为核心的学习理论"提出，人类学习的基本区别特征在于产生意义（making meaning），也是符号学的过程（semiotic process）；人类符号学的原型是语言，当学习个体发生语言行为时，个体的学习行为也就发生了。[①] 此外，韩礼德花了大量精力探索语言和文化的相互关系问题："从最为具体的层面来说，当我们面对人们相互交谈的基本事实时，语言不仅是由'句子'组成，更是由'文本'（text）或者以人际交流为目的的有意义的'对话'环境组成。这种语言的环境本身就是一种符号结构，它赋予参与者以预知可能相互理解的功能。"[②] 韩礼德基于语言为核心的学习理论为语文教学提供了很好的启示，即语文教学要结合语言和文本所蕴含的"文化意蕴"展开教学，在这种"语言和文化"所共同构建的"意义的场域"当中促进学生创造性能力的发展。

例如，在孙海芳的识字教学当中，她总是将汉字的文化意蕴渗透进去。例如讲到"温"字，陈浩然同学配的画是：一盆水在太阳的照耀下，逐渐蒸发。这是陈浩然同学的理解，是他直观的、想象中的、仅仅属于他的"温"字。我们看到，画面上既有冉冉升空的"水"（水汽），也有暖暖的当空照的"日"，还有作为容器的"皿"，三者和谐地统一，形成了一个独具个性的汉字"写意图"。这与汉字表意的传统深深契合在一起。

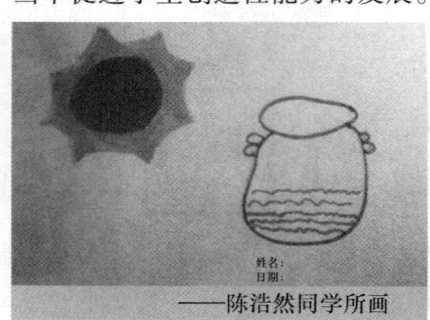

图2-3 每周一字："温"
（摘自孙海芳《这些字，那些事》）

因此，对于学生创造性能力的涵养和激发，一定要结合汉语独特的文化内涵，正如《学记》所言："善待问者如撞钟，叩之以小者则

[①] M. A. K. Halliday, "Towards a Language-based Theory of Learning," *Linguistics and Education*, 1978, p. 93.

[②] M. A. K. Halliday, *Language as Semiotic: The Social Interpretation of Language and Meaning*, London: Arnold, 1978, p. 2.

小鸣，叩之以大者则大鸣，待其从容，然后尽其声。"① 学习者在"语言—文化"的场域中，形成当下体悟与历史文化的对话，正是语文课堂丰富性与创造性生发的源泉。

3. 实现由"社会话语"向"内在话语"的转变

语文教学既然是一种"语言—言语"的转换活动，那么，要形成"创造性"的言语产品，还需注重学生语言学习过程由普遍价值的"社会话语"（social speech）向自我经验的"内在话语"（inner speech）②的转变。这是有效性模式中的"言语分享"环节，也是凸显创造性的重要部分。以下为人教版七年级课文《第一次真好》的课堂实录。

师：通过同学们的回答，我们看到本文写了"我"人生中很多个"第一次"，如"第一次去露营、第一次动手做饭、第一次坐火车、第一次看见雪"，等等，但只详写了两件事。其中一件是偶然间看到别人家出墙来的"结实累累"的柚子树。大家想一想，为什么要详写这件事呢？

生1：是因为作者是一个生长在城市的城里人，从来没有见过农村这样的景象。

生2：是因为农村丰收的景象让他心里充满了喜悦和新奇。

师：非常好！（板书："结实累累"——大丰收、喜悦）

在这个教学片段当中，我们看到，老师首先预设了答案，即作者详写"结实累累"的柚子树的原因，是象征了"大丰收"，因此带给作者以"喜悦"。但深入分析就不难发现，教师的预设其实是着眼于普遍意义的"社会话语"而言的，并没有真正进入文本、结合文本的情境加以体悟。通过细读文本，文中写到的是农家小院"出墙来"

---

① （清）孙希旦撰，沈啸寰、王星贤点校：《礼记集解·学记第十八》，中华书局1989年版，第969页。

② Vygotsky, "Thinking and Speech," In R. W. Rieber & A. S. Carton (eds.), *The Collected Work of L. S. Vygotsky*, Volume 1: *Problems of General Psychology*, New York: Plenum, 1987.

的"一棵"柚子树，即便结实累累，也不过"一枝独秀"而已，"大丰收"的意义并不明显。结合作者详写的第二件"第一次"——两只丑陋的害得我"吃不下饭"的雏鸟，由"身上只有稀疏的几根毛，两只黑黑的眼睛却奇大"，到逐渐羽翼丰满惹人怜爱的故事，让读者不得不感慨生命成长的力量。同样，农家小院墙头那"结实累累"的柚子树，并不是因为农家的"大丰收"给"我"以强烈的震撼，而是在于茂盛的、"关不住"的"生命"的力量。

正如韩军提出的对于语文教学"由强塞'公话'到张扬'私语'"的观点[①]一样，公共的宏观的社会历史叙述，已然融入我们的血液，成了我们的既定习惯和下意识，总是压抑自我的真实感受，总是习惯化小我为大我。作为普遍的大众的语言，这是一种外在工具，而真正的价值和意义在于每个人独特的体验和感受。所以，对一堂语文课来讲，在"言语分享"的外化阶段，既是对语文教学有效性的及时反馈，同时也是鼓励学生的言语实践从普遍的、大众的内涵价值走向创造性的、独特的生成过程。

综上所述，对于语文课堂教学有效性模式的探索，是努力构建一种科学的课堂结构，从教学目标的确立到教学过程的落实，再到言语产品的分享，形成了一套行之有效的语文课堂教学机制。其中包含着语文有效教学的基本要素：既有语文知识内涵、有思维建构过程，又有情感行为体验和言语产品生成。而有效教学的生机和活力在于课堂上对学生创造能力的培养，因此还应该注重学习目标的阶梯式层级、语言文化内涵的挖掘以及个性化的"内在话语"的创造性生成。对于语文课堂教学而言，有效性与创造性是相辅相成的，"让课堂充满情趣和智慧，让学生在交往、合作、活动、探索、实践中多样化地学习，让课堂成为真正学习的场域"[②]，这正是构建语文课堂有效性模式的出发点和归宿。

[①] 韩军：《韩军与新语文教育》，北京师范大学出版社2006年版，第30页。
[②] 王鉴：《课堂的困境》，《当代教育与文化》2013年第9期。

三　语文教师专业发展的核心构成要素

（一）教师是教学改革推进的核心因素

富兰指出，教育改革成败的关键是教师个人的成长和变化，因为"如果没有学习型的学生，就不可能有一个学习型的社会；如果没有一个学习型的教师，就不可能有学习型的学生"[①]。任何一项教育变革，教师都位于核心的地位。关于教师的专业发展，需要多方面的知识和能力作为基础。20世纪80年代，美国斯坦福大学教授舒尔曼（Lee S. Shulman）等对教师专业知识展开了系统的、深入的研究。

舒尔曼指出，很多人提出教师培养的基本假设，即丰富的学科知识（subject matter）背景、热心的教学意愿，外加教学第一年所获得的一些粗浅的、一般性的教学法知识（general pedagogical knowledge），就足以完成对于教师的培养。正是在这样的背景下，舒尔曼和他的团队，专门对"教师专业培养"展开研究，而他的研究是以对"教师的知识基础"与"教学"的关系为基础的。他力图揭示教师在课堂实践中是否运用以及如何运用教师专业知识。1986年，舒尔曼在美国教育研究协会会刊《教育研究者》上发表研究报告。舒尔曼指出，学科知识和一般教学法知识不足以支撑具体的教学，必须在教学过程中发展另一种新的知识，即PCK，它是对"教师个人教学经验、教师学科内容知识和教育学的特殊整合"[②]。这是一种使得教师与学科专家有所区别的专门知识，是有别于学科与教学知识领域的一种知识体系，是"教师最有用的知识代表形式"。舒尔曼之后负责由纽约卡内基基金会资助的"国家教师专业标准"研究项目，使被舒尔曼称为"缺失范式的"PCK研究领域开始受到重视，后来PCK被美国国家教育委员会列为教师专业标准的一个组成部分，30多个州也将PCK列为教师标准的必要组成部分。可以看出，该理

[①] ［加］迈克尔·富兰：《变革的力量：透视教育改革》，中央教育科学研究所、加拿大多伦多国际学院译，教育科学出版社2004年版，第158页。

[②] L. S. Shulman, "Those Who Understand Knowledge Growth in Teaching," *Educational Researcher*, 1986, p.56.

论已经影响了美国的教师评价和证书考试实践，很多研究者应用 PCK 的相关成果进行职前教师培养和职后教师培训研究，"无论职前还是在职教师教育者都开始以丰富教师的 PCK 来评价他们的成功"[1]。

舒尔曼具体将教师专业知识划分和界定为七种类型，即学科内容知识（knowledge of content）、一般教学知识（knowledge of pedagogy）、课程知识（knowledge of curriculum）、关于学习者和学习的知识（knowledge of learners and learning）、学校教育情境知识（knowledge of context of schooling）、学科教学法知识（pedagogical content knowledge），以及教育哲学、教育目的和教育目标的知识。

表 2-2　　　　　　舒尔曼关于教师专业知识分类

	分类	具体内容
1	学科内容知识	教师所教科目的内容及其组织
2	一般教学知识	主要指那些超越具体学科的课程管理和组织的一般原理与策略
3	课程知识	要特别掌握作为教师谋生工具的课程材料和计划
4	关于学习者和学习的知识	
5	学校教育情境知识	包括小组或班级的工作方式，学校的管理和财政状况，社区与文化的特点
6	学科教学法知识	教师所特有的关于学科内容和教学法的结合物，是教师自己的有关专业理解的特定形式
7	教育哲学、教育目的和教育目标的知识	

"这种朝向教师认知过程——思维、判断、决策和计划——的研究转向，使得教学研究领域也接近于探讨那些具有基础性特征的知识，因为它们能为教师的计划和决策提供信息。"[2] 舒尔曼的学生格罗斯曼的评价，从性质上对舒尔曼提出的学科教学法知识（PCK）进

---

[1] 杨薇、郭玉英：《PCK 对美国科学教师教育的影响及启示》，《当代教师教育》2008 年第 3 期。

[2] ［美］帕梅拉·格罗斯曼：《专业化的教师是怎样炼成的》，李广平、何晓芳等译，人民教育出版社 2011 年版，第 5 页。

行了界定。所谓"PCK"实际上是语文教师学科内容知识和教学法知识的"合金"。

语文课堂教学模式的变革,从根本上讲,是要提高语文课堂教学的效果和质量,提高学生汉语听、读、说、写的能力和水平。当从教师知识的角度看待这个问题时,可以帮助我们更好地反思课堂教学的困境和问题主要出现在哪些方面?需要在哪些方面予以加强?是教师学科内容知识欠缺,还是教师关于学生和学习的理解不够?抑或是教师的学科教学法知识不足?

因此,以往的研究者关注更多的是"活动—结果"模式,也就是对于教师教学结果的评价,而对于教师知识与能力方面的问题研究不够。如果教师自身能够依据一定的框架做出关于自身知识与能力的反思,就能够更好地促进教师对教学行为的调控和改进。

舒尔曼的学生格罗斯曼在其对教师研究的基础上,进一步将教师知识分成了四个方面:学科内容知识(subject matter knowledge)、一般教学法知识(general pedagogical knowledge)、学科教学法知识(pedagogical content knowledge)以及情境性知识(knowledge of context)。[①]

表2-3　　　　格罗斯曼关于教师专业知识分类

(1) 学科内容知识			
①句法结构	②内容	③实体结构	
(2) 一般教学法知识			
①学习者与学习	②课堂管理	③课程与教学	④其他
(3) 学科教学法知识			
①对学科知识教学目的的认识			
②有关学生理解的知识	③课程知识		④教学策略知识
(4) 情境性知识			

---

① [美]帕梅拉·格罗斯曼:《专业化的教师是怎样炼成的》,李广平、何晓芳等译,人民教育出版社2011年版,第6页。

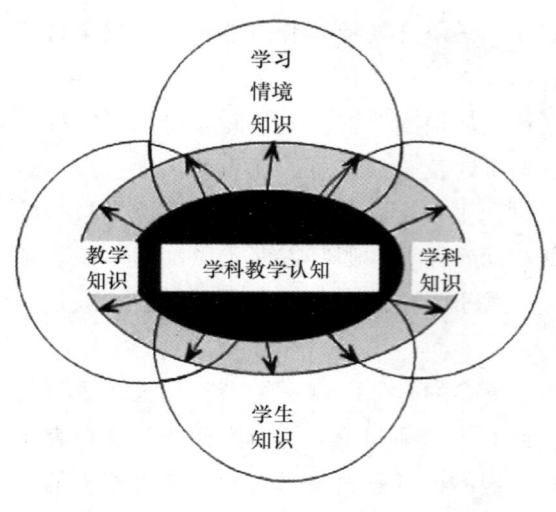

图 2-4　PCK 表述图

基于以上定义，我们看到，学科教学知识不只是教学法中就某一领域内容的教学建议，而是教师对具体教学内容进行教学法处理的知识和途径。拥有一定教学经验的教师或许能体会到，面对某一具体的教学内容，先在脑子里呈现出一个大致的教学模式，这种模式是对学科内容知识的转换，即知道该内容可以用什么样的方法进行教学，预测学生在学习这部分内容时可能会出现的困难等。这些模式、方法的形成，是对这一知识内容的了解，以及学生学习这部分内容的知识积累，还需结合课程要求、教学情境的知识加以转换。因此，本书主要着眼于语文教师的学科知识、教学知识、学生知识和学习情境知识四个层面。

（二）语文教师的课程定位与理解

语文教师的专业发展与教师的课程定位和理解是紧密联系在一起的。关于课程目标，布鲁姆于 1956 年出版的著作《教育目标分类学》（*Taxonomy of Education Objectives*）被认为是 20 世纪影响最大的四本著作之一。它所确立的教育目标分类框架对语文的课程与教学具有积极的启示作用。布鲁姆和他的学生认为，课程目标主要包括三个方面，即"认知领域""情感领域"和"动作技能领域"[①]。认知领域包括识记、领会、运用、分析、综合和评价；情感领域包括接受、反应、形成价值观念、组织价值观念和形成价值情绪；动作技能领域包

---

① ［美］B. S. 布鲁姆等编：《教育目标分类学——第一分册：认知领域》，罗黎辉、丁证霖、石伟平、顾建明译，施良方校，华东师范大学出版社 1986 年版，第 8 页。

括观察、模仿、联系和适应。安德森是布鲁姆的学生,他和他的团队在布鲁姆教育目标分类学的基础上,将认知领域的教育目标和认知过程两个维度加以分类,创立了教育目标的二维分类表,有助于探讨目标中的知识与认知过程之间的关系。例如,我们能期望学生"运用事实性知识"吗?通过分析事实性知识,学生能学会理解概念性知识吗?[①] 通过分类,有助于我们处理教学目标和评估问题。

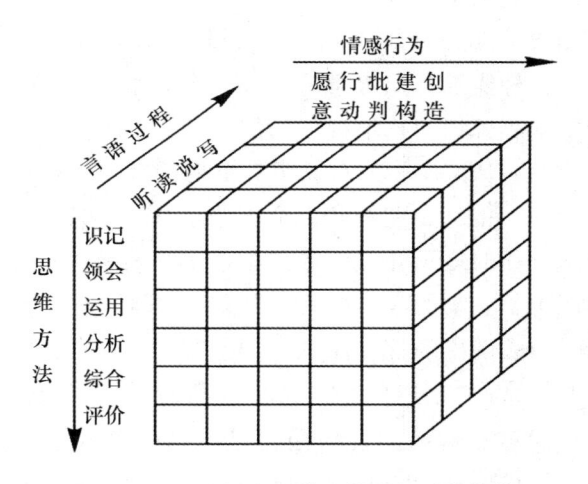

图 2-5 语文课程三维立体目标系统结构

在布鲁姆的"教育目标分类学"理论、安德森的"教育目标二维分类"的基础上,联系语文课程的特性,首先确立了语文课程目标的层次领域:言语过程、思维方法和情感行为三大目标[②],而"语文知识"是语文课程目标得以实现的媒介和依托。因此靳健将这三个领域的目标与语文课程的内容和特点结合起来,建立了"语文课程三维立体目标系统结构"[③]。

[①] [美] 安德森等编:《学习、教学和评估的分类学》,皮连生译,华东师范大学出版社 2007 年版,第 31 页。

[②] 靳健:《后现代文化视界的语文课程与教学论》,甘肃教育出版社 2006 年版,第 102 页。

[③] 同上书,第 94 页。

从语文课程"三维立体目标系统结构"中我们看到，语文课程的目标被划分为三大领域：思维方法、情感行为和言语过程。其中，思维方法包括识记、领会、运用、分析、综合和评价。"识记"包括对语文知识的学习，其中名物知识如常用字词、文化常识、作家作品等；方法知识如造字法、修辞方法、鉴赏方法等；理论知识如逻辑知识、文艺美学知识等。"领会"是指对文本材料意义的理解能力，如文章的思想内涵、文学的象征意义等。"运用"是指在具体的情境当中使用已有知识的能力，如遣词造句、阅读写作等。"分析"是指把握语言材料的各种要素，能够解释文本特征和内涵的能力。"综合"是指概括文章中心思想和艺术特色的能力等。"评价"是指鉴赏评价文学作品的能力，从文本中发现其审美价值的能力等。情感行为主要包括愿意、行动、批判、建构和创造五个层面。"愿意"即学生愿意主动接受语文学习的提示并积极参与学习的过程；"行动"即学生在兴趣引领下产生了主动的学习行为；"批判"即学生在鉴赏文艺作品或社会现象时所表现出的价值评判；"建构"是指能够独立自主地综合语文学习的体系；"创造"是指具有高雅的审美情趣，具有创造性的言语能力，能够从自己的视角用自己的语言表现内心的创造性观点。言语过程的维度即指语文听、读、说、写的技能目标。因此，语文教学的过程，是以语文知识为中介的思维方法、情感行为、言语过程三维目标的全面实施，最终促进学生语文素养的提升和个性的全面发展。

需要指出的是，三个层面的目标在教学中的落实是融为一体的过程。例如对语文知识的识记，就包含了学生愿意、行动、批判、建构、创造等情感过程，而且是通过听、读、说、写的言语实践来实现的。同时，在目标的层级上也呈现出一定的梯度，如情感行为是由愿意逐步升级到创造，思维方法是由识记逐步发展到评论，言语行为由听、读到说、写。三维立体目标体系旨在建构一个有序、关联、融合、开放的语文课程目标体系，相比新课程改革为所有课程提出的知识与能力、过程与方法、情感态度与价值观的课程三维目标而言，语文课程三维立体目标更符合语文课程的内涵和特点。

(三) 语文教师素养内涵:"学问魅力"与"赋权增能"[①]

在新课程实施以后,中小学课堂由教师的"满堂灌"到出现"不作为"现象,都是由教师对教学内涵理解的偏颇所致。对此,从语文教师素养的角度,本书提出了"学问魅力"与"赋权增能"的观点。一方面教师应具有过硬的专业知识素养,从而形成具有知识内涵的课堂,激发学生的创造性思维;另一方面教师应努力提升组织教学的素养,注重对学生探究能力和学习兴趣的"唤醒"。"学问魅力"和"赋权增能"是教师素养的一体两面:应倡导教师"目中有人"的"学问魅力",并形成由专业知识引领的"赋权增能"。二者共同构成新时期语文教师素养的内涵。

1."学问魅力"——提升教师的专业知识素养

《中庸》说,"君子尊德性而道问学"[②],意思是说君子既要尊重德性,又要讲求学问。如果将这里的"道问学"引入教师素养的问题当中,则可以理解为是对教师专业知识、学问基础所做的要求,也就是说,在教学当中要彰显教师的学问魅力。教师专业素养的高低是一堂好课的关键,"教师的教学活动既是科学的知识传递活动,又是人的全面培养活动,它不是一项随心所欲和得过且过的活动,而是一项严肃而神圣的专业活动。教师的知识、人品、能力、态度、智慧等都影响着教学的效果。"[③] 因此,教师良好的专业知识素养是教学有效实施的前提条件。否则"以其昏昏",何以"使其昭昭"?

(1) 在"学问魅力"中创生有知识内涵的课堂

在新课程改革的课堂上,既存在着"表面热闹"的形式改革,也存在着"内涵丰富"的传统讲授。而无论何种形式的课堂,教师严谨的专业知识引领,往往会激发学生的学习兴趣和内在的思考,从而

[①] 赵晓霞:《语文教师专业素养:学问魅力与赋权增能》,《中国教育学刊》2014年第10期。

[②] (宋) 朱熹:《四书章句集注》,中华书局2011年版。

[③] 王鉴:《课堂研究概论》,人民教育出版社2007年版,第283页。

实现"润泽"的课堂。因此，评价一堂好课的标准应该从教学的深层内涵入手，衡量的关键是看教学活动当中是否形成了师生对专业知识的深入探究，是否有意义的流淌和价值的生成。以下就一节《离骚》公开课为例，探讨如何在"学问魅力"中创生有知识的内涵课堂。

笔者听取了 M 老师的一节《离骚》公开课。在第一课时，M 老师旁征博引、深入浅出，结合"屈原否定论"评议、"离骚"的题意、《离骚》的主旨三个问题，将学生带入了中国古典文学的长廊画卷之中，并呈现出相关文学及其研究的丰富性和深刻性，不仅在专业知识上为学生开阔了眼界，而且为学生提供了思考和分析问题的方法。例如在讲到"离骚"的题意时，M 老师列举了屈原研究史上存在的各种说法，需要我们根据阅读内容用心去鉴别和判断。

M 老师的这节公开课，使用的基本方法是讲授法，其间偶尔与学生就某个问题进行互动，整堂课上学生听得非常专注。笔者认为，这是一个典型的"润泽"课堂。M 老师的讲授，在知识和方法上都给学生一定的震撼与启迪，为学生呈现出《离骚》深厚的文化内涵以及文学鉴赏本身的"趣味性"。学生尽管在形式上很少与老师进行"对话式"的言语交流，但从实际表现来看，学生的学习兴趣已经极大地被调动了起来。在第二课时，学生带着较高的学习热情诵读《离骚》，师生通过诵读等言语实践形成了与文本深入的对话。

从中可以看出，第一，关于教师精彩的、引发学习兴趣的"讲授"，还是回到了对教师素养的要求上来。教师良好的专业知识素养是语文教学品质的根本保障。第二，这种看似"独白式"的、以"讲授"为主的教学，为什么我们会将其看作具有新课程理念内涵的教学范例呢？这里有一个前提条件，即师生在课堂上进入了一个共同知识问题情境中，在这一探究平台上，通过老师严谨而丰富的知识引领，实现了师生就文本内容的深层内涵的对话与交流。因此，这种

"对话式的讲授"背后,体现的是以教师"学问魅力"为基础的参与式、对话式的教学思想和模式。

(2) 以教师的"学问魅力"激发学生的创造性思维

彰显"学问魅力"的课堂,是以教师专业知识为引领,进而激发学生创造性思维的课堂。课程标准中也反复强调对学生创造能力的培养,这是由语文课程以及语言文学本身的性质所决定的。语言是一种"有意味的形式",庄子就提出"得意忘言""得意忘象"的观点。我们认为,"得意忘言"或"得意忘象"中的"言"或"象"都是一种形式,通过"言"或"象"传达一种审美的大境界。因此,语言艺术作为一种"有意味的形式",就同其他艺术形式如书法、绘画一样,能够带给人们审美的想象,这与西方哲学所强调的"在场"与"不在场"是相通的。在海德格尔看来,语言的本质是诗意的,其特征是"遮蔽"与"去蔽"、"在场"与"不在场"的斗争。[①]我们阅读一篇文学作品的过程就是一个由"遮蔽"到"去蔽"而到"敞亮"的过程。

例如马致远的小令:"枯藤老树昏鸦,小桥流水人家。古道西风瘦马。夕阳西下,断肠人在天涯。"单就语言的字面意思来讲,似乎就是各种事物的堆砌,如果这样看待这首小令,其意境全无;而当我们把这些可见、可说的东西放回"隐蔽"处,则能领会这首小令所"敞开"的一幅凄凉景象,并感受到作者的无限惆怅,这正是不可见、不可说的诗意。因此,正是语言文学的"留白"和"想象",使其意味深长。从这个角度来讲,语文教学要通过学生与文本进行深层次的对话,发掘语言艺术的想象空间,提升学生创造性的审美能力。学生创造性审美能力的提升则有赖于教师对文本创造性的理解。

笔者曾在听完《故都的秋》的教学后随机采访执教的李双义老师。他谈到关于教师对文本理解的问题:

---

① 张世英:《进入澄明之境——哲学的新方向》,商务印书馆1999年版,第87页。

一般来讲，当我要教授一篇课文时，通常的做法是首先自己读上三五遍，然后合上书，想一想自己阅读的过程有哪些感受和想法，然后根据自己阅读感悟再设计教学活动。

他的学生这样评价李双义老师：

生1：我们太喜欢李老师了！自从听他第一节课开始，我就对语文产生了浓厚的兴趣。

生2：以往的语文老师大都局限在课本内容上，而李老师非常博学，他不但给我们讲课本上有的东西，而且经常旁征博引，好多很长的经典句子他都能脱口而出，让我们觉得语文非常有趣味。

从李双义老师的个案来看，他不但自身有着过硬的基本功，在教学当中始终坚持教师"个性化"的教学——"当我要教授一篇课文时，通常的做法是首先自己读上三五遍，然后合上书，想一想自己阅读的过程有哪些感受和想法，然后根据自己阅读感悟再设计教学活动"。因此，语文教师自身良好的素养是语文创造性教学的前提。倘若教师自身对教学内容的理解都停留在普遍的价值层面而缺乏创造性，何谈在课堂上引领学生进行创造性的理解和认识？

笔者曾参加甘肃省中语会"创新杯"的课程作品评比活动，听取了六位语文老师对同一篇课文《陈太丘与友期》的教学。按理来说，这六位老师在面对同一篇文章时应该具有各自不同的视角、切入点、聚焦点和兴奋点，教学活动应当是各具特色的。但实际的情况是六位老师不约而同地将文章的主旨归结于"守信""明理"，而且都将一节妙趣横生的文学阅读课上成了简单、规范的道德说教课。这正是由于教师缺乏对文本独特的理解和体悟。据笔者推测，之所以如此雷同，是因为大家都参考了相同的"教参"。

从这个意义上讲，课程改革有效实施的核心因素之一，是教师良好的专业知识素养，也即教师的"学问魅力"，进而以教师专业知识为引领形成师生对于教学内容的创造性理解。迈克尔·富兰指出，在教育变革的力量中——教师是关键。教师的独立思考和工作的能力对教育变革极其重要。① 教师的"学问魅力"既包含对教师的专业知识素养的要求,还包含教师在专业化发展的道路上自我学习和发展的内心诉求。

2."赋权增能"——提升教师的组织教学素养

在教师拥有良好的专业素养的前提下,还应强调教师在教学当中"赋权增能"。"赋权增能"(empowerment)原本是来自社会学领域的概念。根据拉帕波特(Rappaport,1987)和基弗(Kieffer,1984)等的说法,"赋权增能"乃是个人、组织和社区对其事务获得控制的一种机制②,可提升正向的自我概念及自我认知,增强其自信,使其获得更多的政治及社会资源。③ "赋权增能"引入教育领域,更多的是指赋予教师在课程和教学中的专业自主权,以实现新课程所倡导的"平等、参与、对话"的理念。

马克斯·范梅南认为,教育学的影响是情境性的(situational)。真正的有教育价值的"影响"是一种辐射四方、自然流动的东西;教学有效实施的前提条件是教师面对学生是坦诚的和开放的。就文化和传统而言,每一个人都是迟到者。因此,教师需要具备调和传统和文化对年轻人影响的能力。④ 课堂上"赋权增能"的过程,就是教师通过教学情境对学生探究知识的兴趣和能力的"唤醒"和"激发"的过程。以下从"学情"和组织策略两方面探讨教师如何"赋权"的问题。

(1)关注学生"学情",施教不可躐等

教学是一种主客一体的活动过程,必然是在一种"关系"当中

---

① [加]迈克尔·富兰:《变革的力量——透视教育改革》,中央教育科学研究所、加拿大多伦多国际学院组织译,教育科学出版社2004年版,第163页。

② J. Rappaport, "Terms of Empowerment/exemplars of Prevention: Toward a Theory for Psychology," *American Journal of Community Psychology*, 1987, (15): 121 – 148.

③ C. H. Kieffer, "Citizen Empowerment: A Developmental Perspective," *Prevention in Human Services*, 1984, (3): 9 – 36.

④ [加]马克斯·范梅南:《教学机智——教育智慧的意蕴》,李树英译,教育科学出版社2001年版,第21—23页。

展开的,学生并不是教师传授知识的"客体"或"容器",而是教学活动关系的参与者与缔造者。因此,教师的"赋权"应该着眼于对学生"学情"的关注。王阳明在其《传习录》中对此有过这样的论述:

> 问:"'中人以下,不可以语上。'愚的人,与之语上尚且不进,况不与之语,可乎?"先生曰:"不是圣人终不与语。圣人的心忧不得人人都做圣人,只是人的资质不同,施教不可躐等。中人以下的人,便与他说性、说命,他也不省得,也须慢慢琢磨他起来。"[①]

这段话的意思是说,有学生就孔子所讲的"中人以下,不可以语上"请教王阳明,王阳明说:"不是圣人不给愚钝的人讲高深的道理,圣人恨不得人人都成为圣人呢!只是每个人的资质不同,因此,教育的过程不可以超越固有的规律。对于一般资质的人,需要慢慢地启发、开导他。"在王阳明看来,天下没有不可教之人,只是老师应该根据不同个体的状况选择适合的方法和内容。"施教不可躐等",这是教师教学的重要原则。因此,要保障教学的有效性,教师就要了解"学情",寻找可能与学生发生"对话"的平台和契机,这也体现出教师的教学智慧。

笔者在对兰州市一位有着六年教龄的语文老师进行访谈时,这位老师讲出了她在教学当中的困惑:

> 我现在所带的是高三年级,这是我的第二届学生。到了第二轮,很多时候就开始思考如何把课上好,但困惑也越来越多。比如,我发现学生"诗词鉴赏"这部分比较薄弱,就着力进行复习。复习中,我觉得自己非常注重鉴赏方法的传授,可是当我给

[①] (明)王阳明撰:《传习录》,于自力、孔薇、杨骅骁注译,中州古籍出版社2008年版,第330页。

学生花了近两个月的时间复习之后，发现我教的鉴赏方法他们还是不会用或者不爱用，收效不太好。而且我讲的鉴赏答题要分三个步骤——"是什么、如何表现的、有什么作用"，学生好像知道这种结构模式，却不会很好地组织语言。懒得去用……

从这位老师的讲述当中，我们看到，她面临的困惑是她下了很大的功夫给学生讲"诗词鉴赏"的方法，甚至答题的模式和步骤，但学生还是似懂非懂，在面对具体的鉴赏题目时依然处于"无方法"的状态。对此，"鉴赏方法"属于语文知识中"为什么"的方法知识[1]，作为方法知识，其本身是非常枯燥的，如果让学生用"死记硬背"的方式去学习"方法知识"，无疑是囫囵吞枣，只会事倍功半。此其一。其二，从奥苏贝尔"意义学习"（meaningful learning）的角度来看，学生需在新学习的内容与自己已有的知识之间建立联系。这位老师在近两个月的复习当中，学生只是机械地记住了解决问题的"典型步骤"，而对自己正在做什么，为什么这样做却稀里糊涂，那么，这种学习并不比机械记忆更有效。基于以上两个方面的原因，我们发现，这位老师对学生"学情"的认识和把握还是有所欠缺或存在一定不足的。

从建构主义的观点来看，教师为学生"赋权增能"的过程，是为了改变传统教学中学生的不利或无权地位——教学的过程由教师控制，学生进入了一个早已开始的对话之中。这种情况如同一个人突然被推入正在开演的戏剧之中，而他的任务被限定为只能沿着别人说的话题随声附和。[2] 因此，换一个角度来讲，强调"赋权增能"是要求教师为学生创造良好的学习情境，设计合适的学习活动，搭建符合学生认知水平的平台，以便鼓励学生敢于和愿意通过交流、对话、合作来探求和获取新知。

---

[1] 靳健：《把语文课上成语文课——由程翔老师的一节"课堂作品"说起》，《语文建设》2012年第2期。

[2] ［美］莱斯利·P. 斯特弗、杰里·盖尔主编：《教育中的建构主义》，高文、徐斌艳、程可拉等译，华东师范大学出版社2002年版，第26页。

(2) 注重组织教学，形成有效"赋权"

教学组织形式是教学活动中师生相互作用的结构形式，或者说，是师生的共同活动在人员、程序、时空关系上的组合形式。[①] 从课程改革的理念来看，教师还需要有敏锐的观察力和交流能力，能够掌握和判断学生的认知水平，并且根据学生的需要搭建起可以鼓励和帮助学生获得新的知识的"支架"，培养学生不断增进新的知识的能力。这与传统的以教案为中心、以教材和PPT为主线的教学方式形成了鲜明的对比。教师组织教学的策略是多种多样的，这里主要以合作学习的典型代表"支架范式"为例说明"赋权"的问题。支架范式是一种建构主义者经常使用的教学范式，具有两个重要过程：示范过程和支架过程。在语文教学当中，教师通过"支架范式"实现有效"赋权"，既可以将其运用于一堂课的学习当中，也可以将其运用于一个单元的教学当中。

以下就以刘老师《哀江南》的教学为例说明如何在一堂课上通过"支架范式"实现教师的"赋权"。《哀江南》节选自孔尚任的《桃花扇》，其中包括"北新水令""驻马听""沈醉东风""折桂令""沽美酒""太平令""离亭宴带歇指煞"七支曲子。

教学中，刘老师首先从"破题"入手，引导大家理解"文眼"——"哀"。进而提出了本堂课的三个问题："为何哀""哀什么"和"怎么哀"。在老师精彩的范读之后，师生首先以第一支曲子为例，探讨这支曲子中的景物特点以及抒发了作者怎样的感情。

趁热打铁，刘老师向同学们分配了学习任务：请大家在剩下的六支曲子中任选一支，谈谈你为什么喜欢它？描写的景物有何特点，表达了怎样的思想感情？同学们遂以小组为单位进行探讨。笔者就近观察了一组同学的讨论，发现该组从捕捉景物描写的"关键词"入手，探讨作者背后的情感，并在小组内开展了朗

---

① 李秉德：《教学论》，人民教育出版社2001年版，第214页。

读。之后老师组织全班针对讨论结果进行发言，气氛活跃，既紧扣文本，又不乏创见。

在这个案例中，刘老师的教学有如下特点。第一，教学示范部分非常到位。师生围绕"南京郊外的景象特点"和"表达作者怎样的感情"展开探讨，学生从而对解决"如何哀"的问题有了清晰的学习策略。第二，支架教学部分任务的提示非常清晰。讨论之前给出了清晰的"问题框架"，让学生明白自己该干什么，如何做。第三，教师对学生的学习给予了及时的反馈。例如刘老师的评价："同学们刚刚的回答中有一个亮点，即'抓住关键性的词语'来说明问题，这是语文学习非常好的方法，通过这些关键性词语'点燃'整个诗句。"这些反馈实质上是老师对学生学习方法的指导，让学生真正学会鉴赏诗歌的方法，最终达成"撤销支架"的目的。

新课程所倡导的自主、合作、探究的学习方式，注重培养学生学习能力、合作意识等，这种形式本身是很好的；但要保证学生自主学习质量，教师的组织教学能力就显得尤为重要了。教师要有清晰的"示范"并对学生的自主学习加以积极的引导，从而实现由"自主"到"探究"，再到"合作"与"争鸣"。

3. "学问魅力"与"赋权增能"之一体两面

对于教师素养的认识，往往将"学问魅力"和"赋权增能"割裂开来，甚至将二者看作传统型教师素养与"新课程"所倡导的教师素养的区别特征。认为强调"学问魅力"即是一味重视知识的灌输与讲授，强调"赋权增能"则是轻视专业知识，只关注教学形式的转变。这显然是有失偏颇的。我们认为，"学问魅力"和"赋权增能"是教师素养的一体两面：教师为学生"赋权增能"须以专业知识素养为内核，同样，教师"学问魅力"的价值乃是促进学生能力的发展，二者共同形成对新时期教师素养内涵的积极建构。

（1）倡导教师"目中有人"的"学问魅力"

提倡"学问魅力"，在于通过教师的专业素养引导、唤醒和引发学生学习的兴趣，最终促进学生能力的发展。在新课程实施以前，教师只注重静态知识传授的状况非常突出，因此，我国课程改革的理念之一即是改变"过于注重知识传授"的状况，提倡向自主、合作、探究的学习方式的转变，真正做到"育人为本，目中有人"。

例如，一位老师在讲授初中课文《范进中举》时，首先介绍科举制度、科举制度的由来、社会效应、八股文、作者吴敬梓、《儒林外史》、章回体小说等；然后用了5张具有代表性的插图概括全文情节的发展，进而分析人物命运和特点。在本课例中，一开始教师在课堂上呈现出的名物知识不可谓不丰富，但这些知识都处于文本的外围，是一种既成的静态的知识学习过程。之后用5副插图来概括故事情节，更是用一种看似便捷的方式替代了文本阅读的过程。因此，从教学角度来看，教师的"学问魅力"更应体现在对学生文本阅读过程的引导上，而不仅仅是让学生学习大量的静态知识，或用既有的结论和抽象概括的图片取代学生丰富的、体验式的文本阅读。

因此，教师的"学问魅力"体现在教学当中必须是"目中有人"的学问。教师在学生文本生疏、阅读有限的情况下只注重静态、客观知识教授的做法，甚至通过大量做题试图找到"举一反三"的规律，这就是古人所讲的"躐等而上"。结果是花了很大的工夫，得到的却是似懂非懂、一鳞半爪的印象。正如以上课例中，教师通过灌输给学生既定的、"客观知识"的做法，使得学生只知范进是"儒林群丑"之一，却无法理解范进作为文学形象可爱的一面。而文学作品的魅力正是在于对人性的揭示，剥离了学生对文本的感性认识而讲授抽象的知识和概念，使得语文课失去了源头活水，学生阅读能力的提高和创造性思维的培养也就无从谈起。

（2）形成专业知识引领的"赋权增能"

在新课程实施中，之所以会出现一些"轻视知识"的现象，就是因为很多人对新课程所提出的"自主、合作、探究"理念的误解。一堂有效的教学活动课必须是以一定的专业内涵为基础和依托的，并在此过程当中形成师生民主、平等的对话关系，所赋之"权"和所增之"能"都需以专业知识的精进为核心。以下为一位老师的公开课《游褒禅山记》中的一个活动设计——"找同学一起当老师"。

师：我认为，你们都是我的老师，在这堂课上，我要向大家好好学习。因此，我要找一位同学和我一起来当老师，谁？

生：（众口推荐，不一而足。）

师：好，我们就请这位女同学来和我一起当老师。

生（众）：（热烈鼓掌）

（在整节课上，该生一直站在讲台上听课，当学生讨论时，她偶尔在教室中来回穿行，整堂课下来，并未发言。）

从这一教学活动设计来看，教师在理念上强调一种平等的师生关系，希望能够让学生拥有更多的发展机会，并且这种理念得到了学生的热烈支持和响应。但在实际的课堂教学当中，这种"新奇"的做法却未能收到良好的效果。因为老师在整堂课上依然是话语权的绝对拥有者，"老师学生"的被动地位并未因站在讲台上这一举动而发生改变，这位"老师学生"有"老师之名"，却没有获得与老师进行平等对话的机会和权利，反而成为一种变相地"被压迫者的教育"。因此，教师实现"赋权增能"的内涵，并不是外在形式和口号上的"师生平等"，而是强调师生围绕专业知识展开自由和平等的交流，从而提升学生的语文素养。

在新课程实施当中，出现了很多这种"表面热闹"的课堂，教师在课堂上成为话筒的"传递者"，对学生发言内容的评价也一概冠以"真棒"之类的鼓励之词。看似对话，实则缺失了教师专业知识的引领，在单纯的教学形式变革中将课程的"内涵"掏空了。有学者指出，"现代课堂并不应当以讲课者的失语为代价""一个老师不只是具有一份很详细的设计性的教案，还应当有一份像样的讲稿；一节语文课不只是提问，应当有一段一段十分地道的言语，像宝石一样镶嵌在整个教学过程中"[①]。

总之，中小学课堂由原先教师的"满堂灌"到现今的"不作

[①] 曹文轩：《语文课的几个辩证关系》，《光明日报》2013年4月25日。

为",都是对教学本质的一种误解。课程变革的有效实施离不开教师素养的提高,而教师素养应具有"学问魅力"和"赋权增能"两个方面的特征,二者犹如一个硬币的两面,是相辅相成、合二为一的,应倡导教师"目中有人"的"学问魅力",形成以教师专业知识为引领的"赋权增能"。

第三章 西北地区语文课堂变革调查（一）：课堂有什么变化

一 调查研究的背景和意义

课堂，是考察与调研教育改革的核心场域。2001年《基础教育课程改革纲要》的颁布，拉开了我国第八次课程改革的序幕；2014年"中国学生核心素养"的提出，使基础教育改革又面临着新的挑战。回顾21世纪以来基础教育改革的状况可以发现，从教育理念的变革到课程建设、教材建设，再到教学方式变革、教学评价变革等方面，都取得了有目共睹的成绩。但改革步伐和进展情况在全国来讲并不均衡。西北地区由于受到自然条件、经济条件的制约，尤其受到师资队伍状况、教育硬件软件建设等方面的影响，与其他地区尤其是东部发达地区还是存在较大差距的。再加上西北民族地区相对封闭的文化环境，学生基础和背景存在很大的差异性和复杂性，整体基础教育较为薄弱，语文教育教学变革的状况不容乐观。

因此，本书的研究目的是走进西北地区的学校，走进语文课堂，走进一线语文教师的工作现场，通过问卷调查、课堂观察、师生访谈等形式，深入了解甘肃四个少数民族地区语文课堂变革的基本现状，分析语文教育中所存在的不足与困境，并分析其中的成因，进而提出改进的策略，以期提高西北地区语文教育教学的水平。

本课题组对甘肃省少数民族地区语文课堂教学状况进行了抽样调查，特别是对藏族地区和回族地区不同类型的中小学语文课堂进行了调研,从而深入了解如下问题:(1)调查甘肃省四个民族地区语文教师的教育教学观念和教学实施的基本状况;(2)调查甘肃省四个民族地区语文课堂教学中值得借鉴的优秀经验;(3)总结和发现甘肃民族地区中小学生学习汉语文所存在的基本问题;(4)分析语文教育教学改革的环境与相关影响因素。

二 研究设计与实施

(一)研究对象

本书研究旨在全面准确地了解我国西北地区中小学语文课堂教学变革的现状,同时为适应少数民族地区的语文教育状况提出相应的提升策略。从调查研究的可行性和便利性原则出发,本课题组以甘肃省为例展开调研,采取分层分类抽样的方式,对甘肃省内民族地区中小学校的语文课堂教学改革现状做调查研究,对入选样本学校的学生、教师等展开问卷调查,并对部分语文教师展开访谈。

根据甘肃省少数民族分布特点,本课题组选取了有代表性的中小学校为对象,涉及8个少数民族地区县市的十余所不同类型的中小学校。调查的地区有甘南藏族自治州的合作市、夏河县、卓尼县,临夏回族自治州的临夏市、东乡族自治县、和政县,以及天祝藏族自治县、肃南裕固族自治县等。调研发现,民族地区中小学又分民族学校和普通学校,前者以少数民族学生为主,后者的少数民族学生与汉族学生比例不等;民族学校是以民族语言为主要教学语言的,也称"一类模式";而普通学校是以汉语为主要教学语言的,也称"二类模式"。每个地区的调研又涉及城市和农村两大类学校。所涉及的年级有小学五、六年级,初中七、八、九年级,以及高中一、二、三年级。调研分为四类:学生问卷、教师问卷、学生访谈和教师访谈。实地调查从2015年开始到2017年结束,历时三年时间。

学生问卷:发放问卷983份,回收问卷957份,有效问卷952

份。在这 952 名学生被访者当中，男生 450 人，女生 502 人；分别占比 47.3% 和 52.7%。汉族学生 230 人，占比 24.2%；藏族学生 534 人，占比 56.1%；回族学生 134 人，占比 14.1%；东乡族学生 18 人，占比 1.9%；土族学生 35 人，占比 3.7%；撒拉族学生 1 人。在这些学生当中以汉语为母语的 585 人，占比 61.4%，以藏语为母语的 363 人，占比 38.1%。小学生五—六年级 144 人，占比 15.1%；初中学生 492 人，占比 51.7%；高中学生 316 人，占比 33.2%。从中我们发现，以汉语为母语的学生除了汉族学生外，还包括绝大部分回族和东乡族学生，以及一部分藏族学生。因此，本书关于汉语文课堂教学的学生语言学习背景，具有一定的特殊性和复杂性。

教师问卷：对 55 位汉语文教师进行了问卷调查，其中有效问卷 53 份。男教师 23 人，占比 43.4%；女教师 30 人，占比 56.6%。教师中汉族 23 人，占比 43.4%；藏族 20 人，占比 37.7%；回族 7 人，占比 13.2%；东乡族和土族各 1 人，各占比 1.9%。其中藏语为母语的教师 13 人，占比 24.5%。从教龄来看，1—5 年教龄的教师 18 人，占比 34.0%；6—10 年的教师 8 人，占比 15.1%；11—15 年的教师 11 人，占比 20.8%；15 年以上教龄的教师 16 人，占比 30.2%。

访谈：对 24 名教师展开访谈，其中既包括专访，又包括课后随机访谈。学生访谈人数 59 人，包括夏河 Z 藏族中学、合作 Y 小学、合作 Z 藏族中学、东乡 D 中学等学校的学生。

本次问卷调查的样本选择较为充分地体现了区域、民族、年级、学校类型等方面的代表性，调查过程符合随机抽样的要求，结构较为合理。这种抽样调查可以基本上反映出甘肃省少数民族地区新课程背景下中小学生语文教学变革的基本状况。

（二）调查方式

1. 问卷。本书主要采取了两种问卷调查方式：学生问卷和教师问卷。学生问卷和教师问卷的编制采取自编的五级量表和半开放式问题相结合的方式进行。通过问卷，对教师的教学观念、教学实施和教学评价等方面的语文课堂教学现状进行调查。

2. 访谈：为了进一步追问现象背后的原因和产生影响的相关因素，本课题组在问卷调查的基础上展开了个别访谈。访谈主要分为教师访谈和学生访谈两部分。

3. 课堂观察：课堂观察是本书重要的研究方法，因为对于语文课堂变革的理解和认识，不能仅仅依靠问卷得出。一方面是因为问卷不能全面反映课堂教学的真实情况；另一方面是因为问卷调查中的很多认识是教师和学生宣称的理解，并不能完全代表课堂教学的真实状况。因此，本书第四章专门就课堂教学的问题展开研究，以呈现"课堂发生了什么"，并借助一定的分析框架对课堂教学的现状进行评价。

(三) 调查设计

1. 问卷调查设计

问卷调查部分，主要分为预调查和调查两步。预调查选取甘肃省合作市 Z 藏族中学和合作 Y 小学作为调研对象，学生样本主要以小学六年级和高一、高二为对象。通过预调查，我们对问卷调查的分层以及问题呈现进行了修改。主要问题有：其一，问题设计与现实状况不够贴近，描述不够清晰。其二，问题设计不能兼顾不同的学情，需要进一步完善。问卷的类型主要包括教师问卷、学生问卷两种形式。问卷设计，旨在调查了解师生在课堂上的基本状况和教育变革状况。问卷主要采取选择题和开放型问题相结合的方式。

(1) 教师问卷设计

教师问卷设计了三级指标体系。一级指标主要包括"教学理念""教学实施"和"教学评价"三个维度。教师的教育观念直接影响着课堂教学的状态，教师能否深入理解新课程"自主、合作、探究"模式的内涵，在很大程度上决定着教师在教学中是否能够贯彻新课程改革的理念。

表 3-1　　　　　　　　教师问卷指标体系

一级指标	二级指标	三级指标	对应题目	题数
教学理念	1. 语文课程理解	课程任务理解	Q1	4
	2. 新课程理解	a. 态度	Q3、Q5	
		b. 认识	Q4	
教学实施	1. 课堂教学状况	a. 常用教学方法	Q2、Q6	8
	2. 教学方法	a. 阅读教学方法	Q8、Q9、Q10	
		b. 写作教学方法	Q11	
	3. 课堂教学变革	c. 变革举措和方法	Q7、Q14	
教学评价	课堂教学评价	a. 评价的态度	Q12	2
		b. 评价的多样性	Q13	

（2）学生问卷设计

学生问卷设计了三级指标体系。一级指标主要包括"学习方式""教学方式"和"教学反馈"三个维度。

表 3-2　　　　　　　　学生问卷指标体系

一级指标	二级指标	三级指标	对应题目	题数
学习方式	1. 学生的情感态度	a. 对语文的情感态度	Q1	6
	2. 学生的课堂状态	a. 学生课堂基本状况	Q2	
		b. 学生小组合作状况	Q8、Q9、Q10、Q11	
教学方式	1. 教师教学方法	a. 教师常用教学方法	Q3、Q4、Q5、Q7	10
		b. 教师教学变革举措	Q6、Q18	
	2. 具体教学策略	a. 阅读教学方式	Q15、Q16	
		b. 写作教学方式	Q17	
		c. 课外阅读教学方式	Q14	
教学反馈	课堂教学评价	a. 评价的态度	Q13	2
		b. 评价的多样性	Q12	

2. 访谈设计

本书还设计了访谈内容。访谈主要分为教师访谈和学生访谈两个部分。通过访谈、听课后的追问，探究现象背后的内在原因与影响因素。

学生访谈学段涵盖小学高年级到高中。教师访谈既有专题访谈，也有随机访谈。专题访谈的问题主要是针对民族地区语文教学方式改革状况提出的，课后访谈主要针对一节课上教学变革的具体状况提出的。从而了解教师和学生对于改革的基本态度和思想认识等。

3. 课堂观察

课堂观察设计将在下一章中予以重点论述。

（四）研究工具与方法

对于教师和学生问卷调查的结果，主要采用 SPSS 19 进行数据分析。主要的分析方法有描述统计、频数、多重响应、方差分析等。课堂观察的结果，主要采用弗兰德斯课堂分析工具进行分析，以及用本书的有效课堂评价框架进行评价。

三 西北地区语文课堂教学变革调查结果与分析

（一）教师问卷调查统计分析

1. 基本情况统计

本次调查共向甘肃民族地区的 53 名语文教师发放了问卷，其中有效问卷 53 份。

表 3-3　　　　　　　　　　基本统计量

		性别	年龄	教龄	民族	母语	学校性质	学历	所在县市
N	有效	53	53	53	52	52	53	53	53
	缺失	0	0	0	1	1	0	0	0
众数		1	2	1	1	1	3	3	1

		频率	百分比（%）	有效百分比（%）	累计百分比（%）
性别	女	30	56.6	56.6	56.6
	男	23	43.4	43.4	100.0
	合计	53	100.0	100.0	

续表

		频率	百分比（%）	有效百分比（%）	累计百分比（%）
年龄	20—30 岁	20	37.7	37.7	37.7
	31—40 岁	22	41.5	41.5	79.2
	41—50 岁	9	17.0	17.0	96.2
	50 岁以上	2	3.8	3.8	100.0
	合计	53	100.0	100.0	
教龄	1—5 年	18	34.0	34.0	34.0
	6—10 年	8	15.1	15.1	49.1
	11—15 年	11	20.8	20.8	69.8
	15 年以上	16	30.2	30.2	100.0
	合计	53			
民族	汉族	23	43.4	44.2	44.2
	藏族	20	37.7	38.5	82.7
	回族	7	13.2	13.5	96.2
	东乡族	1	1.9	1.9	98.1
	土族	1	1.9	1.9	100.0
	合计	52	98.1	100.0	
	缺失	1	1.9		
	合计	53	100.0		
母语	汉语	39	73.6	75.0	75.0
	藏语	13	24.5	25.0	100.0
	合计	52	98.1	100.0	
	缺失	1	1.9		
	合计	53	100.0		
学校性质	民族学校，以藏为主	14	26.4	26.4	26.4
	民族学校，以汉为主	7	13.2	13.2	39.6
	民族学校，两种形式都有	21	39.6	39.6	79.2
	普通学校	11	20.8	20.8	100.0
	合计	53	100.0	100.0	

续表

		频率	百分比（%）	有效百分比（%）	累计百分比（%）
学历	中专（中师）	1	1.9	1.9	1.9
	大学专科	8	15.1	15.1	17.0
	大学本科	43	81.1	81.1	98.1
	硕士研究生	1	1.9	1.9	100.0
	合计	53	100.0	100.0	
所在县市	合作市	18	34.0	34.0	34.0
	夏河县	8	15.1	15.1	49.1
	康乐县	2	3.8	3.8	52.8
	和政县	3	5.7	5.7	58.5
	天祝县	2	3.8	3.8	62.3
	临夏市	1	1.9	1.9	64.2
	东乡县	1	1.9	1.9	66.0
	卓尼县	5	9.4	9.4	75.5
	肃南裕固族自治县	10	18.9	18.9	94.3
	积石山县	2	3.8	3.8	98.1
	迭部县	1	1.9	1.9	
	合计	53			

通过以上统计可以看到，被调查的民族地区53名语文教师中，女教师30人，占比56.6%。年龄段以31—40岁为最多，占比41.5%；其次是20—30岁，占比37.7%。教龄以1—5年的教师最多，占比34.0%；其次为15年以上教龄教师，占比30.2%。民族主要涉及汉族、藏族、回族、东乡族、土族等。其中汉族语文教师最多，占比44.2%；其次为藏族教师20人，占比38.5%；再次为回族教师7人，占比13.5%；其中东乡族和土族的教师人数很少，各1位。在这些教师中，母语为汉语的有39位，占比75.0%；其次为藏语，占到25.0%。这说明，民族为藏族的20名教师当中，仅有13人

的母语为藏语；而民族是回族、土族、东乡族的教师，其母语都为汉语。从学校性质来讲，民族学校的教师占比79.2%，地处民族地区的普通学校的教师占比20.8%。从教师学历来看，大学本科学历占比81.1%；大学专科学历占比15.1%；硕士研究生学历的教师仅1人。本次调研共涉及11个县市的教师，其中甘南藏族自治州合作市教师共18名，占比34%；其次为肃南裕固族自治县，10人，占比18.9%；再次为甘南藏族自治州的夏河县，8人，占比15.1%；其他还分布在临夏市、东乡县和迭部县等。

2. 问卷调查结果与分析

（1）教师教学理念

通过SPSS 19对问卷中的Q1、Q3、Q4、Q5进行统计分析。

首先，关于"课程任务理解"。

表3-4　　　　　　Q1：关于"课程任务理解"频率

		响应 N	响应 百分比（%）	个案百分比（%）
教师认为语文课程的主要任务[a]	培养听、读、说、写的能力	53	34.0	100.0
	掌握必要的语文知识	38	24.4	71.7
	培养审美能力	27	17.3	50.9
	培养热爱祖国语言文字的情感和态度	17	10.9	32.1
	树立正确的人生观和世界观	21	13.5	39.6
	总计	156		294.3

说明：a值为1时制表的二分组。

通过SPSS多重响应分析，可以看出，被访者对"培养听、读、说、写的能力"选项的赞同度最高，个案百分比达到100%，其重要程度占整体百分比的34.0%；其次是"掌握必要的语文知识"选项，个案百分比达到71.7%，重要程度占24.4%；"培养审美能力"选项个案百分比达到50.9%，重要程度占17.3%；"培养热爱祖国语言文字的情感和态度"以及"树立正确的人生观和世界观"选项的个案百分比也达到30%以上。由此可见，教师们认为语文课程的核心任务乃是"培养听、读、说、写的能力""掌握必要的语文知识"以及"培养审美能力"，而"培养听、读、说、写的能力"受到全体老师的一致认可。

其次，"对新课程的理解"的问卷问题为Q3、Q4、Q5，其分析结果如下。

表3-5　　Q3：对于新课程倡导的"自主、合作、探究"学习模式的态度

		频率	百分比（%）	有效百分比（%）	累计百分比（%）
有效	完全赞同	22	41.5	41.5	41.5
	基本赞同	28	52.8	52.8	94.3
	基本不赞同	1	1.9	1.9	96.2
	完全不赞同	2	3.8	3.8	
	合计	53	100.0	100.0	

表3-6　　Q4：对新课程倡导的"自主、合作、探究"学习模式的认识

		频率	百分比（%）	有效百分比（%）	累计百分比（%）
"自主、合作、探究"教学模式：符合教育的基本规律	不确定	12	22.6	22.6	22.6
	比较同意	19	35.8	35.8	58.4
	非常同意	22	41.5	41.5	100.0
	合计	53			
"自主、合作、探究"教学模式：与我个人的教育教学观念相契合	不太同意	4	7.5	7.5	7.5
	不确定	10	18.9	18.9	26.4
	比较同意	25	47.2	47.2	73.6
	非常同意	14	26.4	26.4	100.0
	合计	53	100.0	100.0	

续表

		频率	百分比（%）	有效百分比（%）	累计百分比（%）
"自主、合作、探究"教学模式：能够更好地促进学生语文素养的发展	非常不同意	1	1.9	1.9	1.9
	不太同意	1	1.9	1.9	3.8
	不确定	10	18.9	18.9	22.7
	比较同意	17	32.1	32.1	54.8
	非常同意	24	45.3	45.3	
	合计	53			
"自主、合作、探究"教学模式：能够提高学生考试成绩	非常不同意	4	7.5	7.5	7.5
	不太同意	7	13.2	13.2	20.7
	不确定	27	50.9	50.9	71.6
	比较同意	11	20.8	20.8	92.4
	非常同意	4	7.5	7.5	
	合计	53			

表3-7　Q5：语文教学实践中是否尝试新课程倡导的教学方式

		频率	百分比（%）	有效百分比（%）	累计百分比（%）
有效	是的，经常	25	47.2	47.2	47.2
	是的，偶尔	22	41.5	41.5	88.7
	是的，但极少	6	11.3	11.3	100.0
	合计	53	100.0	100.0	

通过以上分析，我们可以得出教师对新课程理解的基本观点和认识。Q3"对于新课程倡导的'自主、合作、探究'模式的态度"，"基本赞同"的人占52.8%；"完全赞同"的人占41.5%；二者整体占比达94.3%。可见，教师对新课程的态度较为一致，九成以上的教师都"宣称"赞同新课程理念。

进一步讲，Q4关于"'自主、合作、探究'教学模式：符合教育的基本规律"选项，有41.5%的人表示"非常同意"；有35.8%的人表示"比较同意";还有22.6%的人表示"不确定"。关于"'自主、合作、探究'教学模式：与我个人的教育教学观念相契合"选项，有26.4%的人表示"非常同意";有47.2%的人表示"比较同意";有18.9%的人表示"不确定";还有7.5%的人表示"不太同意"。关于"'自主、合作、探究'教学模式：能够更好地促进学生语文素养的发展"选项，有45.3%的人表示"非常同意";有32.1%的人表示"比较同意";有18.9%的人表示"不确定";还各有1.9%的人表示"不太同意"和"非常不同意"。关于"'自主、合作、探究'教学模式：能够提高学生考试成绩"选项，有7.5%的人表示"非常同意";有20.8%的人表示"比较同意";有50.9%的人表示"不确定";还有13.2%和7.5%的人表示"不太同意"和"非常不同意"。

通过Q3与Q4的比较不难发现，教师对新课程教学模式变革效果的理解和认识，更多的人只是从宏观上表示赞同，如"符合教育的基本规律""能够更好地促进学生语文素养的发展"等。Q4中只有26.4%的教师认为，新课程教学理念与自我的教育教学观念相契合，有47.2%的教师认为基本契合，这就意味着具体到个人对教育教学的理解时，大多数老师与他（她）所宣称的理解并不完全吻合。从最后一项新课程教学"能够提高学生考试成绩"的调查结果来看，有50%以上的教师表示"不确定"，只有7.5%的教师认为新课程能够提升学生的考试成绩。由此可见，在大部分老师看来，"考试"或许是制约新课程教育教学实施的影响因素；但从另一个角度来看，很多教师对新课程教育教学改革缺乏信心，他们不大相信新课程改革在提高学生语文素养方面能够起到作用，从而促进学生成绩的提升。这是值得我们深入反思之处。

从Q5的结果来看，教师课堂上"经常"实践新课程教学方式的占比为47.2%；"偶尔"实践新课程教学方式的占比为41.5%；还有11.3%的教师"极少"在课堂上实践新课程教学方式。如果将Q5与Q3进行对比，我们不难发现，尽管有94.3%的教师"完全赞同"或"基本赞同"新课程理念，但有73.6%的教师认为新课程教学理念与自我的教育教学观念"契合"或"基本契合"；仅有47.2%的教师在课堂上经常实施新课程教学方式。因此，从理念上基本赞同到个人内心认同，再到课堂实施，其中还有很长的改革之路要走。根据富兰的理论，教师虽在"理念"上赞同，但在行动中却不实施，背后存在着非常复杂的影响因素。

（2）教师教学实施

通过 SPSS 19 对问卷中的 Q2、Q6、Q7、Q8、Q9、Q10、Q11、Q14 进行统计分析。

第一，关于"课堂常用教学方法"的调查。

表3-8　　　　　　Q2：关于"课堂常用教学方法"

		频率	百分比（％）	有效百分比（％）	累计百分比（％）
能够主动回答老师提出的问题	非常不重要	3	5.7	5.7	5.7
	不太重要	9	17.0	17.0	22.6
	一般	13	24.5	24.5	47.2
	比较重要	16	30.2	30.2	77.4
	非常重要	12	22.6	22.6	100.0
	合计	53	100.0	100.0	
能够认真做好笔记	非常不重要	4	7.5	7.5	7.5
	不太重要	12	22.6	22.6	30.1
	一般	13	24.5	24.5	54.6
	比较重要	15	28.3	28.3	82.9
	非常重要	9	17.0	17.0	
	合计	53			
能够积极参加小组讨论	非常不重要	6	11.3	11.3	11.3
	不太重要	3	5.7	5.7	17.0
	一般	16	30.2	30.2	47.2
	比较重要	16	30.2	30.2	77.4
	非常重要	12	22.6	22.6	100.0
	合计	53	100.0	100.0	

续表

		频率	百分比（%）	有效百分比（%）	累计百分比（%）
能够主动发现问题、解决问题	非常不重要	5	9.4	9.4	9.4
	不太重要	4	7.5	7.5	16.9
	一般	3	5.7	5.7	22.6
	比较重要	6	11.3	11.3	33.9
	非常重要	35	66.0	66.0	
	合计	53			
能够总结学习方法并应用	非常不重要	5	9.4	9.4	9.4
	不太重要	8	15.1	15.1	24.5
	一般	10	18.9	18.9	43.4
	比较重要	11	20.8	20.8	64.2
	非常重要	19	35.8	35.8	100.0
	合计	53	100.0	100.0	

从 Q2 统计分析结果来看，在五个选项当中，对"能够主动回答老师提出的问题"认为"非常重要"和"比较重要"的，分别占 22.6% 和 30.2%；认为"一般"的占 24.5%；认为"不太重要"和"非常不重要"的分别占 17.0% 和 5.7%。对"能够认真做好笔记"认为"非常重要"和"比较重要"的，分别占 17.0% 和 28.3%；认为"一般"的占 24.5%；认为"不太重要"和"非常不重要"的分别占 22.6% 和 7.5%。对"能够积极参加小组讨论"认为"非常重要"和"比较重要"的，分别占 22.6% 和 30.2%；认为"一般"的占 30.2%；认为"不太重要"和"非常不重要"的分别占 5.7% 和 11.3%。对"能够主动发现问题、解决问题"认为"非常重要"和"比较重要"的，分别占 66.0% 和 11.3%；认为"一般"的占 5.7%；认为"不太重要"和"非常不重要"的分别占 7.5% 和 9.4%。对"能够总结学习方法并应用"认为"非常重要"和"比较重要"的，分别占 35.8% 和 20.8%；认为"一般"的占 18.9%；认为"不太重要"和"非常不重要"的分别占 15.1% 和 9.4%。

五项的均值分别为3.47、3.25、3.47、4.17、3.58，通过直方图不难发现，"能够主动发现问题、解决问题"，是教师认为学生学习能力体现的最重要方面，其次是"能够总结学习方法并应用"；再次是"能够主动回答老师提出的问题"和"能够积极参加小组讨论"；最后是"能够认真做好笔记"。

表3-9　　　　　　Q6：课堂教学方法统计量

		讲授法	问答法	讨论法	情境法	读书指导法	练习法	小组合作学习	诵读法	表演法
N	有效	53	53	53	53	53	53	53	53	53
	缺失	0	0	0	0	0	0	0	0	0
均值		4.23	3.92	4.02	3.30	3.34	3.11	3.64	4.09	2.57
均值的标准误		.178	.192	.186	.237	.222	.243	.204	.206	.211
中值		5.00	4.00	5.00	4.00	4.00	4.00	4.00	5.00	3.00
众数		5	5	5	5	5	1	5	5	1
标准差		1.296	1.398	1.352	1.727	1.617	1.772	1.482	1.497	1.538
方差		1.679	1.956	1.827	2.984	2.613	3.141	2.196	2.241	2.366
和		224	208	213	175	177	165	193	217	136

表3-10　　　　　　　　教学方法频率表

		频率	百分比（%）	有效百分比（%）	累计百分比（%）
讲授法	基本不使用	6	11.3	11.3	11.3
	较少使用	3	5.7	5.7	17.0
	有时候使用	11	20.8	20.8	37.8
	经常使用	33	62.3	62.3	
	合计	53			
问答法	基本不使用	8	15.1	15.1	15.1
	较少使用	5	9.4	9.4	24.5
	有时候使用	15	28.3	28.3	52.8
	经常使用	25	47.2	47.2	100.0
	合计	53	100.0	100.0	

续表

		频率	百分比（%）	有效百分比（%）	累计百分比（%）
讨论法	基本不使用	7	13.2	13.2	13.2
	较少使用	5	9.4	9.4	22.6
	有时候使用	14	26.4	26.4	49.0
	经常使用	27	50.9	50.9	
	合计	53			
情境法	基本不使用	17	32.1	32.1	32.1
	较少使用	7	13.2	13.2	45.3
	有时候使用	8	15.1	15.1	60.4
	经常使用	21	39.6	39.6	100.0
	合计	53	100.0	100.0	
读书指导法	基本不使用	15	28.3	28.3	28.3
	较少使用	7	13.2	13.2	41.5
	有时候使用	14	26.4	26.4	67.9
	经常使用	17	32.1	32.1	100.0
	合计	53	100.0	100.0	
练习法	基本不使用	20	37.7	37.7	37.7
	较少使用	6	11.3	11.3	49.0
	有时候使用	8	15.1	15.1	64.1
	经常使用	19	35.8	35.8	
	合计	53			
小组合作学习	基本不使用	10	18.9	18.9	18.9
	较少使用	10	18.9	18.9	37.8
	有时候使用	12	22.6	22.6	60.4
	经常使用	21	39.6	39.6	100.0
	合计	53	100.0	100.0	
诵读法	基本不使用	9	17.0	17.0	17.0
	较少使用	2	3.8	3.8	20.8
	有时候使用	8	15.1	15.1	35.9
	经常使用	34	64.2	64.2	
	合计	53			

第三章 西北地区语文课堂变革调查（一）：课堂有什么变化　73

续表

		频率	百分比（%）	有效百分比（%）	累计百分比（%）
表演法	基本不使用	24	45.3	45.3	45.3
	较少使用	10	18.9	18.9	64.2
	有时候使用	13	24.5	24.5	88.7
	经常使用	6	11.3	11.3	100.0
	合计	53	100.0	100.0	

从 Q6 统计分析结果来看，在 9 个选项当中，对"讲授法"认为"经常使用"和"有时候使用"的教师，分别占 62.3% 和 20.8%；认为"较少使用"和"基本不使用"的，分别占 5.7% 和 11.3%。对"问答法"认为"经常使用"和"有时候使用"的，分别占 47.2% 和 28.3%；认为"较少使用"和"基本不使用"的，分别占 9.4% 和 15.1%。对"讨论法"认为"经常使用"和"有时候使用"的教师分别占 50.9% 和 26.4%；认为"较少使用"和"基本不使用"的，分别占 9.4% 和 13.2%。对"情境法"认为"经常使用"和"有时候使用"的教师，分别占 39.6% 和 15.1%；认为"较少使用"和"基本不使用"的，各占 13.2% 和 32.1%。对"读书指导法"认为"经常使用"和"有时候使用"的教师分别占 32.1% 和 26.4%；认为"较少使用"和"基本不使用"的，各占 13.2% 和 28.3%。对"练习法"认为"经常使用"和"有时候使用"的教师分别占 35.8% 和 15.1%；认为"较少使用"和"基本不使用"的，各占 11.3% 和 37.7%。对"小组合作学习"认为"经常使用"和"有时候使用"的教师分别占 39.6% 和 22.6%；认为"较少使用"和"基本不使用"的各占 18.9%。对"诵读法"认为"经常使用"和"有时候使用"的教师，分别占 64.2% 和 15.1%；认为"较少使用"和"基本不使用"的占 3.8% 和 17.0%。对"表演法"认为"经常使用"和"有时候使用"的教师，分别占 11.3% 和 24.5%；认为"较少使用"和"基本不使用"的分别占 18.9% 和 45.3%。

直方图显示，9 项的均值分别为 4.23、3.92、4.02、3.30、

3.34、3.11、3.64、4.09、2.57，不难发现，在语文课堂上，教师最为喜欢或认为有帮助的方法是"讲授法""诵读法"和"讨论法"。

第二，关于"阅读教学方法与内容"的调查。

表3-11　　　　Q8：教学内容与教学方法的匹配性

		频率	百分比（%）	有效百分比（%）	累计百分比（%）
有效	教学内容不同时，教学模式相同	15	28.3	28.8	28.8
	教学内容不同时，教学模式略有不同	32	60.4	61.5	90.3
	教学内容不同时，教学模式完全不同	5	9.4	9.6	
	合计	52	98.1		
缺失		1	1.9		
合计		53	100.0		

从分析结果来看，对"教学内容不同时，教学模式略有不同"选项，有61.5%的教师选择了该项；且有28.8%的教师选择了"教学内容不同时，教学模式相同"；仅有9.6%的教师选择了"教学内容不同时，教学模式完全不同"。由此可见，教师对于教学模式与内容的契合方面，总体上关注不够。

表3-12　　　　　　　　　　个案摘要

	个案					
	有效的		缺失		总计	
	N	百分比（%）	N	百分比（%）	N	百分比（%）
$ Q9 诗歌[a]	52	98.1	1	1.9	53	100.0
$ Q9 散文[a]	51	96.2	2	3.8	53	100.0
$ Q9 小说[a]	52	98.1	1	1.9	53	100.0
$ Q9 戏剧[a]	52	98.1	1	1.9	53	100.0
$ Q9 实用文[a]	52	98.1	1	1.9	53	100.0
$ Q9 文言文[a]	52	98.1	1	1.9	53	100.0

说明：a值为1时制表的二分组。

表 3-13 $Q9 各种文体的频率

		响应 N	百分比（%）	个案百分比（%）
诗歌教学常用方法[a]	讲授法	18	13.8	34.6
	问答法	6	4.6	11.5
	讨论法	10	7.7	19.2
	小组合作学习	10	7.7	19.2
	练习法	6	4.6	11.5
	情境法	25	19.2	48.1
	诵读法	43	33.1	82.7
	自读法	6	4.6	11.5
	读书指导法	6	4.6	11.5
总计		130		249.8
散文教学常用方法[a]	讲授法	19	14.2	37.3
	问答法	12	9.0	23.5
	讨论法	19	14.2	37.3
	小组合作学习	13	9.7	25.5
	练习法	4	3.0	7.8
	情境法	17	12.7	33.3
	诵读法	34	25.4	66.7
	自读法	8	6.0	15.7
	读书指导法	7	5.2	13.7
	其他	1	.7	2.0
总计		134		262.8
小说教学常用方法[a]	讲授法	21	14.6	40.4
	问答法	15	10.4	28.8
	讨论法	30	20.8	57.7
	小组合作学习	21	14.6	40.4
	练习法	4	2.8	7.7
	情境法	13	9.0	25.0
	诵读法	6	4.2	11.5
	自读法	25	17.4	48.1
	读书指导法	7	4.9	13.5
	其他	2	1.4	3.8
总计		144		276.9

续表

		响应 N	响应 百分比（%）	个案百分比（%）
戏剧教学常用方法[a]	讲授法	24	18.0	46.2
	问答法	5	3.8	9.6
	讨论法	10	7.5	19.2
	小组合作学习	16	12.0	30.8
	练习法	10	7.5	19.2
	情境法	31	23.3	59.6
	诵读法	8	6.0	15.4
	自读法	14	10.5	26.9
	读书指导法	9	6.8	17.3
	其他	6	4.5	11.5
总计		133		255.7
实用文教学常用方法[a]	讲授法	28	21.1	53.8
	问答法	25	18.8	48.1
	讨论法	17	12.8	32.7
	小组合作学习	16	12.0	30.8
	练习法	17	12.8	32.7
	情境法	3	2.3	5.8
	诵读法	5	3.8	9.6
	自读法	12	9.0	23.1
	读书指导法	9	6.8	17.3
	其他	1	.8	1.9
总计		133		255.8
文言文教学常用方法[a]	其他	1	.7	1.9
	讲授法	44	31.2	84.6
	问答法	8	5.7	15.4
	讨论法	12	8.5	23.1
	小组合作学习	14	9.9	26.9
	练习法	15	10.6	28.8
	情境法	6	4.3	11.5
	诵读法	29	20.6	55.8
	自读法	6	4.3	11.5
	读书指导法	5	3.5	9.6
	其他	1	.7	1.9
总计		141	100.0	271.0

说明：a 值为 1 时制表的二分组。

对 Q9 的调研分析可以看出,对于不同文体和内容的教学,在教学方法上是存在差异的。其中,关于"诗歌教学"教师最常使用的方法排名前三的是"诵读法""情境法"和"讲授法";对"散文教学"教师最常使用的方法排名前三的是"诵读法""讲授法"和"讨论法";对"小说教学"教师最常使用的方法排名前二的是"讨论法""自读法",而"讲授法"和"小组合作学习"并列第三;对"戏剧教学"教师最常使用的方法排名前三的是"情境法""讲授法"和"小组合作学习";对"实用文教学"教师最常使用的方法排名前二的是"讲授法""问答法",而"练习法"和"讨论法"并列第三;对"文言文教学"教师最常使用的方法排名前三的是"讲授法""诵读法"和"练习法"。由此可见,不同内容的教学方法还是存在差异的,在最常使用的教学方法中,首推"讲授法",在六种文体中均位列前三;其次是"诵读法",在"诗歌教学"和"散文教学""文言文教学"中位列前三;再次是"小组合作学习",在"小说教学"和"戏剧教学"当中均位居第三;"情境法"主要在"诗歌教学"和"戏剧教学"当中使用较广。

表 3-14　　　　　　Q10:关于文言文教学的方法

		频率	百分比(%)	有效百分比(%)	累计百分比(%)
加强背诵、默写、语言积累	不太重要	3	5.7	5.8	5.8
	比较重要	12	22.6	23.1	28.9
	非常重要	37	69.8	71.2	
	合计	52	98.1		
	缺失	1	1.9		
合计		53	100.0		
提高教师文言文素养并系统讲授文言文知识	不太重要	6	11.3	11.5	11.5
	比较重要	18	34.0	34.6	46.1
	非常重要	28	52.8	53.8	
	合计	52	98.1		
	缺失	1	1.9		
合计		53	100.0		

续表

		频率	百分比（%）	有效百分比（%）	累计百分比（%）
深化文言文思想文化内涵	不重要	6	11.3	11.5	11.5
	不太重要	16	30.2	30.8	42.3
	比较重要	19	35.8	36.5	78.8
	非常重要	11	20.8	21.2	100.0
	合计	52	98.1	100.0	
	缺失	1	1.9		
合计		53	100.0		
选择学生喜闻乐见的方式提高学生兴趣	不重要	2	3.8	3.8	3.8
	不太重要	9	17.0	17.3	21.2
	比较重要	24	45.3	46.2	67.3
	非常重要	17	32.1	32.7	100.0
	合计	52	98.2	100.0	
	缺失	1	1.9		
合计		53			
提高高考所占分值	不重要	16	30.2	30.8	30.8
	不太重要	20	37.7	38.5	69.3
	比较重要	12	22.6	23.1	92.4
	非常重要	4	7.5	7.7	
	合计	52	98.0		
	缺失	1	1.9		
合计		53			

本书专门就少数民族地区语文教学中"文言文"教学进行了调研。对于一部分"以藏为主"的学校来讲，"文言文"不列入高考范围，但"文言文"又是课程内容的重要组成部分。从调研结果来看，对"加强背诵、默写、语言积累"一项，有71.2%的教师认为"非常重要"，有23.1%的教师认为"比较重要"，因此认为"非常重要"和"比较重要"的累计占比为94.3%；关于"提高教师文言文素养并系统讲授文言文知识"项，有53.8%的教师认为"非常重要"，有34.6%的认为"比较重要"，因此认为"非常重要"和"比较重要"累计占比88.4%；对"深化文言文思想文化内涵"项，有

21.2%的教师认为"非常重要",有36.5%的认为"比较重要",因此认为"非常重要"和"比较重要"的累计占比为57.7%;对"选择学生喜闻乐见的方式提高学生兴趣"项,有32.7%的教师认为"非常重要",有46.2%的认为"比较重要",因此认为"非常重要"和"比较重要"的累计占比为78.9%;对"提高高考所占分值"项,有7.7%的教师认为"非常重要",有23.1%的认为"比较重要",因此认为"非常重要"和"比较重要"的累计占比为30.8%。

从中我们可以看出,关于提高学生文言文水平的关键,有94%以上的教师认为是"加强背诵、默写、语言积累";其次有88%以上的认为"提高教师文言文素养并系统讲授文言文知识"是重要的方面;再次有78%以上的人认为"选择学生喜闻乐见的方式提高学生兴趣"是重要的方面。从排在前三位的统计结果来看,文言文教学方式的变革,除了语言积累的方法外,"讲授"与"以多种方法提高兴趣"也受到教师的关注,从学理上讲,这些方面是相辅相成的。

第三,关于"写作教学方法"的调查。

表3-15　　Q11 频率:写作教学中教师经常采用的方法[a]

		响应 N	响应 百分比(%)	个案百分比(%)
方法	选择好的范文,让学生仿写	29	13.1	55.8
	教给学生写作的具体步骤和方法	37	16.7	71.2
	挑选学生优秀作文进行点评	33	14.9	63.5
	有序列地开展专题写作活动	20	9.0	38.5
	适当组织郊游等活动,丰富写作题材	11	5.0	21.2
	围绕高考,做专项训练	17	7.7	32.7
	注重作文评语,尽量使用创造性和激励性评价	25	11.3	48.1
	注重在阅读教学中穿插小练笔	29	13.1	55.8
	注重口头作文训练	21	9.5	40.4
总计		222		427.2

说明:a 值为1时制表的二分组。

从以上统计分析中可以看出，在"写作教学中教师经常采用的方法"上，排名前五位的是："教给学生写作的具体步骤和方法""挑选学生优秀作文进行点评""选择好的范文，让学生仿写""注重在阅读教学中穿插小练笔""注重作文评语，尽量使用创造性和激励性评价"，个案百分比分别为71.2%、63.5%、55.8%、55.8%、48.1%。作文教学中60%以上的教师关注教给学生写作的步骤和方法、挑选优秀作文进行点评；50%以上的教师关注读写结合、注重范文仿写；近50%的教师关注创造性评价。此外，对于"有序列地开展专题写作活动""注重口头作文训练""围绕高考，做专项训练"等受到的关注度不高。

第四，关于课堂教学变革。

教师在课堂教学中是否采取一定的变革举措，从关注程度来看，由高到低分别为："为学生创造各种问题情境""分小组合作学习""为学生提供各种学习资源""学生同桌互助学习"以及"多元评价"，其均值分别为4.38、4.13、4.06、3.67、3.33。从众数来看，五项举措的众数都是"经常使用"。

表3-16　　　　　　　　Q7 统计量

		为学生创造各种问题情境	为学生提供各种学习资源	学生同桌互助学习	分小组合作学习	多元评价
N	有效	52	52	52	52	52
	缺失	1	1	1	1	1
均值		4.38	4.06	3.67	4.13	3.33
均值的标准误		.126	.181	.228	.184	.226
中值		5.00	5.00	4.00	5.00	4.00
众数		5	5	5	5	5
标准差		.911	1.305	1.642	1.329	1.630
方差		.830	1.702	2.695	1.766	2.656
和		228	211	191	215	173

续表

		频率	百分比（%）	有效百分比（%）	累计百分比（%）
为学生创造各种问题情境	基本不使用	1	1.9	1.9	1.9
	较少使用	9	17.0	17.3	19.2
	有时候使用	10	18.9	19.2	38.4
	经常使用	32	60.4	61.5	
	合计	52	98.2		
	缺失	1	1.9		
合计		53			
为学生提供各种学习资源	基本不使用	6	11.3	11.5	11.5
	较少使用	6	11.3	11.5	23.0
	有时候使用	13	24.5	25.0	48.0
	经常使用	27	50.9	51.9	
	合计	52	98.0		
	缺失	1	1.9		
合计		53			
学生同桌互助学习	基本不使用	13	24.5	25.0	25.0
	较少使用	2	3.8	3.8	28.8
	有时候使用	13	24.5	25.0	53.8
	经常使用	24	45.3	46.2	100.0
	合计	52	98.1	100.0	
	缺失	1	1.9		
合计		53	100.0		
小组合作学习	基本不使用	6	11.3	11.5	11.5
	较少使用	6	11.3	11.5	23.0
	有时候使用	9	17.0	17.3	40.3
	经常使用	31	58.5	59.6	
	合计	52	98.1		
缺失	系统	1	1.9		
合计		53	100.0		

续表

		频率	百分比（%）	有效百分比（%）	累计百分比（%）
多元评价	基本不使用	15	28.3	28.8	28.8
	较少使用	7	13.2	13.5	42.3
	有时候使用	13	24.5	25.0	67.3
	经常使用	17	32.1	32.7	100.0
	合计	52	98.1	100.0	
缺失		1	1.9		
合计		53	100.0		

具体来看，关于"为学生创造各种问题情境"项，选择"有时候使用"和"经常使用"的占比分别为19.2%和61.5%；关于"小组合作学习"项，选择"有时候使用"和"经常使用"的占比分别为17.3%和59.6%；关于"为学生提供各种学习资源"项，选择"有时候使用"和"经常使用"的占比分别为25%和51.9%；关于"学生同桌互助学习"项，选择"有时候使用"和"经常使用"的占比分别为25%和46.2%；关于"多元评价"项，选择"有时候使用"和"经常使用"的占比分别为25%和32.7%。

关于民族地区语文教师变革的措施，Q14以开放式的问题开展调研。从结果来看，在"变革举措"中，集中体现在"学生自主学习"上。例如，"运用多种方法，让学生自己主动学习""学生自主合作学习""关注学生的活动""更注重学生的主体地位""同桌互助、小组交流、自学质疑""教学方法更加灵活多样""让学生动起来""把课堂还给学生""注意提高学生兴趣"等。从表述来看，说明大多数教师在新课程改革的背景下，开始由关注"教师的教"向"学生的学"转变。"变革举措"还涉及"校本教材开发""名著导读"等。总体来看，教师由注重讲授、试题训练，逐渐关注教师引导下学生的学，通过各种课堂教学方式变革，提升学生学习的兴趣和主动性，使学生由被动参与到主动学习。课堂角色也发生着改变，由单一的讲授法、问答法,到关注小组合作学习、情境学习等。有的教师提出借鉴"杜郎口教学模式",通过小组合作学习、参与式学习等,转变学生在课堂上的地位。

但从"成效"来看,很多教师提到"民族地区教育,学生汉语水平较低,平时授课以讲授为主""民族地区教学效果不明显,学生比较缺乏自学意识""学生自学能力差,课堂上教师以讲授为主""教学评价体系相对滞后""尽管实施了新课程提倡的合作学习,但大部分课堂仍以教师讲授为主,具体以总结段落大意和中心思想为主要方式""改革进展缓慢,短期内无法见到成效""情况不怎么样,总是劳神费时""学生思维比以前灵活了,但运用汉语的准确度和深度不够"。

还有教师提出"改革的成效是显著的,但过程是艰难的,最主要的是提高农村教师的课改意识,通过交流、培训进一步改进教学方法,提升教学水平""培养学生自主、探究的能力和学习习惯,培养了学生学习语文的兴趣""改变了教学环境,相互尊重、理解、宽容,提高学生兴趣""学生的语言表达更加流畅自信""课堂气氛更为活跃,学生主动参与多了"等。

(3) 教学评价

通过 SPSS 19 对问卷中的 Q12、Q13 进行统计分析。

第一,关于"课堂评价态度"。

表 3-17　　Q12:**教师在课堂上对学生表现的评价**

		频率	百分比(%)	有效百分比(%)	累计百分比(%)
有效	以鼓励性语言为主	37	69.8	71.2	71.2
	以批评性语言为主	7	13.2	13.5	84.7
	鼓励和批评都有	8	15.1	15.4	
	合计	52	98.1		
缺失	系统	1	1.9		
	合计	53	100.0		

第二,关于"评价的多样性"。

表 3-18　　Q13:教师在语文课堂上常用的评价方式

		响应		个案百分比（%）
		N	百分比（%）	
教师语文课堂常用的评价方式[a]	教师评价	50	37.9	96.2
	学生自我评价	24	18.2	46.2
	学生相互评价	40	30.3	76.9
	小组集体评价	18	13.6	34.6
总计		132	100.0	253.9

说明：a 值为 1 时制表的二分组。

从结果可以看出,教师课堂评价"以鼓励性语言为主"的占 71.2%;"鼓励和批评都有"的占 15.4%。在评价方法中,"教师评价"所占比例最高,个案百分比为 96.2%;其次为"学生相互评价",个案百分比为 76.9%;再次为"学生自我评价",个案百分比为 46.2%;最后为"小组集体评价",个案百分比为 34.6%。由此可见,教师在课堂上主要是以"鼓励性语言"为主,同时,在评价方法的多元性上,主要以"教师评价"为主。

（二）学生问卷调查统计分析

1. 基本情况统计

表 3-19　　　　　　关于基本情况统计量

		地区	性别	年级	民族	母语
N	有效	956	955	956	954	952
	缺失	1	2	1	3	5

续表

		频率	百分比（%）	有效百分比（%）	累计百分比（%）
地区	合作	374	39.1	39.1	39.1
	夏河	98	10.2	10.3	49.4
	康乐	100	10.4	10.5	59.9
	和政	96	10.0	10.0	69.9
	天祝	87	9.1	9.1	79.0
	卓尼	201	21.0	21.0	100.0
	合计	956	99.8	100.0	
	缺失	1	.1		
合计		957			
性别	女	504	52.7	52.8	52.8
	男	451	47.1	47.2	100.0
	合计	955	99.8	100.0	
缺失	系统	2	.2		
合计		957	100.0		
年级	五年级	99	10.3	10.4	10.4
	六年级	45	4.7	4.7	15.1
	七年级	247	25.8	25.8	40.9
	八年级	128	13.4	13.4	54.3
	九年级	118	12.3	12.3	66.6
	高一	101	10.6	10.6	77.2
	高二	218	22.8	22.8	100.0
	合计	956	99.9	100.0	
	缺失	1	.1		
合计		957	100.0		
民族	汉族	231	24.1	24.2	24.2
	藏族	535	55.9	56.1	80.3
	回族	134	14.0	14.0	94.3
	东乡族	18	1.9	1.9	96.2
	土族	35	3.7	3.7	99.9
	撒拉族	1	.1	.1	100.0
	合计	954	99.7	100.0	
	缺失	3	.3		
合计		957	100.0		

续表

		频率	百分比（%）	有效百分比（%）	累计百分比（%）
母语	汉语	586	61.2	61.6	61.6
	藏语	364	38.0	38.2	99.8
	东乡语	2	.2	.2	100.0
	合计	952	99.5	100.0	
缺失	系统	5	.5		
合计		957			

通过以上统计可以看到，被调查的中小学生共计957名，涉及6个县市。人数最多的分布在甘南藏族自治州合作市，共374名学生，占比39.1%；其次为甘南藏族自治州卓尼县，共201人，占比21.0%；再次为临夏回族自治州的康乐县、和政县，以及甘南藏族自治州夏河县，人数分别为100人、96人和98人，分别占比10.5%、10.0%和10.3%；天祝藏族自治县学生87人，占比9.1%。

从性别上看，女生504人，占比52.8%；男生451人，占比47.2%。从学段上看，小学生144人，占比25.5%；初中生493人，占比51.5%；高中生319人，占比33.4%。小学生仅限第三学段，即五、六年级。高中生仅限高一、高二学生。

民族主要涉及汉族、藏族、回族、东乡族、土族等。其中藏族学生共535人，占比56.1%；汉族学生共231人，占比24.2%；回族学生134人，占比14.0%；其中土族、东乡族学生分别为35人和18人，分别占比3.7%和1.9%；人数最少的为撒拉族，共1人。在这些学生中，母语为汉语的有586位，占比61.6%；其次为藏语，有364人，占比38.2%。有两位学生母语为东乡语。这说明，民族为藏族的535名学生当中，有364人的母语为藏语；而回族、土族、东乡族学生学习的语言都是汉语。

2. 问卷调查结果与分析

（1）语文课堂上学生的"学"

通过SPSS 19对问卷中Q1、Q2、Q8、Q9、Q10、Q11题项进行

统计分析。

第一，关于"对语文的情感态度"。

表3-20　　　　　　　　Q1：你喜欢语文课吗

		频率	百分比（%）	有效百分比（%）	累计百分比（%）
有效	非常喜欢	265	27.7	27.7	27.7
	喜欢	516	53.9	54.0	81.7
	还可以	148	15.5	15.5	97.2
	不太喜欢	17	1.8	1.8	99.0
	枯燥乏味	9	.9	.9	
	合计	955	99.8		
缺失		2	.2		
合计		957	100.0		

表3-21　　　　　　关于"对语文的情感态度"统计量

		您喜欢语文课吗	你认为老师的教学方法如何	语文课堂上经常开展小组合作学习吗	小组学习中您的小组成员通常有多少人
N	有效	955	950	948	943
	缺失	2	7	9	14
均值		1.94	1.82	1.89	1.98
中值		2.00	2.00	2.00	2.00
众数		2	1	2	2
合计		1854	1729	1793	1867

从以上统计可以看出，学生"非常喜欢"语文课的占比为27.7%；"喜欢"语文课的占比为54.0%；认为语文课"还可以"的占比为15.5%；"不太喜欢"语文课和认为语文课"枯燥乏味"的占比分别为1.8%和0.9%。从中我们可以判断，绝大多数（80%以上）的学生对语文是比较有兴趣的。

表 3-22　　　交叉制表：民族 * 您喜欢语文课吗

		您喜欢语文课吗					合计
		非常喜欢	喜欢	还可以	不太喜欢	枯燥乏味	
民族	汉族	67	123	33	6	2	231
	藏族	144	295	85	6	5	535
	回族	36	69	24	4	1	134
	东乡族	9	8	1	0	0	18
	土族	8	19	5	1	1	34
	撒拉族	0	1	0	0	0	1
合计		264	515	148	17	9	953

从上表可以看出，从民族来看，藏族学生中"非常喜欢"和"喜欢"语文课的分别为 144 人和 295 人，占藏族学生总数 535 人的 82.1%；回族学生中"非常喜欢"和"喜欢"语文课的分别为 36 人和 69 人，占回族学生总数 134 人的 78.4%；汉族学生中"非常喜欢"和"喜欢"语文课的分别为 67 人和 123 人，占汉族学生总数 231 人的 82.3%。从以上数据来看，回族学生对语文课的喜欢程度略低于汉族和藏族学生；相关系数 P 检验 sig. 检验结果为 0.718＞0.05，由此可见，民族因素不具有显著性。

表 3-23　　　交叉制表：地区 * 您喜欢语文课吗

		您喜欢语文课吗					合计
		非常喜欢	喜欢	还可以	不太喜欢	枯燥乏味	
地区	合作	122	200	45	5	2	374
	夏河	26	56	16	0	0	98
	康乐	24	50	17	6	3	100
	和政	32	54	9	1	0	96
	天祝	27	44	12	2	1	86
	卓尼	34	112	49	3	3	201
合计		265	516	148	17	9	955

从上表可以看出，从地区来看，合作市学生中"非常喜欢"和"喜欢"语文课的合计占比为 86.1%；夏河县学生中"非常喜欢"和"喜欢"语文课的合计占比为 83.7%；康乐县学生中"非常喜欢"和"喜欢"语文课的合计占比为 74.0%；和政县学生中"非常喜欢"和"喜欢"语文课的合计占比为 89.6%；天祝县学生中"非常喜欢"和"喜欢"语文课的合计占比为 82.6%；卓尼县学生中"非常喜欢"和"喜欢"语文课的合计占比为 72.6%。合作市、和政县、天祝县、夏河县的调查数据表明，这些地区的学生对语文课程的喜欢程度略高于康乐县和卓尼县，但这些因素不具有显著性。

第二，关于"课堂基本状况"。

表 3-24　　　　　　　　$Q2 频率：语文课堂状态

		响应 N	百分比（%）	个案百分比（%）
语文课堂上您经常的状态是[a]	A. 能够主动向老师提出问题	198	8.6	20.8
	B. 能够积极参与小组讨论	502	21.9	52.6
	C. 能够主动回答老师的问题	389	17.0	40.8
	D. 能够总结学习方法	264	11.5	27.7
	E. 能够认真听讲，并做好笔记	622	27.1	65.2
	F. 能够听讲，很少做笔记	243	10.6	25.5
	G. 不太有兴趣，常常干自己的事	50	2.2	5.2
	H. 其他	26	1.1	2.7
总计		2294	100.0	240.5

说明：a 值为 1 时制表的二分组。

从表 3-24 可以看出，学生在课堂上表现排名前三的是"能够认真听讲，并做好笔记"，占比为 27.1%；"能够积极参与小组讨论"，占比为 21.9%；"能够主动回答老师的问题"，占比为 17.0%。此外，"能够总结学习方法"，占比为 11.5%，"能够听讲，很少做笔记"，占比为 10.6%，"能够主动向老师提出问题"，占比为 8.6%，"不太有兴趣，常常干自己的事"，占比为 2.2%。

第三，关于"小组合作学习状况"的调查。

表3-25　　关于语文课上开展小组合作学习情况调查

		频率	百分比（%）	有效百分比（%）	累计百分比（%）
有效	经常	273	28.5	28.8	28.8
	有时候	515	53.8	54.3	83.1
	很少	150	15.7	15.8	98.9
	从不	10	1.0	1.1	100.0
	合计	948	99.1	100.0	
缺失	系统	9	.9		
合计		957	100.0		

表3-26　　小组成员情况1

		频率	百分比（%）	有效百分比（%）	累计百分比（%）
有效	2—3人	167	17.5	17.7	17.7
	4—5人	646	67.5	68.5	86.2
	6—7人	112	11.7	11.9	98.1
	8—10人	18	1.9	1.9	100.0
	合计	943	98.5	100.0	
缺失	系统	14	1.5		
合计		957	100.0		

表3-27　　小组成员情况2

		频率	百分比（%）	有效百分比（%）	累计百分比（%）
有效	一学期变化一次	452	47.2	48.0	48.0
	每月都变化	184	19.2	19.5	67.5
	每周都变化	258	27.0	27.4	94.9
	每次课都变化	48	5.0	5.1	100.0
	合计	942	98.4	100.0	
缺失	系统	15	1.6		
合计		957	100.0		

表 3-28 　　　　　　　　$Q11 频率：小组参与情况

		响应		个案百分比 (%)
		N	百分比 (%)	
小组合作学习中你经常担任：[a]	A. 小组长	199	11.8	21.1
	B. 记录员	320	19.0	33.9
	C. 发言人	398	23.7	42.2
	D. 参与小组内讨论	680	40.5	72.1
	E. 很少参与	83	4.9	8.8
总计		1680		178.1

说明：a 值为 1 时制表的二分组。

结果显示，语文课堂上开展小组合作学习的状况是：表示"经常"开展的占比为 28.8%；表示"有时候"开展的占比为 54.3%；表示"很少"开展的占比为 15.8%；还有 1.1% 的学生选择"从不"开展。表示"经常"与"有时候"开展的占比为 83.1%。

具体来看，合作小组的成员通常为 4—5 人，占比 68.5%；其次为 2—3 人，占比 17.7%；再次为 6—7 人，占比 11.9%；最后还有 8—10 人的，占比 1.9%。从小组成员变化的频率来看，有 48.0% 的学生选择"一学期变化一次"；有 27.4% 的学生选择"每周都变化"；有 19.5% 的学生选择"每月都变化"；有 5.1% 的学生选择"每次课都变化"。这说明一个学期内小组成员相对固定的状况较为普遍。从学生经常在小组内分担的角色来看，有 23.7% 的学生经常担任"发言人"；有 40.5% 的学生经常"参与小组内讨论"；有 19.0% 的学生经常担任"记录员"；有 11.8% 的学生经常担任"小组长"；还有 4.9% 的学生"很少参与"。这是一个多项选择题，累计频次为 1680。由此可见，有 40% 左右的学生经常"参与小组内讨论"，而只有 20% 多的学生担当"发言人"，小组参与的广度偏低，而且只有超出 1/5 的学生经常代表小组发言。

（2）关于语文课堂上教师的"教"。

通过 SPSS 19 对问卷中的 Q3、Q4、Q5、Q6、Q7、Q14、Q15、Q16、Q17、Q18 题项进行统计分析。

首先，关于"教师教学方法"。其中"教师常用方法"的调查为

Q3、Q4、Q5、Q7 题项；关于"教师教学改革举措"为 Q6、Q18 题项。

从 Q3 的统计结果来看，在学生看来，"讲授法"仍然是众多教学方法中教师使用最多的方法，按照学生选择的重要程度"非常重要"为"5"来看，讲授法的均值最高，为 3.37；其次是"问答法"，均值为 2.77；再次为"讨论法"，均值为 2.28；"诵读法"的均值为 1.38；"小组合作学习"均值为 1.22；"练习法"和"读书指导法"的均值分别为 1.07 和 1.05。从众数来看，讲授法的众数偏向"非常重要"；"问答法"的众数偏向"比较重要"；"讨论法"的众数偏向"一般"。

表 3-29　　　　Q3 统计量：学生眼中的教师教学方法

		A 讲授法	B 问答法	C 讨论法	D 读书指导法	E 练习法	F 小组合作学习	G 诵读法	H 表演法	I 其他
N	有效	954	954	954	954	954	954	954	954	954
	缺失	3	3	3	3	3	3	3	3	3
均值		3.37	2.77	2.28	1.05	1.07	1.22	1.38	.36	.01
中值		5.00	4.00	3.00	.00	.00	.00	.00	.00	.00
众数		5	4	3	0	0	0	0	0	0
合计		3212	2640	2174	1002	1023	1160	1319	347	8

表 3-30　　　　　　　　教学方法频率表

		频率	百分比（%）	有效百分比（%）	累计百分比（%）
讲授法	未选	259	27.1	27.1	27.1
	非常不重要	14	1.5	1.5	28.6
	不太重要	23	2.4	2.4	31.0
	一般	42	4.4	4.4	35.4
	比较重要	54	5.6	5.7	41.1
	非常重要	562	58.7	58.9	100.0
	合计	954	99.7	100.0	
缺失	系统	3	.3		
合计		957	100.0		

续表

		频率	百分比（%）	有效百分比（%）	累计百分比（%）
问答法	未选	276	28.8	28.9	28.9
	非常不重要	18	1.9	1.9	30.8
	不太重要	43	4.5	4.5	35.3
	一般	88	9.2	9.2	44.5
	比较重要	373	39.0	39.1	83.6
	非常重要	156	16.3	16.4	100.0
	合计	954	99.7	100.0	
	缺失	3	.3		
合计		957	100.0		
讨论法	未选	298	31.1	31.2	31.2
	非常不重要	22	2.3	2.3	33.5
	不太重要	67	7.0	7.0	40.5
	一般	294	30.7	30.8	71.3
	比较重要	229	23.9	24.0	95.3
	非常重要	44	4.6	4.6	
	合计	954	99.7		
	缺失	3	.3		
合计		957	100.0		
读书指导法	未选	624	65.2	65.4	65.4
	非常不重要	23	2.4	2.4	67.8
	不太重要	99	10.3	10.4	78.2
	一般	95	9.9	10.0	88.2
	比较重要	69	7.2	7.2	95.4
	非常重要	44	4.6	4.6	100.0
	合计	954	99.7	100.0	
	缺失	3	.3		
合计		957	100.0		

续表

		频率	百分比（%）	有效百分比（%）	累计百分比（%）
练习法	未选	554	57.9	58.1	58.1
	非常不重要	84	8.8	8.8	66.9
	不太重要	113	11.8	11.8	78.7
	一般	123	12.9	12.9	91.6
	比较重要	56	5.9	5.9	97.5
	非常重要	24	2.5	2.5	100.0
	合计	954	99.7	100.0	
	缺失	3	.3		
合计		957	100.0		
小组合作学习	未选	502	52.5	52.6	52.6
	非常不重要	86	9.0	9.0	61.6
	不太重要	149	15.6	15.6	77.2
	一般	120	12.5	12.6	89.8
	比较重要	69	7.2	7.2	97.0
	非常重要	28	2.9	2.9	
	合计	954	99.7		
	缺失	3	.3		
合计		957	100.0		
诵读法	未选	480	50.2	50.3	50.3
	非常不重要	95	9.9	10.0	60.3
	不太重要	124	13.0	13.0	73.3
	一般	113	11.8	11.8	85.1
	比较重要	73	7.6	7.7	92.8
	非常重要	69	7.2	7.2	100.0
	合计	954	99.7	100.0	
	缺失	3	.3		
合计		957	100.0		

第三章　西北地区语文课堂变革调查（一）：课堂有什么变化　　95

续表

		频率	百分比（%）	有效百分比（%）	累计百分比（%）
表演法	未选	799	83.5	83.8	83.8
	非常不重要	53	5.5	5.6	89.4
	不太重要	47	4.9	4.9	94.3
	一般	31	3.2	3.2	97.5
	比较重要	13	1.4	1.4	98.9
	非常重要	11	1.1	1.2	100.0
	合计	954	99.7		
	缺失	3	.3		
合计		957	100.0		
其他	未选	950	99.3	99.6	99.6
	非常不重要	2	.2	.2	99.8
	不太重要	1	.1	.1	99.9
	比较重要	1	.1	.1	100.0
	合计	954	99.7	100.0	
	缺失	3	.3		
合计		957	100.0		

具体来看，认为讲授法"非常重要"和"比较重要"的学生占比分别为58.9%和5.7%；认为问答法"非常重要"和"比较重要"的学生占比分别为16.4%和39.1%；认为讨论法"一般"和"比较重要"的学生占比分别为30.8%和24.0%，有31.2%的学生未选此项；认为读书指导法"不太重要"和"一般"的学生占比分别为10.4%和10.0%，有65.4%的学生未选择此项；认为练习法"不太重要"和"一般"的学生占比分别为11.8%和12.9%，有58.1%的学生未选此项；认为小组合作学习"不太重要"和"一般"的学生占比分别为15.6%和12.6%，有52.6%的学生未选此项；认为诵读法"不太重要"和"一般"的学生分别占比13.0%和11.8%，有50.3%的学生未选此项；认为表演法"非常不重要"和"不太重要"的学生分别占比5.6%和4.9%，有83.8%的学生未选此项。

从Q4的统计结果来看，有40.5%的学生认为教师的教学方法

"非常丰富",有 40.5% 的学生认为教师的教学方法"较为丰富",仅有 2.7% 的学生认为教师的教学方法"较为单一"。

从 Q5 的统计结果来看,在老师通常使用的方法中,学生喜欢或觉得对自己有帮助的方法,排名前三的是"师生问答",占比 18.6%;"教师讲授",占比 18.2%;"讨论",占比 16.9%。紧随其后的方法有"朗读或背诵",占比 12.9%;"小组合作",占比 12.7%;"当堂练习",占比 12.4%,还有"表演法",占比 8.0%。

表 3-31　　　　Q4:学生对教师教学方法的认识

		频率	百分比(%)	有效百分比(%)	累计百分比(%)
有效	非常丰富	385	40.2	40.5	40.5
	较为丰富	385	40.2	40.5	81.0
	还可以	150	15.7	15.8	96.8
	较为单一	26	2.7	2.7	99.5
	非常单一	4	.4	.4	
	合计	950	99.3		
缺失		7	.7		
合计		957	100.0		

表 3-32　　　　$Q5 频率:关于教师教学方法

		响应 N	百分比(%)	个案百分比(%)
喜欢或认为有帮助的方法有:[a]	A. 教师讲授	509	18.2	53.7
	B. 师生问答	519	18.6	54.8
	C. 讨论	471	16.9	49.7
	D. 当堂练习	345	12.4	36.4
	E. 小组合作	355	12.7	37.5
	F. 朗读或背诵	361	12.9	38.1
	G. 表演法	223	8.0	23.5
	H. 其他	10	.4	1.1
总计		2793	100.0	294.8

a. 值为 1 时制表的二分组。

从 Q7 的统计结果来看，关于语文学习方法，有 28.6% 的学生赞同"教师组织活动，学生参与"；其次是"背诵、默写"，占比为 26.1%；再次是"教师讲授"，占比为 24.9%；最后为"教师提供学习资料，学生合作完成任务"。可见，学生对课堂上"参与活动"是较为期待的，其次才是背诵和默写，再次是"教师讲授"。这也从另一个方面说明，学生对教师讲授的期待并不比课堂参与活动高。

表 3-33　　　　　　　$Q7 频率：关于语文课堂方法

		响应 N	百分比（%）	个案百分比（%）
语文课堂上你觉得哪些方法比较好：[a]	A. 背诵、默写	576	26.1	60.4
	B. 教师讲授	550	24.9	57.7
	C. 教师组织活动，学生参与	631	28.6	66.1
	D. 教师提供学习资料，学生合作完成任务	434	19.7	45.5
	E. 其他	14	.6	1.5
	总计	2205		231.3

a. 值为 1 时制表的二分组。

Q6 和 Q18 为教师教学方法变革举措的调查，其中 Q6 为多选题；Q18 为半开放性题目，从学生的视角看教师的课堂改革举措。

表 3-34　　　　　　　$Q6 频率：关于学生参与性

		响应 N	百分比（%）	个案百分比（%）
教师促进学生参与的举措：[a]	A. 老师提出问题，请学生回答	781	33.2	82.0
	B. 老师提出问题，同桌讨论回答	414	17.6	43.4
	C. 老师提出问题，小组学习讨论	572	24.3	60.0
	D. 学生提出问题，全班讨论回答	276	11.7	29.0
	E. 老师为学生提供学习资料，学生自主学习	277	11.8	29.1
	F. 没有什么好的方法，学生很少有机会参与	21	.9	2.2
	G. 其他	13	.6	1.4
	总计	2354		247.1

说明：a 值为 1 时制表的二分组。

从 Q6 的调查结果来看，学生认为"在课堂上老师为了更好地促进学生参与"而经常采取的措施中，最为普遍的是"教师提出问题，请学生回答"，占比为 33.2%；其次为"教师提出问题，小组学习讨论"，占比为 24.3%；再次为"教师提出问题，同桌讨论回答"，占比为 17.6%；"学生提出问题，全班讨论回答"和"老师为学生提供学习资料，学生自主学习"，分别占比 11.7% 和 11.8%。

Q18 是一个半开放的问题。从学生的角度来看课堂上教师教学方法的变革状况。从结果来看，学生的观点较为丰富多样，如"多媒体上课""教师提问""写作时教给学生具体步骤和基本方法""查字典""点名读课文""分角色朗读课文""教师鼓励学生""学生讲解自己对课文的理解""小组计分，竞争抢答""讲课幽默""小组讨论""语文知识辩论会""课堂上穿插小故事"，等等。但也有学生认为"没有变化"。从这个问题可以看出，此题空白或填写"没有变化"的个案所占比例最大。但"空白"的原因不明。因此，我们难以清晰地判断学生对教师课堂变革状况的真实态度。而在其他的种种举措中，很多学生都提到用"多媒体"上课。可见，在很多学生眼里，教师使用多媒体技术上课是语文教学当中重要的改变。而一些学生提到"老师讲笑话""看励志片"等方式，体现出学生对课堂气氛调适的期待。关于"小组讨论""分角色读课文""小组竞赛"等形式的改变，则立足于语文教学内容展开所做的变革。无论实际效果如何，至少说明学生已经关注到教师使用的这些方法，在课堂上的确引发了学生的兴趣或吸引了学生的注意。

关于"具体教学方法与内容"的调查包括 Q14、Q15、Q16、Q17 题项，具体从阅读教学方式、写作教学方式、课文阅读教学方式三个方面展开调查。其中，阅读教学方式主要从 Q15、Q16 题项反映出来。

在语文课所采用的阅读法中，最为常用的是"学生齐读"，个案百分比为 78.8%，第二为"教师指名学生朗读"，个案百分比为 56.9%；第三为"分角色朗读"，个案百分比为 56.0%；第四为"教师示范朗读"，个案百分比为 49.5%；第五为"默写"，个案百分比为45.1%;第六是"背诵",个案百分比为42.2%;排在最后的是"教师指导朗读方法",个案百分比为28.7%。由此可见,"学生齐读"在阅读教学中使用频率最高,而"教师指导朗读方法"的个案百分比最低,这说明,阅读教学中对"朗读方法"关注不够。

表3-35　　　　　　$Q15 频率:关于阅读教学方法

		响应 N	响应 百分比(%)	个案百分比(%)
阅读教学的方法通常为[a]	A. 教师示范朗读	472	13.8	49.5
	B. 学生齐读	752	22.1	78.8
	C. 教师指名学生朗读	543	15.9	56.9
	D. 分角色朗读	534	15.7	56.0
	E. 背诵	403	11.8	42.2
	F. 默写	430	12.6	45.1
	G. 教师指导朗读方法	274	8.0	28.7
总计		3408		357.2

说明:a 值为1时制表的二分组。

表3-36　　　　　　$Q16 频率:关于阅读课教学方法

		响应 N	响应 百分比(%)	个案百分比(%)
阅读课上教学的方法通常是:[a]	A. 老师串讲课文,学生回答老师提出的问题	707	30.1	74.9
	B. 老师提出问题,学生分小组讨论,解决问题	684	29.2	72.5
	C. 老师提供阅读资料和阅读方法,学生自主学习	414	17.7	43.9
	D. 师生划分段落大意,总结思想和写作手法	530	22.6	56.1
	E. 其他	10	.4	1.1
总计		2345	100.0	248.5

说明:a 值为1时制表的二分组。

具体从阅读教学的过程来看,"教师串讲课文,学生回答老师提出的问题"的个案百分比为74.9%;其次为"老师提出问题,学生分小组讨论,解决问题",个案百分比为72.5%;再次为"师生划分段落大意,总结思想和写作手法",个案百分比为56.1%。至于"老师提供阅读资料和阅读方法,学生自主学习",个案百分比为43.9%。可见,教师发出课堂提问,通过小组讨论,解决问题的方式较为常见。

表3-37　　　　　　　　$ Q17 频率:关于写作教学方法

		响应 N	百分比(%)	个案百分比(%)
写作教学中教师通常的教学方法有:[a]	A. 选择好的范文,让学生仿写	289	10.9	30.4
	B. 教给学生写作的具体步骤和基本方法	724	27.2	76.1
	C. 挑选学生优秀作文,进行点评	508	19.1	53.4
	D. 有序列地展开专题写作活动	225	8.5	23.6
	E. 适当组织郊游等活动,丰富学生写作题材	72	2.7	7.6
	F. 围绕考试作文,做专项训练	278	10.4	29.2
	G. 注重作文评语,尽量使用创造性和激励性评价	294	11.0	30.9
	H. 注重在阅读教学中穿插小练笔,学会由读到写的迁移	175	6.6	18.4
	I. 注重口头作文训练	84	3.2	8.8
	J. 其他	13	.5	1.4
	总计	2662		279.8

说明:a 值为1时制表的二分组。

Q17的统计结果显示,写作教学中最常用的教学方法为"教给学生写作的基本步骤和基本方法",个案百分比为76.1%;第二是"挑选学生优秀作文,进行点评",个案百分比为53.4%;第三为"注重作文评语，尽量使用创造性和激励性评价"，个案百分比为 30.9%；第四为"选择好的范文，让学生仿写"，个案百分比为 30.4%；第五是"围绕考试作文，做专项训练"，个案百分比为 29.2%；第六是"有序列地展开专题写作活动"，个案百分比为 23.6%；第七为"注重在阅读教学中穿插小练笔，学会由读到写的迁移"，个案百分比为 18.4%；第八为"注重口头作文训练"，个案百分比为 8.8%；最后为"适当组织郊游等活动，丰富学生写作题材"，个案百分比为 7.6%。从中可以看出，写作教学中教师较为注重"写作前"和"写作后"的指导，如"选择好的范文，让学生仿写""挑选学生优秀作文，进行点评"等，但对于如何依据写作情景，对学生进行有效指导的关注还很不够。

表 3-38　　　　　　$Q14 频率：关于推荐课外读物

		响应 N	百分比（%）	个案百分比（%）
语文教师经常给你推荐课外读物吗[a]	A. 是的，经常推荐一些课外读物，而且会在课堂上讨论	296	26.0	38.0
	B. 是的，经常推荐一些课外读物，写读书笔记	359	31.5	46.1
	C. 是的，有时候推荐一些课外读物，但不做要求和检查	283	24.9	36.4
	D. 平时很少推荐课外读物，只在假期推荐	151	13.3	19.4
	E. 几乎没有推荐过课外读物	49	4.3	6.3
总计		1138	100.0	146.2

说明：a 值为 1 时制表的二分组。

从 Q14 的统计结果来看，语文老师为促进学生课文阅读，"经常推荐一些课外读物，写读书笔记"的情况最为普遍，个案百分比为 46.1%；而"经常推荐一些课外读物，而且会在课堂上讨论"的个案百分比为 38.0%；再次为"有时候推荐一些课外读物，但不做要求和检查"的个案百分比为36.4%；最后为"平时很少推荐课外读物，只在假期推荐"的个案百分比为19.4%，其中"几乎没有推荐过课外读物"的个案百分比为6.3%。由此可见，语文老师在大部分情况下会推荐课外读物，其中主要的任务形式为"做读书笔记"，其次为"课堂上讨论"；也存在只布置课外阅读任务却没有进行引导和反馈的情况。

（3）语文课堂教学评价

首先，关于"课堂评价状况"的调查。

表3-39　　$Q13频率：关于教师课堂评价的态度

		响应 N	百分比（%）	个案百分比（%）
教师课堂评价态度[a]	A. 教师点评	836	47.5	88.4
	B. 学生自我评价	202	11.5	21.4
	C. 学生相互评价	426	24.2	45.0
	D. 小组集体讨论并评价	225	12.8	23.8
	E. 不太评价	56	3.2	5.9
	F. 其他	16	.9	1.7
总计		1761		186.2

说明：a 值为1时制表的二分组。

从Q13的结果来看，学生认为语文课堂上的评价，在通常情况下"教师点评"最为普遍，个案百分比为88.4%；其次为"学生相互评价"，个案百分比为45.0%；再次为"小组集体讨论并评价"，个案百分比为23.8%；最后为"学生自我评价"，个案百分比为21.4%。"不太评价"的个案百分比为5.9%。从中可见，教师是课堂上主要的评价主体，有时候教师会发动"学生相互评价"。

其次，关于"评价多样性"的调查。

表 3-40　　　　　　　　课堂上老师对学生的评价

		频率	百分比（%）	有效百分比（%）	累计百分比（%）
有效	以鼓励性语言为主	439	45.9	46.5	46.5
	鼓励和批评都有	451	47.1	47.8	94.3
	以批评为主	27	2.8	2.9	97.1
	较少反馈	27	2.8	2.9	
	合计	944	98.6		
缺失		13	1.4		
合计		957	100.0		

调查结果显示，课堂上教师评价"鼓励和批评都有"的有效百分比为47.8%；"以鼓励性语言为主"的有效百分比为46.5%；"以批评为主"和"较少反馈"的有效百分比为2.9%。

（三）访谈统计分析

1. 教师访谈统计表

表 3-41　　　　　　　　教师访谈统计表

序号	学校	时间	教师	访谈人数（人）
1	甘南合作市 Y 小学	2015.11	语文组教师	4
2	甘南合作市 Z 藏族中学	2015.11	M 老师等	3
3	临夏州和政县 S 中学	2015.12	D 老师	1
4	临夏州康乐县 K 中学	2015.12	S 老师	1
5	天祝县 T 中学	2015.12	X 老师	1
6	夏河县 Z 藏族中学	2016.11	Y 老师等	5
7	甘南州合作市 R 中学	2015.12	G 老师	1
8	东乡县 D 中学	2016.11	G 老师等	2
9	合作市 Z 藏族小学	2016.11	S 老师等	3
10	临夏州 H 回族中学	2016.11	M 老师等	3
			小计	24

2. 学生访谈统计表

表 3-42　　　　　　　　学生访谈统计表

序号	学校	时间	年级	访谈人数（人）
1	甘南合作市 Y 小学	2015.11	五、六年级（汉藏都有）	7
2	甘南合作市 Z 藏族中学	2015.11	高一、高二（以藏为主）	8
3	夏河县 S 藏族小学	2016.11	四、六年级（以藏为主）	5
4	临夏州 H 回族中学	2016.11	高一、高二（回族为主）	8
5	夏河县 Z 藏族中学	2016.11	九年级、高一、高二（以藏为主）	20
6	东乡县 D 中学	2016.11	七年级、高二（东乡族）	6
7	积石山县 C 中学	2017.4	七年级	5
			小计	59

3. 访谈的过程分析

访谈主要分为两种状况。一是根据事先准备好的访谈提纲，对教师和学生展开访谈；二是课后随机访谈，针对课堂教学中所出现的问题或现象，对教师和学生进行追问，帮助我们反思课堂现象背后的深层原因。访谈的类型包括约谈和随机访谈。从访谈的效果来看，被访谈的教师和学生都给予了很大的支持，与我们就语文课堂教学方式变革的相关问题展开了较为有效的交流和对话，在很大程度上真实地反映出民族地区语文课堂教学的现实状况。在调研过程当中，很多接受访谈的教师还不遗余力地帮助我们搜集课堂教学资料，介绍学校教育变革的基本状况，与我们探讨语文课的教学方法等，这说明被访谈的教师对我们产生了一定的信任，这对于调查研究来讲，是一种非常好的状态，从而也能够在一种较为平等、轻松、自在的环境中展开谈话，让访谈的效果更为真实可信。

在对学生进行访谈中，当遇到这两类学生时，需要我们对访谈的内容做一定的调整。第一类是小学第三学段（五、六年级）的学生，需要将较为书面化的访谈内容转化为学生能够理解的形式，从而进行有效的交流。第二类是藏族地区学习语言为藏语的学生，这些学生的口语表达能力较为薄弱，在交流沟通遇到障碍时，需要借助藏语进行翻译和转化。

具体的访谈结果将在结论部分加以深入论述。

四 西北地区语文课堂变革调查结论与讨论

（一）教师问卷调查结果与讨论

我们针对甘肃民族地区的语文教师进行了问卷调查。这里将从教师的教学理念、课堂教学实施和课堂教学评价三个方面对调查结果加以总结与讨论。

1. 教师教学理念方面

（1）关于"语文课程理解"，以言语实践能力为核心

问卷调查结果显示，语文教师对课程的理解，首先，对语文言语实践能力也即"听、读、说、写"能力有着高度认同，被访教师的个案百分比达100%。其次是"掌握必要的语文知识"，再次是"培养审美能力"。而对于"情感和态度""人生观和世界观"，未能进入最重要的"前三项"。由此可见，教师对于语文课程的内涵理解，更多侧重于言语实践这一内核。这与2017年版《高中语文课程标准》所提出的语文核心素养的趋向是一致的。"语文课程是一门学习祖国语言文字运用的综合性、实践性课程。工具性与人文性的统一，是语文课程的基本特点。"这里的"语言文字运用"，强调的是在特定语境中历练学生"听、读、说、写"的言语实践能力。

（2）关于"新课程理解"，存在"宣称"与实际的分歧

从调查结果来看，教师对于新课程所倡导的"自主、合作、探究"理念，其中"基本赞同"和"完全赞同"的比例相加达到94.3%。可见，绝大部分教师宣称赞同新课程的改革理念。具体来看，有77.3%的教师认为，"新课程'自主、合作、探究'教学模式：符合教育的基本规律"；有73.6%的教师认为，该模式"与我个人的教育教学观念相契合"；有77.4%的教师认为，该模式"能够更好地促进学生语文素养的发展"；但只有28.3%的教师认为，该模式

"能够提高学生考试成绩"。

可以看出，教师对于新课程"自主、合作、探究"的理解是存在一定分歧的：有90%以上的教师是赞同新课程理念的，但具体到赞同的原因，有70%以上的教师认为，新课程改革的理念符合教育基本规律，或与其个人教育教学观念一致，或能够更好地促进学生语文素养的提升。从90%到70%的数据差距说明，教师"笼统地认可"新课程理念，但在具体落实上，教师的认可度明显下降。此外，只有近30%的教师认为，新课程改革的方法和模式能够提高学生的考试成绩，这进一步说明教师"宣称"的观念与实际认同程度存在差异。背后的矛盾在于，如果70%以上的教师认为新课程"自主、合作、探究"理念符合教育规律，或与其个人的教育观念一致，或能够提升学生的语文素养，那么，在新课程教育理念的贯彻落实上，教师何以又对学生取得好成绩认同度不高呢？分析其中的原因，要么是教师认为语文成绩与学生语文素养之间没有必然联系；要么是教师所宣称的对新课程理念的"认可度"与实际存在差距。如果是前者，那么"考试"便成为制约新课程教育教学实施的重要影响因素，"评价体制"改革将是新课程深化发展和实施的重要环节；若是后者，则说明教师对新课程教学改革所提出的理念缺乏信心，不大认同新课程改革能够真正促进和提升学生的语文素养，进而提高学生的考试成绩，这是值得我们深入反思之处。

将教师对课程理念的认同与课堂教学实践情况进行对比发现：在90%以上"完全赞同"或"基本赞同"新课程理念的教师当中，在课堂上"经常"实践新课程教学方式的有47.2%，"偶尔"实践的占41.5%，还有11.3%的教师宣称"极少"在课堂上实践新课程教学方式。由此可见，教师们"赞同"新课程理念，并不代表会将其经常贯彻到教学实践当中，因此，那些"基本"赞同的教师，对新课程的认同还是持保留态度的。至少从教师宣称的"课堂实施"环节上看，有一半以上的教师并不经常实践新课程教学方式。这反映出新课程教学方式变革在实际教学实施中的真实状况。

2. 课堂教学实施方面

（1）教师更为重视学生"能够主动发现问题、解决问题"

关于教师对学生课堂表现的统计发现，有52.8%的教师认为"能够主动回答老师提出的问题"，是"非常重要"或"比较重要"的；有45.3%的教师认为"能够认真做好笔记"，是"非常重要"或"比较重要"的；有52.8%的教师认为"能够积极参加小组讨论"，是"非常重要"或"比较重要"的；有77.3%的教师认为"能够主动发现问题、解决问题"，是"非常重要"或"比较重要"的；有56.6%的教师认为"能够总结学习方法并应用"，是"非常重要"或"比较重要"的。这五项的均值分别为3.47、3.25、3.47、4.17、3.58。对比发现，"能够主动发现问题、解决问题"的能力是教师最为关注的学生课堂表现，其次是"能够总结学习方法并应用"；再次是"能够主动回答教师提出的问题"和"能够积极参加小组讨论"。

这些数据表明，教师们对于课堂上学生应用迁移能力、学习的自我管理能力是非常看重的，而"能够主动发现问题、解决问题"与新课程所倡导的培养"自主学习"能力的导向是一致的。

（2）从课堂教学方法来看，"讲授法""诵读法"最受重视，"练习法""小组合作法"使用频率不高

从统计分析结果来看，对于"讲授法"，调查显示，认为"经常使用"和"有时候使用"的教师占62.3%和20.8%；认为"较少使用"和"基本不使用"的占5.7%和11.3%。关于"问答法"，认为"经常使用"和"有时候使用"的教师占47.2%和28.3%；认为"较少使用"和"基本不使用"的占9.4%和15.1%。对于"讨论法"，调查显示，认为"经常使用"和"有时候使用"的教师占50.9%和26.4%；认为"较少使用"和"基本不使用"的占9.4%和13.2%。对于"情境法"，认为"经常使用"和"有时候使用"的教师分别占39.6%和15.1%；认为"较少使用"和"基本不使用"的占13.2%和32.1%。对于"读书指导法"，认为"经常使用"和"有时候使用"的教师占32.1%和26.4%；认为"较少使用"和"基本不使用"的占13.2%和28.3%。关于"练习法"，认为"经常

使用"和"有时候使用"的教师占 35.8% 和 15.1%；认为"较少使用"和"基本不使用"的占 11.3% 和 37.7%。关于"小组合作学习"，认为"经常使用"和"有时候使用"的教师占 39.6% 和 22.6%；认为"较少使用"和"基本不使用"的都占 18.9%。关于"诵读法"，认为"经常使用"和"有时候使用"的教师占 64.2% 和 15.1%；认为"较少使用"和"基本不使用"的占 3.8% 和 17.0%。对于"表演法"，认为"经常使用"和"有时候使用"的教师占 11.3% 和 24.5%；认为"较少使用"和"基本不使用"的占 18.9% 和 45.3%。

结果显示，在语文课堂上，教师最常用或认为有帮助的方法是"讲授法""诵读法"和"讨论法"，其次是"问答法"与"小组合作学习"等。其中，"小组合作学习"在语文课堂上"经常使用"的比率为 39.6%，有 37.8% 的教师"很少使用"或"基本不使用"，这值得引起注意。此外，从语文课堂上采用"练习法"的比例来看，有 49.0% 的教师"很少使用"或"基本不使用"，看来，教师在课堂上对练习法的重视程度是不够的。新课程改革倡导"合作、探究、参与"的教学理念，九成以上的教师都宣称赞同该理念，但在实际教学当中，教师最为倚重的方法仍是"讲授法"，而对于"小组合作学习""练习法"等的使用频率并不高。

（3）教师能够依据不同文体选择教学方法，但对具体"这一篇"的教学内容与方法的匹配关注度不够

从结果来看，对于不同内容，教师在教学方法的选择上是有所侧重的。如"诗歌教学"教师最常使用的方法排名前三的是"诵读法""情境法"和"讲授法"；"散文教学"最常使用"诵读法""讲授法""讨论法"和"小组合作学习"；"小说教学"最常使用"讨论法""自读法""讲授法"和"小组合作学习"；"戏剧教学"最常使用"情境法""讲授法"和"小组合作学习"；"实用文教学"最常使用"讲授法""问答法""练习法"和"讨论法"；"文言文教学"最常使用"讲授法""诵读法"和"练习法"。从中我们可以看出，语文教师对不同文体的教学方式是存在差异的。例如，诗歌教学和散

文教学都是以"诵读法"为首要的方法；小说教学则采用"讨论法""自读法"；戏剧教学以"情境法"为主。这些都体现了教师对文体的辨识度还是比较分明的。

大部分教师对于语文教学内容与方法匹配度的反思是不足的。从数据来看，有61.5%的教师选择了"教学内容不同时，教学模式略有不同"，且有28.8%的教师选择了"教学内容不同时，教学模式相同"。可见，教师对于教学模式与内容的契合方面，总体上关注不够。也就是说，无论是什么文体，语文教师往往先入为主地形成一些刻板的"语文教学知识"，如先教生字词，再概括段落大意、中心思想，最后教写作手法等，而不是从具体"这一篇"的独特性入手提炼适宜的教学内容和选择教学方法。这种依靠刻板语文知识和惯性经验开展课堂教学的状况并不少见，这是值得深思的问题。

（4）教师对文言文教学关注的重点是背诵与积累

对于民族地区来讲，语文课程中的"文言文"教学具有较大的地区差异。如对于藏语是学习语言的学生来讲，汉语已是第二语言学习，学习古代汉语更是具有一定的难度。尽管"一类模式"中文言文不作为高考内容，但课程中有文言文内容，所以文言文教学还是占有一定比例的。

从调研结果来看，有94.3%的教师认为"加强背诵、默写、语言积累"是文言文教学的重点，认为此项"非常重要"或"比较重要"。其次有88.4%的教师认为"提高教师文言文素养并系统讲授文言文知识"是重要方面。再次有78.9%的教师认为"选择学生喜闻乐见的方式提高学生兴趣"是重要方面。从中我们可以看出，教师认为文言文教学的重心是"加强背诵、默写、语言积累"。而从教学方法来看，有84.6%的教师在文言文教学中常用的方法是"讲授法"，其次是诵读法和练习法。由此可见，文言文教学方法总体上以"讲授"为主，还是以教师的"教"为课堂教学的基本模式，这一点需要引起重视。课堂上"诵读法"和"练习法"的主要目的在于背诵、默写、语言积累。那么，"选择学生喜闻乐见的方式提高学生兴趣"这一教学模式尽管受到近5成教师的认可，但是，从教学方法的调研结果来看，似乎在课堂上并没有得到很好的体现。

（5）在写作教学方法上，教师更为关注写作前的指导和写作后的反馈，但忽略"写作中"的过程性指导

从统计结果来看，民族地区教师在写作教学方面，较为常用的教学方法是"教给学生写作的具体步骤和方法""挑选学生优秀作文进行点评""选择好的范文，让学生仿写"等。此外，对"注重在阅读教学中穿插小练笔""注重作文评语，尽量使用创造性和激励性评价"也较为关注，但对"有序列地开展专项写作活动""注重口头作文训练"等关注度不高。

从中我们可以看出，教师在写作教学中，总体上对写作前的方法指导和写作后的反馈是最为关注的，这也是教师普遍采用的写作教学方法。但这里唯独没有关注到"写作中"的过程性指导，这会导致写作教学效率不高，换言之，会写作的学生依然会写，不会写的学生写作依然困难。值得我们注意的是，有50%以上的教师对"在阅读教学中穿插小练笔"较为关注，这种"读写结合"的方式具有情境性、灵活性的特点，值得教师在教学中加以借鉴和关注。

（6）课堂教学方式变革成效有一定进展，但并不乐观

通过结果分析，不难看出，对于新课程所提出的"小组合作学习""自主探究""多元评价"等课堂教学方式变革的理念，教师总体上是赞成和认可的。其中，"为学生创造各种问题情境""小组合作学习""为学生提供各种学习资源""同桌互助学习"和"多元评价"等选项众数显示均为"经常使用"。从具体课堂的"举措"来看，大部分教师都非常关注学生"自主、合作、探究"的学习方式和状态的改变。无论是通过教学观念的更新、教学模式的变革，还是教学手段的多样化，归根到底都是要促进学生的"学"，由"被动"向"主动"转变，关注学生自主学习能力的培养。

对此，一部分教师认为成效明显，认为新课程改革提高了学生自主探究的能力，培养了学生学习的兴趣，改变了教学的生态环境等；但也有一部分教师对改革的成效表示不乐观。有教师表示，民族地区很多学生的汉语水平本来就不高，加之学习的自觉性和主动性不够，

因此，课堂上尽管尝试了很多改革的举措，但大部分时间还是以教师的"讲授"为主。

从课堂观察结果来看，发现课堂教学方式的变革效果不显著。很多教师在课堂上尝试用"小组合作学习"等方式展开教学，但因为教学内容、活动设计等多方面的原因，实际的效果不佳。在以藏为主的学校里，学生使用汉语交际的水平有限，在小组合作学习时很多学生只用藏语交流，小组合作学习促进学习的作用有限。这将在下一章中加以具体论述。

3. 课堂教学评价方面

（1）关于课堂评价的态度，教师主观上以"鼓励性"语言为主

从统计结果来看，在教师问卷中教师课堂评价态度"以鼓励性语言"为主的占到71.2%；"鼓励和批评都有"的占15.4%；"以批评性语言为主"的占13.5%。而在学生问卷中，课堂上教师评价"以鼓励性语言为主"的占46.5%；"鼓励和批评都有"的占47.8%；"以批评为主"和"较少反馈"的占比都是2.9%。

通过教师问卷和学生问卷的对比发现，"以鼓励性语言为主"，有70%多的教师认为这是课堂上采取的态度；而只有近50%的学生认为这是教师课堂上评价的态度。对于"鼓励和批评都有"选项，只有15.4%的教师选择此项，却有47.8%的学生选择此项。由此说明，教师在主观上更为强调对学生的正面评价，但在实际教学中很多学生认为"鼓励和批评"都有。

（2）从评价的角度来看，主要以教师评价为主

在教师评价方法中，"教师点评"所占比例最高，其个案百分比为88.4%；其次为"学生相互评价"，其个案百分比为45.0%；再次为"学生自我评价"，其个案百分比为21.4%；最后为"小组集体讨论并评价"，其个案百分比为23.8%。由此可见，教师在评价方法上，虽然理念上认同多元化评价，但在实际课堂实施中，还是以"教师评价"为主，评价主体主要是教师，"学生相互评价""学生自我评价"为辅。

(二) 学生问卷调查结论与讨论

本次调查回收有效问卷957份，涉及甘南藏族自治州合作市、卓尼县、夏河县，临夏回族自治州的康乐县、和政县，以及天祝藏族自治县。从学段来讲，包括义务教育的三、四年级，以及高中一、二年级。民族涉及汉族、藏族、回族、东乡族、土族等。在调研的学生中，学习语言包括汉语和藏语。回族、东乡族学生在学校学习使用的语言均为汉语。

1. 语文课堂关于学生的"学"

（1）学生对语文课的态度是总体比较喜欢

调研数据显示，学生认为"非常喜欢"和"喜欢"语文课的占比为81.7%；认为"不太喜欢"和"枯燥乏味"的占比为1.8%和0.9%。从中可看出，民族地区80%以上的学生是喜欢语文课的。

具体从民族来看，藏族学生中"非常喜欢"和"喜欢"语文课的占比为82.1%；回族学生中"非常喜欢"和"喜欢"语文课的占比为78.4%；汉族学生中"非常喜欢"和"喜欢"语文课的占比为82.3%。从这一数据来看，回族学生对语文课的喜欢程度略低于汉族和藏族学生；相关系数P检验sig.检验结果为0.718>0.05，由此可见，民族因素不具有显著性。通过地区交叉制表的分析结果表明，对语文课的喜欢程度在地区之间并无显著差异。

（2）学生在语文课堂上主动学习不够

结果显示，学生在课堂上表现排名前三的是"能够认真听讲，并做好笔记""能够积极参与小组讨论""能够主动回答老师的问题"。其次为"能够总结学习方法""能够听讲，很少做笔记"。最后为"能够主动向老师提出问题""不太有兴趣，常常干自己的事"。

由此可见，尽管80%以上的学生"非常喜欢"或"喜欢"语文课，但是从课堂学习状况来看，"能够认真听讲，并做好笔记""能够积极参与小组讨论""能够主动回答老师的问题"的个案百分比都在30%以下；"能够总结学习方法""能够主动向老师提出问题"的比率都在20%以上。而"能够主动向老师提出问题"的个案百分比为20.8%。从结果来看,学生在语文课堂上主动学习状况不容乐观,学习的主动性不够。

(3) 小组合作学习开展较为普遍,但小组内参与度不高

结果表明,有28.8%的学生认为课堂上"经常"开展小组合作学习;有54.3%的学生认为"有时候"开展;有15.8%的学生选择"很少"开展;还有1.1%的学生选择"从不"开展。"经常"与"有时候"选项占比之和为83.1%。可见,"小组合作学习"已经成为民族地区语文课堂上较为普遍的存在形式。

从小组合作的人数来看,通常为4—5人,其他还有如2—3人、6—7人以及6—10人的小组。从小组组员变化的频率来看,有近50%的学生选择"一学期变化一次";近30%的学生选择"每周都变化";近20%的学生选择"每月都变化"。可见,组建学习小组是教师开展的常规教学组织活动,而且小组成员相对稳定。从学生经常在小组中担任的角色来看,有40.5%的学生经常"参与小组内讨论",有23.7%的学生经常担任"发言人",说明小组内讨论的参与度并不是太高。

2. 语文课堂关于教师的"教"

(1) 讲授法是学生认为教师最常用的方法,对"小组合作学习"重视程度不高

从统计结果来看,"讲授法"仍然是众多教学方法中最受教师青睐的方法,按照学生选择的重要程度"非常重要"为"5"来看,讲授法的均值最高,为3.37;其次是问答法、讨论法,均值分别为2.77、2.28;再次为诵读法、小组合作学习,均值分别为1.38和1.22;练习法和读书指导法的均值分别为1.07和1.05。从中可以看出,讲授法、问答法、讨论法是语文课堂上教师经常使用的方法,而诵读法、小组合作学习、练习法、读书指导法的均值都低于2,说明在课堂上使用的频率较低。

具体来看,学生认为讲授法"非常重要"和"比较重要"的占比为58.9%和5.7%;认为问答法"非常重要"和"比较重要"的占比为16.4%和39.1%;认为讨论法"一般"和"比较重要"的占

比分别为 30.8% 和 24.0%；认为读书指导法"不太重要"和"一般"的占比分别为 10.4% 和 10.0%；认为练习法"不太重要"和"一般"的占比分别为 11.8% 和 12.9%；认为小组合作学习"不太重要"和"一般"的占比分别为 15.6% 和 12.6%，有 52.6% 的学生未选此项；认为诵读法"不太重要"和"一般"的占比分别为 13.0% 和 11.8%，有 50.3% 的学生未选此项；认为表演法"非常不重要"和"不太重要"的占比分别有 5.6% 和 4.9%，有 83.8% 的学生未选此项。

由此可见，对"小组合作学习"有 15.6% 和 12.6% 的学生认为"不太重要"和"一般"，还有 52.6% 的学生没有选择此项，只有 7.2% 和 2.9% 的学生认为其"比较重要"和"非常重要"。这一点与教师调研的结果是相一致的。

值得注意的是，教师调查结果显示，"诵读法"是教师认为仅次于"讲授法"的非常重要的教学方法，但在学生的调查结果中有 50.3% 的学生没有选择此项，只有 7.2% 和 7.7% 的学生认为它"非常重要"和"比较重要"。教师重视的教学方法在具体课堂教学实践中，并没有受到学生同样的重视，这是值得我们反思的地方。

（2）学生普遍认为教师的教学方法较为丰富，其中教师讲授和学生参与受到学生的重视和认可

从统计结果来看，认为教师的教学方法"非常丰富"和"较为丰富"的学生人数比例之和为 81.0%。学生喜欢或认为对自己有帮助的方法排名前三的是"问答法""讲授法"和"讨论法"。其他方法依次为"朗诵法""小组合作学习""练习法""表演法"等。在这些方法中，学生最为认可的方法为"教师组织活动，学生参与"，其次为"背诵、默写"，再次是"教师讲授"，最后是"教师提供学习资料，学生合作完成任务"。

从中可以看出，有八成以上的学生认为教师的教学方法"非常丰富"或"较为丰富"。在学生喜欢或认为对自己有帮助的方法中，讲授法位居第二，说明学生对于教师讲授还是有着较高的认可度；"小组合作学习"排在第五位。学生认为课堂上受欢迎的方式首先是

"教师组织活动，学生参与"，其次是"背诵、默写"，再次是"教师讲授"，这说明学生对教师教学方法的喜欢程度，与自身的参与度是有很大关系的。

（3）教师课堂上促进学生参与的最主要方法是"提问法"，并配合小组讨论等

从调查结果来看，学生认为在课堂上老师为了更好地促进学生参与而经常采取的措施中，最为普遍的是"教师提出问题，请学生回答"；其次为"教师提出问题，小组学习讨论"；再次为"教师提出问题，同桌讨论回答"。在学生看来，教师调动学生参与的最主要方法是"提问法"。教师提出问题，或由学生直接回答，或组织小组合作讨论解决问题，或同桌讨论解决问题。问题的发起者都是教师，"学生提出问题"的状况较为少见。教师在课堂上仍然是提问的主导者。

（4）学生能够关注到教师课堂上所采取的改革举措，但关注度不高

最后一个半开放问题，是从学生的角度调查课堂上教师教学变革的状况。有学生关注到教师"使用多媒体""提问""查字典""点名读课文""分角色朗读课文""教师鼓励学生""学生讲解自己对课文的理解""小组计分，竞争抢答""讲课幽默""小组讨论""语文知识辩论会""课堂上穿插小故事"等形式。在这些形式当中，有些是课堂组织形式的变化，有些是现代信息技术的应用，有些是适合语文学习的有效方法，学生之所以能够关注到这些变化，其共同的特点是这些活动都以促进学生的"学"为基本特点。从调查结果来看，尽管我们还难以判断教师的这些课堂变革举措是否富有成效，但说明一部分学生是教师变革举措的受益者，而且这些举措引发了学生的兴趣或注意。

但也有学生认为"没有变化"，这说明教师课堂变革举措实施得不明显，或未能引发学生的兴趣和注意。

（5）学生认为齐读、点名读、分角色读是阅读教学中最常用的方法，"苏联文学教学模式"的影响仍然较大

从结果来看，关于课堂上的方法，学生认为阅读教学中最常用的

方法是"齐读""教师指名学生朗读"和"分角色朗读";其他方法依次为"教师示范朗读""背诵""默写""教师指导朗读方法"。其中,"教师示范朗读"的个案百分比为49.5%。值得注意的是,"教师指导朗读方法"排在末位。可见,在阅读教学当中,教师通常重视学生齐读、个别朗读等方式,但对朗读方法的指导,重视程度不够。

调研发现,民族地区语文课堂因袭"苏联文学教学模式"的现象较为普遍。"介绍作家背景、划分段落大意、总结中心思想、归纳写作手法"等教学模式的影响很大。所谓"苏联文学教学模式",是指在20世纪50年代传入中国的教学模式,主要包括三个阶段,即介绍作家背景、阅读分析情节和人物以及概括主题思想、总结写作手法等。作为教学模式,它本没有好坏之分,但如果任何内容的阅读教学都采用这一模式,难免就会机械刻板化地处理教学内容,难以真正激发课堂活力和促进学生语文素养的提升。

(6) 从写作教学来看,较为注重"讲、练、评",对于专题写作、读写结合等方面关注不够

调研结果显示,学生认为教师在写作教学当中最为常用的方法是"教给学生写作的具体步骤和基本方法""挑选学生优秀作文,进行点评"以及"注重作文评语,尽量使用创造性和激励性评价"。从结果来看,学生对老师"教授写作方法""点评优秀作文"以及"创造性评价作文"较为感兴趣或印象深刻。而对于"选择好的范文,让学生仿写""有序列地展开专题写作活动""读写结合"等方面,则不是太重视。从中可以看出,教师在写作教学方面,仍然以"讲、练、评"为基本的策略,对于写作情境的创设、专题写作活动设计、读写结合等方面关注不够。

(7) 语文教师经常推荐课外阅读,但任务形式较为单一,以"读书笔记"为主要形式

对于学生课外阅读,学生认为最为普遍的教学情况有三种,分别为"经常推荐一些课外读物",要求"写读书笔记""有时候推荐一些课外读物,但不做要求和检测"。可见,语文教师重视课外阅读,但总体看来,任务形式较为单一,以写读书笔记为主要形式。其中,

推荐课外读物后，"会在课堂上讨论"与"不做要求和检查"的个案百分比相近，分别为 38.0% 和 36.4%。这说明教师对课文阅读反馈的重视程度是不够的。随着 2017 年《普通高中语文课程标准》的颁布以及统编版语文教科书的使用，"整本书阅读"等学习任务的开展和落实，需要教师从课程角度设计阅读活动，有效处理课内导读和学生课外阅读的关系，这对民族地区的教师来讲又是新的挑战。

3. 关于语文课堂教学评价

（1）"教师点评"是最为普遍的形式

从调查结果来看，"教师点评"是语文课堂上最为常见的评价方式，个案百分比高达 88.4%；"学生相互评价"的个案百分比为 45.0%。除此二者外，学生相互评价、小组集体讨论并评价运用得不太广泛。由此可见，教师评价是语文课堂上评价的主要方式，以学生自我评价、学生相互评价等形式作为补充。

（2）"鼓励和批评兼有"是教师评价的主要特征

从调查结果可以看出，教师对学生评价的特点"以鼓励性语言为主"的占比为 46.5%；"鼓励和批评都有"的占比为 47.8%。这与教师问卷中"以鼓励性语言为主"占大部分比例形成反差。可见，教师主观上对学生的表现是以鼓励为主，但实际教学中学生却认为教师以鼓励和批评为主居多。

（三）访谈结论与讨论

1. 教师访谈结论与讨论

（1）教师对新课程改革较为认可，但困惑是如何有效落实

分析问卷调查与教师访谈的结果发现，新课程理念在甘肃民族地区还是有一定影响的，大多数教师认为新理念是很好的，十分值得提倡，并在自己的教学实践中予以践行。合作 Z 藏族中学 M 老师认为，课程改革是一个很宏大的概念，单靠自己去理解是远远不够的，其中，提倡最多的就是"自主、合作、探究"的学习方式。M 老师在教学中将该理念作为自己的教学原则，不断尝试新课程所倡导的学习方式，用新的理念指导自己，以期取得教学上的进步。但是 M 老师

也谈到，新课程改革尽管有很多好处，但是将理论与实践结合起来还是存在很大难度的，有点不现实。

结合对合作 Y 小学语文教师的访谈，我们发现，合作 Y 小学的老师在学生阅读兴趣培养方面取得了较好的效果。例如 Y 老师的班级定期开展整本书阅读活动，并开展"读写"结合活动。该班级近期阅读了《夏洛的网》，学生们的读书笔记令人赞叹。在 Y 老师看来，新课程理念具体落实到语文课上，就要为学生提供"阅读和写作"的环境，如学生们每月交流读后感，学生在自主探究中培养自己对阅读写作的兴趣，从而促进学生语文素养的提升。

天祝县 T 中学的 X 老师谈到，T 中学是一个多民族学校，有土族、藏族、回族和蒙古族等。从他个人的教学经验来讲，他很重视学生的主体性发展。具体来讲，让学生提前预习，然后在全班同学面前进行课前讲解，效果较为明显。此外，他在布置任务时还尝试进行分层，如让 A 小组学生关注"字词—展现"；让 B 小组学生关注"内容理解—展现"。但并非每次任务都分层，这要根据内容的特点来定，而且对初三年级基本不考虑分层。

从中我们看到，老师们对如何将新课程理念落实到实践中，存在着各自的困惑并开展了探索工作。就如富兰所说，变革不是一张蓝图，而是一个旅程；变革是非线性的，充满着不确定性。正因为如此，我们才要尽可能多地考虑复杂情境中教学变革的独特性和差异性，因地制宜地探索教育变革的发展"旅程"。

（2）教师关注新课程教学方式变革，小组合作学习的实际效果不佳

从问卷和访谈结果来看，大多数教师都较为熟悉新课程所提倡的"自主、合作、探究"的教学方式。但教师对新课程变革的理解还是有偏差的。如夏河 Z 藏族中学的 Z 老师谈到，新课程提倡教师少讲，学生多讲，但是在我们的课堂上行得通吗？学生的底子差，所以，大多数老师还是用传统的"讲授法"。T 老师谈到，有的时候也尝试运用"小组合作学习"，但是很多时候效果不佳。

我们发现，还存在很多老师将"新课程改革"机械地等同于

"小组合作学习"的情况。小组合作学习的有效性，不仅是由合作的外在形式决定的，而且要为形式注入合理的内容。具体来讲，我们要看小组合作学习中有没有真正实现"合作"与"分工"，是否能够做到在课堂上依托一定的语文知识媒介，开展学生的思维训练、审美实践和言语分享活动。

因此我们认为，一方面，教师对新课程所提倡的"参与式""小组合作学习"的认识普遍不到位，在具体的操作过程中，往往忽略"语文参与式"的核心要素，即我们调研课堂有效性的"四有"维度：有语文知识问题情境；有语文思维训练过程；有审美情感体验活动；有言语产品分享时间。另一方面，教师应积极反思，结合内容设计恰切的形式，以提升小组合作学习的有效性。如教学中为学生创设各种知识问题情境，为学生提供各种学习资源和材料，如何设计学生审美情感体验活动，等等。

（3）学生基础总体薄弱，新课程改革在民族地区推进水平差异大

虽然 21 世纪初就逐渐推行课程改革，但一些教师的教学观念还是比较落后的，很多教师宣称的对新课程的"理解"和"认可"，与实际教学之间的距离较大。很多老师在访谈中都谈到，新课程改革尽管能够激发学生的热情，但师生必须应对考试，其精力是有限的。一些教师则认为，民族地区学生语文基础差，在自主学习习惯方面的培养起点低，因此教师讲授就显得非常重要。

临夏州康乐 K 中学的 S 老师谈到，他所在的学校汉族和回族比例各占 50%，但回族家长总体不太重视教育，尤其是对女生的教育，学生的语文素养和能力较为薄弱。这样的学情对教师提出了更大的挑战。而本地教师自身的素质也有待提高，因为对招考教师的门槛没有特别限制，有些学习其他专业的人也进入教师队伍，情况十分复杂。

东乡族自治县的 C 老师提到，作为一所乡镇学校，很多家长都在外地务工，学生的学习习惯和行为养成需要老师花费很大力气，班级里学生总体基础薄弱，教师只能把更多的精力用在"打基础"上，因此，新课程的"自主学习""合作学习"等用得较少。合作 Z 藏族中学的 T 老师谈到，新课程改革以来，汉语文课堂教学发生了很大的

改变，包括教学方法、师生互动方式等，教师也更加注重让学生成为课堂的主人，但是任何方法的改革都应该考虑到具体的学生情况，适度调整教学方法，在课堂上多给予学生参与的机会。合作Z藏族中学的M老师提到将课堂还给学生是不是真正适用于民族地区的教育教学这一问题。在面对这个问题时，民族地区的老师更多的还是采取传统的教学方法，在实施的过程中穿插使用一些新课程所提倡的教学模式，尽量向新课标的理念靠拢。

(4) 课堂上师生关系方面，教师主导地位突出

从课堂观察、问卷调查、访谈中我们发现，课堂上的师生关系，总体上讲还是教师主导地位突出。如夏河Z藏族中学的Z老师谈到："藏族的学生很有礼貌，这其实是一种民族的品格和素养，学校不需要特别要求，学生看到老师也会主动鞠躬。一方面是与学校的教育有关，另一方面是藏族学生本身好客热情，不管是家长还是学生，都会非常尊敬老师。课堂上，学生也很听话。"在这样一种文化中，教师的权威、核心地位自然也透射到学校生活的方方面面。在课堂上，教师拥有绝对的主导权，这一状况在其他民族地区的课堂上同样也存在。

但我们需要认识到，课堂上良好的"师生关系"不仅要看外在的和谐融洽，所谓"师之所存，道之所存"，而且要看课堂上师生是否达成"对话""交流"，而这种"对话""交流"是以学习内容为内核，最终促进学生素养提升为旨归的。因此，课堂上良好的师生关系，一定是建立在师生之间对于"知识"探究的基础上的，进而达到促进学生探究、审美、言语、思维等能力发展的目的。这又要回到有效课堂的角度进行深入探讨。

(5) 教师有进一步深造的诉求，但学校提供的机会不多

在访谈中，有的老师向我们咨询上研究生的渠道，希望进一步提高个人教学的素养和能力。对在职教师来讲，职后培训的方式，一是由国家组织的各级各类职后教师培训活动，为教师提供深造发展的机会，但总体上培训时间短，长则两个月，短则一星期。二是攻读教育硕士学位，其学习形式大都为不脱产，在假期上课，而很多学校不能

第三章 西北地区语文课堂变革调查（一）：课堂有什么变化

为教师报销学费生活费，因此这种深造形式往往对教师个人造成额外的经济负担，令很多教师望而却步。临夏州和政 S 中学的 D 老师谈到，从 2003 年刚刚参加工作，他就开始尝试实践参与式教学。一开始主要是凭着自己的兴趣和摸索，后来 2007 年、2008 年学习了兰州市榆中小康营学校的改革，又借鉴并尝试了"杜郎口模式"和分层教学；到 2013 年，学习了临洮椒山中学的导学案模式，在实践中打开了思路。可见，教师教学改革的动力，很多时候是来自于外在的影响。当然，如何将外面的经验借鉴过来，还需要自身不断推敲、琢磨、探究和反思。

通过访谈我们看到，首先，民族地区语文教师对新课改改革的理念总体上是认可的，但最大的困惑是如何将之有效落实。这也是任何一次"自上而下"的改革所面临的困惑，因为改革不仅是一个整体的规划，需要教师层面由内而外地对改革有愿景，有持续力、创造力和调节能力。而且，课堂教学不仅仅要依靠教师的个人能力，还需要创造鼓励教师改革的文化环境，学习共同体的小环境，学校整体的文化环境，乃至家庭、社会的大环境，都会对课堂变革产生深深的影响。就像教师所言，应试机制不改，我们哪有那么多的时间和精力让学生尝试"参与式"教学，与其冒风险去尝试，不如保守一些，稳妥一些。其次，从具体的改革现状来看，尽管很多教师尝试改革，但效果并不明显，从宏观的课程改革理念，到具体学科的特点，其中有很多内容和形式都需要教师进行转换。而能够真正做到这一点的教师并不多，很多地方看上去有课堂教学方式的变化，但效果并不理想，这将有损教师改革的信心。再次，民族地区教育本身所具有的复杂性也是制约教师实施课堂变革的重要影响因素。很多学生基础薄弱，教师往往不敢放手把课堂交给学生；有些地区由于家长不重视教育，教师首先要解决学生的行为习惯问题，其次才是课堂教学的效果问题，教师开展新课程教学的环境不容乐观。最后，从教师素养来讲，国家、社会、学校等着力促进教师专业素养的发展，才是提高教育改革质量的核心问题所在。从学校的角度来看，由于经费不足，师资有限，往往难以为教师提供全脱产的培训机会，有时候即便有了国培计划的深造名额，也因为骨干教师缺乏等而不敢将教师派出去学习。

2. 学生访谈结果与讨论

（1）学生认识到汉语课的重要性，情感上较为认可

在对合作Z藏族中学高一年级学生的访谈中发现，藏族学生学习汉语文，其中一个很重要的动力是交流的需要，希望能够将自己学到的汉语用于日常生活和未来的工作中。在对高二年级进行访谈时，学生也表达了相似的愿望。相比于藏族中学的学生，合作市某小学的学生因为学习语言是汉语，在汉语交流和运用方面没有特别的障碍或困难。而且他们在培养学生课外阅读方面的工作做得卓有成效，每个班有必读课外书目，而且都是整本书阅读，如《窗边的小豆豆》《查理和巧克力工厂》《夏洛的网》《草原上的小木屋》等，都深受学生的喜爱。教师不但推荐书目，而且开展读书交流会。访谈中学生们谈起读过的书，个个都是眉飞色舞。

学生1：在《查理和巧克力工厂》中威利·旺卡先生比较风趣：有个小胖子去喝巧克力河，掉进巧克力河了……

学生2：旺卡先生有一只特别大的船，他就在巧克力河里一直游啊游啊游……

对比发现，学习语言为藏语和汉语的学生，汉语水平差距是很大的，但是在情感认同上，都比较认可汉语文学习的重要性。

（2）生活和教学中缺乏语言训练的情境

在我们的访谈中，对于回族、东乡族等以汉语为学习语言的学生来讲，汉语交际自然不是问题；对于甘南藏族自治州的汉藏杂居区的学生来讲，用汉语交际也没有太大问题；但对于纯藏区以藏语为学习语言的学生来讲，汉语文学习的环境明显有诸多限制。

学生有着学好汉语文的愿望，但是在实际学习过程中，除了汉语文课堂上师生之间用汉语交流外，课下同学之间、放假时家庭成员之间，都是用藏语交流。在访谈夏河Z藏族中学的高一学生时发现，很

第三章　西北地区语文课堂变革调查（一）：课堂有什么变化　　123

多"勇敢"地和我们主动交流的藏族孩子，大都有过在汉语环境下生活的经历。很多藏族学生难以用汉语流利地表达和对话。在访谈中，很多学生都表示，非常喜欢汉语课上的"课前演讲"，学生认为，这"锻炼了交流能力，锻炼了胆量"。

因此，对藏区以藏语为母语的学生来讲，学习汉语文课程的一大困难，就在于缺乏语言环境。一是因为藏族学生的母语是藏语，生活中主要使用藏语交流，缺乏汉语学以致用的环境；二是教学中缺乏创设的语言训练情境，所以学生运用汉语交际的自信心不足，进而影响到学习汉语文的兴趣和效果。

（3）教师关注教学方式变革的形式，但未能深入理解其内核

课程改革倡导新的学习方式，如自主学习、合作学习、探究学习等，通过调研发现，很多教师在课堂上有意识地使用这些方式，但落实到语文课堂上，很多时候仅仅关注到教学方式变革的形式，没有真正参透其中的深层含义，因此，运用中产生了一些问题。访谈中学生谈到，在教师开展课堂小组讨论时，很多学生并不参与讨论，而是借这个时间闲聊；在很多时候，仅仅是学习成绩好的学生会积极参与，而成绩一般的学生则认为这是好学生的任务，小组发言也是好学生的事，所以小组发言也总是那一两个"好学生"的事。如一名高中藏族女学生谈到：

> 我认为小组讨论没有效果，因为大多数学生都不讨论，而在下面聊天。老师给点提示让我们找答案，找到了看看对不对，老师再分析一下；如果不对，再让我们找，这样的方法比较好。小组讨论都会有发言人，有些人总不发言，总让一个人回答，其他同学不怎么参与讨论，有点混乱。

从中我们看到，学生认为小组讨论效果不佳，不如教师给"提示"让学生探究，再给予点评效果好。教师给提示引导学生探究，其实具有"任务驱动"的学习活动设计的特点，那么，说明平时的"小组合作学习"中的"任务"不够明确，教师的"提示""支架"

准备得也不够充分，这才导致小组合作学习的效果不佳。因此，要提升教学改革的效果，还需紧贴语文学科的特点，为学生创设"知识问题情境"，让学生基于一定的"任务驱动"开展分工、合作，达成自主学习和探究学习的目的。

（4）部分民族地区学生学习汉语缺乏自信，学习主动性欠佳

在访谈中了解到，藏族地区以藏为主的学校里，很多学生学习汉语有困难，而且缺乏自信心，学习的主动性也不够。和藏语文相比，这些学生更擅长学习藏语文。他们认为，汉语文课堂上老师有时候讲的东西听不懂，有时候课堂显得很枯燥。有学生谈到，一讲到议论文就是论点、论据、论证，太枯燥，没有什么意思；而在藏语文课堂上，教师会结合文化讲解一些生动的知识，他们更感兴趣。

从客观上讲，以藏为主的学生，汉语是他们的第二语言，因此比起藏语文水平更为薄弱，尤其是在用汉语进行沟通交流方面的能力有限。这都是造成学生学习汉语热情和信心不足的客观原因。同时我们也看到，汉语课堂本身缺乏吸引力，这是值得我们反思的。在语文课堂上，很多学生都没有"记笔记"的习惯，都是在教师的提醒下才记笔记；又如教师创设的"课前三分钟"活动，很多学生会因循前面学生的模式，较少创新；在碰到难以解决的问题时，就会用藏语解答。这些问题从表面上看是学生基础薄弱或第二语言学习所遇到的问题，但从深层来看还是语文课堂教学的有效性问题，如何提高汉语文课堂教学的有效性，是提升学生学习兴趣和学习自信的根本。

（5）课堂变革是综合性教育工程，民族、地域、文化等都是影响因素

课堂变革各地情况不同，受到多方面因素的影响，从小范围来看，主要受到教师水平的影响；从大范围来看，还受到民族文化（包括语言、心理、性格等）的影响，地域差异性也较大。如州政府所在地学校，与普通的县、乡镇学校，在课堂变革上存在较大差异。例如我们看到，合作市某小学在语文课外阅读，尤其是整本书阅读方面卓有成效。在访谈中我们发现，学生不但喜欢阅读，而且善于写作。

学生 1：我喜欢写读书笔记，先把那些好的句子反复读，读懂了之后再想怎么写自己的感受，想好了以后再写上去，最后再总结一下。

学生 2：我每天晚上写一篇日记。我喜欢有图的作文……

学生 3：每次读书，老师让把好的地方画出来，但是我每次都舍不得在书上画，因为爸爸妈妈也说不能在书上乱画。我们老师很怪，因为多少人想让书保存得新一点，可是我们老师希望我们的书越厚越旧越好……

与该城市小学不同，另一所地处牧区的藏族小学学生的语文学习状况就大不同了，我们看到该小学高年级段的学生，主要学习任务是识字、写字、造句，学生难以开展整部书的阅读活动。因此，地域和环境的影响较大。

此外，在调研中还发现，以藏语学习为主的学生在汉语书写上较为困难。与学习藏语相比，藏语是"表音文字"，在一般情况下"会背诵就会默写"；而汉语是表意文字，"学生会背诵，未必会默写"。很多藏族学生的汉语书写在准确性上需要加强。这些差异是受到综合性因素影响的结果。因此，我们要辩证地看待这种差异性，应针对具体问题提出个性化的解决方案。

第四章 西北地区语文课堂变革调查（二）：课堂发生了什么

一 课堂教学研究的背景和目的

2015年12月至2016年12月，本课题组多次奔赴甘南、临夏、天祝、肃南等地开展第二轮调查研究。此次调研的目的很明确，即在第一轮问卷调查的基础上进一步直面课堂，用弗兰德斯课堂分析方法、课堂观察法、案例分析法等，对课堂进行深度研究和探索。

之所以要在第一轮调查的基础上再深入民族地区中小学校进行语文课堂研究，是因为问卷调查更侧重于从"面"上广泛了解民族地区语文课堂变革的基本状态，而且，由于人为因素、技术因素等的影响，调查结果与实际情况会出现一定的偏差。因此，需要在"面"上进行广泛了解的基础上，深入课堂做研究，从而增强调研结果的准确性和可信度。

本轮主要采取了三种课堂研究方法。第一是用弗兰德斯互动分析方法，主要目的是通过课堂的量化分析，总体掌握和描述民族地区课堂的基本状况；第二是用课堂观察法，这里主要根据语文课堂有效性评价标准，对教学内容和方式做深度研究；第三是用课例研究法，通过典型课例研究，深度探析语文课堂教学变革的状况以及教师对变革的理解。这三种方法是相辅相成的，其中弗兰德斯互动分析法主要是对教师教学的基本状态进行量化的描述，而课堂观察则主要侧重于从教师教学的有效性角度考量和评价课堂教学变革的成效；课例研究则是以纵截面的视角深入分析现象背后的原因。

研究者进入课堂,首先需要考虑研究者的角色融入和伦理等问题。为了不给被观摩课堂的教师和学生带来过大压力,同时也为了样本获取的真实性,研究者进入课堂,一般都采取随机听课的方式,通常提前一天或者当天告知被观摩的教师和学生。研究者在进入课堂之前,通常与教师进行短暂的交流,说明观摩的主要目的和任务。交流中通常会有小的技术处理,如告知教师,本次观摩的对象是"课堂上学生的表现""请老师正常上课";进入课堂以后,研究者一般会选择坐在学生身旁,方便对学生进行观察和交流;同时为了不给学生造成紧张感,通常会告诉学生,本次观摩的对象是"教师讲课的情况""请同学们正常上课"。从采集资料的效果来讲,使用录像机能够更好地帮助研究者进行后期资料的整理,但这同时又关涉到伦理和效果问题,录像常常会给师生都造成一定的压力。因此,本书的课堂观察除了使用弗兰德斯表格记录外,还根据一定的课堂观察量表进行记录。对上课的过程进行了录音,事后对课堂实录进行了详尽的整理,以确保后期资料处理的准确性。

二 课堂教学研究的对象与选择

(一)样本的选择

世居甘肃省的少数民族达 16 个之多,但主要的少数民族有回族、藏族、东乡族、土族、裕固族等。不但不同的民族具有各自的特点,即便同样是藏族,在不同的地区和环境下其特点也有所不同,如农区、牧区、农牧区藏民的差异,如城市与乡村藏民的差异等。同一地区的藏族学校也分为一类模式和二类模式两种;不同学校之间,其教学模式也有一定的差异。因此,选取样本须兼顾多方面因素,样本既要有一定的代表性,也要保证样本的丰富性,还须考虑调查研究的可行性。

这一轮调研主要选取了藏族、回族和东乡族聚居区的 18 所中小学校,兼顾城市与乡村,涉及农区、牧区,兼顾不同民族等。藏族学校包含一类模式和二类模式两种，本次研究主要以一类模式为主，其中有夏河Z藏族中学、合作市Z藏族中学、夏河县S藏族小学等，全体学生都是藏族，学生学习语言均为藏语，加开一门汉语课。所使用的教材是五省区"协编教材"。其他样本学校还包括临夏H回族中学、和政H中学、东乡县D中学等。从年级来看，小学到高中都有，以中学为主，高三多为复习课。

（二）课例分类

从调研的真实性原则出发，本次课堂观察的课例基本上都是以"随机听课"的形式采集到的常态课。本研究根据内容将所听的课分为八类，即识字写字教学、古诗词教学（1、2）、文言文教学、寓言教学、散文教学、实用文教学、高三复习课教学。

表4-1　　　　　　　　　课例汇总表

序号	类型	篇目	学校	年级	教师	学生情况
1	识字写字教学	《威尼斯小艇》	夏河县S藏族小学	六年级	S老师	藏族学生
		《识字课》	夏河县S藏族小学	四年级	Z老师	藏族学生
2	古诗词教学1	《涉江采芙蓉》	临夏H回族中学	高一	W老师	回族学生占3/5
		《蜀相》	临夏和政H中学	高二	M老师	回族学生占1/3
		《一剪梅》	东乡县D中学	高二	G老师	东乡学生为主
3	古诗词教学2	《离骚》	临夏和政H中学	高一	L老师	回族学生占1/3
		《离骚》	合作Z藏族中学	高一	M老师	藏族学生
4	文言文教学	《〈论语〉》五则	夏河Z藏族中学	九年级	Y老师	藏族学生
		《马说》	夏河Z藏族中学	高二	H老师	藏族学生
		《生于忧患，死于安乐》	夏河Z藏族中学	高二	L老师	藏族学生
5	寓言教学	《上帝发的答卷》	夏河Z藏族中学	七年级	ZM老师	藏族学生
		《自相矛盾》	夏河Z藏族中学	七年级	M老师	藏族学生
6	散文教学	《鸟》	东乡县D中学	七年级	C老师	东乡族学生为主
		《论友谊》	合作Z藏族中学	高二	T老师	藏族学生

续表

序号	类型	篇目	学校	年级	教师	学生情况
7	实用文教学	《奥斯维辛没有什么新闻》	临夏 H 回族中学	高一	M 老师	回族学生占 3/5
		《谁是最可爱的人》	夏河 Z 藏族中学	高一	Z 老师	藏族学生
8	复习课教学	《文言虚词》复习课	和政 H 中学	高三	M 老师	回族学生占 1/3

三 课堂研究的设计与基本方法

课堂研究采用量化和质性研究相结合的方法。一方面，采用弗兰德斯互动分析方法，统计课堂师生的活动和表现；另一方面，结合参与式语文课堂教学的分析框架，对教学的有效性和教学方式的恰切性进行评估和分析。因此，课例研究呈现分为两部分：第一，弗兰德斯互动分析结果；第二，课堂教学有效性及教学方式变革效果评估。

对于课堂教学质性评估的维度，主要从课堂教学的基本要素和特征入手，包括教学目标呈现、教学方式选择、课堂教学评价状况等。

（一）教学过程观察提纲

1. 教学目标

（1）教学中教师是否有明确的教学目标？

（2）教学目标与实际教学之间的关联度如何？

（3）是否能够根据教学内容确立恰切的教学目标？

2. 课堂教学方法

（1）讲授法：教师讲授的核心内容是什么？学生反应和表现如何？

（2）问答法：a. 是否使用问答法？问答的主要形式是什么？（师问生答、生问师答等）b. 提问的核心问题有哪些？c. 学生的表现如何？d. 学生回答的呈现方式如何？（口头作答、书面作答等）e. 对学生回答的评价方式和评价内容是什么？

表 4-2　　　　　　　　"问答法"观察记录表

a. 是否；形式	
b. 提问内容	
c. 学生表现	
d. 结果呈现	
e. 评价状况	

（3）小组合作学习的形式：a. 是否开展小组合作学习？小组合作的参与人数、形式？b. 小组合作学习的核心内容是什么？c. 在合作过程里小组内各个成员的表现如何？d. 合作学习的结果呈现如何？e. 对小组合作学习评价的方式和内容是什么？

表 4-3　　　　　　　　"小组合作学习"观察记录表

a. 是否；形式	
b. 探究内容	
c. 成员表现	
d. 结果呈现	
e. 评价状况	

（4）诵读法：诵读的内容是什么？是否有教师的方法指导？学生和教师诵读的基本状况如何？

（5）其他方法（如表演法等）：a. 其他方法是什么？b. 学生表现如何？

3. 教学评价观察

教学中教师是否通过一定的评价促进学生的学习？如果有，评价的内容和方式是什么？评价主体是谁？评价的效果如何？

（二）语文课堂教学有效性的四个维度

1. 是否有语文知识的问题情境：a. 教学中教师是否为学生创设知识问题情境？如果有，是什么？b. 教师是否为学生提供学习的资源？如果有，是什么？c. 学生在课堂上对此的回应和表现如何？

2. 是否有语文思维的训练过程：a. 教学中是否有思维训练的过程和活动？如果有，是什么？b. 学生思维训练过程开展得如何？

3. 是否有审美实践的体验活动：a. 教学中是否有审美实践活动？如果有，是什么？b. 学生审美实践活动开展得如何？

4. 是否有言语产品的分享时间：a. 教学中是否有言语产品的生成？如果有，是什么？b. 学生言语产品分享效果如何？

具体用图表示如下：

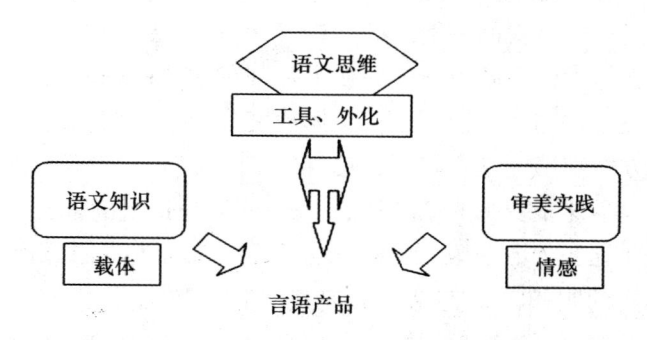

图 4-1 语文课堂教学有效性的四个维度

这四个维度与当下语文核心素养的四个方面可以是不谋而合，语文知识作为媒介，在审美实践中体验情感，语文思维是内在品质，最终落实到对学生生成"言语产品"的实践活动中来，从而发展学生的语文素养。语文知识、审美实践、语文思维、言语产品，都是语文课程培养人的终极目标，因为这些目标都是指向学生的主体性发展的，只有当学生的言语能力得到发展，表现在具体的情境当中会听、会说、会读、会写，才是真正促进了学生语文素养的提升。具体在一堂课上，就要看课堂上有没有生成学生的听、读、说、写的言语产品，这是学生语文知识掌握、审美体验活动、思维训练过程的外化和体现。

四 课堂观察结果与评析

课例的分类包含三个维度：第一是文体维度，如古诗词、寓言、散文等；第二是课型维度，一般是常规课、复习课、公开课等；第三是语文教学内容维度，如识字、写字教学，阅读教学，写作教学，口语交际教学等。但每一个维度中的类别都未穷尽，原因之一是调研的局限性，抽样和选择课例都是随机的，因此很难面面俱到；二是从研究的目的来看，也未必一定要将每一个维度的类型课例都穷尽，而是从中抽取具有代表性的课例进行分析，因为本研究的重点在于观察不同课型、文体下课堂教学方式的变革及其有效性问题，而非课型、文体教学研究。例如，我们可以从文体角度分析古诗词、寓言、散文教学等教学方式变革的基本特点，也可以从内容角度分析识字、写字教学，阅读教学课堂变革的基本情况，还可以从课型角度分析常规课和复习课的课堂变革情况等。因此，这些不同维度为我们分析课堂变革提供了不同的视角。课例从学段跨度来讲，覆盖了小学、初中和高中；从地域来看，主要关涉临夏回族自治州和甘南藏族自治州的不同学校；从民族来看，涉及藏族、回族、东乡族等甘肃主要少数民族；从学校类型来看，既有民族地区的民族学校，也有民族地区的普通学校，等等。因此，这些维度为我们分析民族地区语文课堂教学变革提供了一个总体的框架，在总体的框架下所涉及的种种差异，都将在具体的分析探讨中加以进一步说明和解释。

（一）识字写字教学评析：以《威尼斯小艇》与《识字课》为例

1. 学校及教师情况

夏河县 S 藏族小学，是甘肃省甘南州夏河县 S 乡的一所藏族寄宿制小学。位于夏河县城以西的桑科草原上。这所学校属于以藏为主的纯牧区寄宿制小学，学校现有 6 个年级，10 个教学班，在校生 400 余人，其中寄宿生近 200 人。

这是一所草原上的学校，调研组到达学校时正值隆冬。这所牧区寄宿制小学坐落在一片草原上。恰逢周一，学生从四面八方赶回学校，让这片冬天的草原充满了生机。学校的操场与墙外的草原相接，下课时，学生聚集到操场上，在草原明媚的阳光下，跳着具有藏族特色的课间操。学校校长和老师对我们的来访都非常热情，并积极配合我们的调研活动。调研组听取了两节识字课，分别是四年级和六年级的课程。

执教《威尼斯小艇》的 S 老师是一位骨干教师，有着十余年的教学经验。而执教《识字课》的 Z 老师，是一位教龄不足 5 年的年轻教师，在课后访谈中，他有一点害羞，他告诉笔者，觉得"当老师没什么意思"，当笔者追问原因时，他称，是因为在当地男同志当老师没有什么意思。言下之意是小学男教师在当地的社会地位和被认同感不高。

2.《威尼斯小艇》课堂实录与分析

（1）课堂实录

授课教师：夏河县 S 藏族小学 S 教师

授课时间：2016 年 11 月 28 日

年级：六年级

课堂实录整理：陈昕

一　知识回顾

1. 解题

师：这篇课文题目叫"威尼斯小艇"，威尼斯是一个什么样的地方？

生众：水上城市。

师：小艇是什么？

生众：小船。

2. 检查词语背诵情况

（1）请背会的同学举手。（听写词语：请一位同学在黑板上写，其余同学在本子上写：船舱、小艇、新月、桥梁、青年、货物）

（2）教师纠正：（先纠正笔画，再纠正拼音，集体不会的让学生翻书查找。）

(3) 学生默写情况不好，教师布置任务：中午一点钟到教室背诵字词。

二　"同步练习"

1. 描一描，写一写

（教师提要求：共九个字，一笔一画地写在田字格的中间。5分钟完成。）

2. 读一读，比一比

师：我们用"窄"组个词。

生众：狭窄。

师：狭窄。这条山谷非常的怎么样？

生众：狭窄。

师：耸立。"耸立"是什么意思？一般我们说"高楼耸立"对不对？

生众：对。

师：非常高的楼你们见过没有？

生众：（沉默）

师：我们课本上学过一个什么？用"耸立"造句，谁会？

生：耸立的大楼直入云霄。

师：噢，就是这个楼高得怎么样了？快要到云彩里了。（一个词读五遍）

3. 选词填空

（1）灵活、机灵、鬼精灵。

师：做这样的题，我给你们教过，首先要知道什么？

生众：词语的意思。

师：对，要先知道这个词语是什么意思。看第一题。认识的人都夸妹妹是个（　）。别说话。都夸妹妹是个（灵活），对不对？

生众：不通顺。

师：我们再来看第二个，认识的人都夸妹妹是个（机灵），通顺不通顺？

生众：……

师：那么先来看第三个，认识的人都夸妹妹是个（鬼精灵），通顺吗？

生众：……

师："鬼精灵"的意思是什么？鬼精灵包括了"灵活"跟"机灵"，表示非常调皮，惹人喜欢。对不对？

生众：嗯。

（2）耸立、建立、成立。

师：（教师板书这三个词语）这三个词就非常简单，我们可以用排除法。湖的旁边（　）着高高的山峰。"成立"，放到这个句子中合适吗？

生众：不合适。

师："成立"可以说什么？中华人民共和国成立了。

师："建立"，意思是什么？

生众：（含糊地回应）

师：对。那么你看，湖的旁边（　）着高高的山峰？

生众：耸立。

师：最高的山峰是什么？

生众：珠穆朗玛峰。

师：你从山脚下能看到山顶吗？

生众：……

师：就表示这个山怎么样？非常高！

图4－2　夏河县S藏族小学六年级学生默写生字

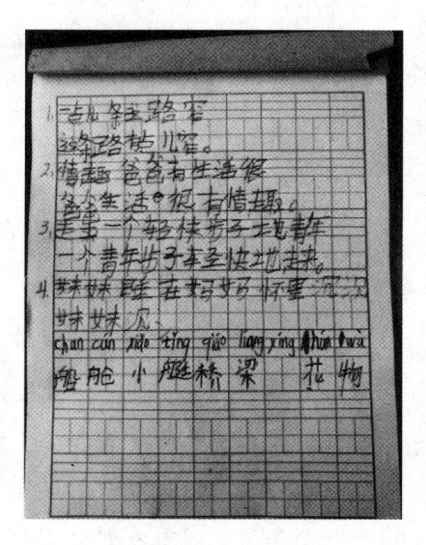

图4－3　夏河县S藏族小学六年级学生的作业

(3) 有趣、情趣、乐趣。

(略……)

4. 读一读，完成句子

师：读一读例句，看看这道题让你干什么。

(1) 例句1：哥哥极聪明，什么东西学一遍就都记住了。

师：加点的字是什么？

生众："极"。

师：句子中"极"的意思是什么？

生众：非常。

师：对。把"极"换成"非常"读一下：哥哥非常聪明，什么东西学一遍就都记住了。对不对？

生众：对。

(2) 例句2：(略)

师：两个例句已经给出来了，又给出了半个句子，让你补充。

师：詹天佑，那你首先得知道这个"詹天佑"是干什么的。

生众：我国近代卓越的铁路工程学家。

师：那么大家来看，詹天佑承担了这项难度极什么？非常难的？

生众：(各抒己见)

师：噢，难度极高的什么？

生众：任务。

师：(双语解释例句意思) 这里的"不论"还可以替换成什么？

生众：不管、无论。

师：谁会造句？

生1：无论遇到什么困难，我都不会抱怨。

师：(藏语解释) 还有谁会？

生2：不论是哪个季节，草原还是那么美丽。

师：这个句子通顺吗？咱们这里是北方，对不对？咱们要分春夏秋冬四个季节，草原在什么时候最美？夏天最美，是不是？到处都是鲜花，还有蓝天白云。你说草原一年四季都非常漂亮，你感觉漂亮吗？按照你的意思，这个句子对着呢。谁还会？

生3：不论别人怎么说，你自己都不能失去信心。

5. 抄写句子，体会加点的词语在句中的作用。（略）

三　布置作业

1. 把《同步练习》的第二、三题，一笔一画地写在作业本上。

（2）弗兰德斯数据分析与结果

这是一堂习题课，师生学习"同步练习"，主要采用讲授法。通过课堂结构分析表可以看出，整个课堂上学生活动共23.5分钟，占整堂课的40.17%；教师语言共35分钟，占整堂课的59.83%，说明教师讲授占大部分时间。数据显示，在学生活动中，课堂小组合作的时间为11.05分钟，占整个课堂的18.89%，学生有效语言的时间为12.45分钟，占整节课的21.28%。实际上，本节课中的第10类语言行为并非学生讨论，而是学生当堂完成练习；第8、9类语言行为并非都是学生就教师提问发表自己的观点，而仅以根据教师指令齐读生字词为主。但值得一提的是，整堂课上学生主动发言次数较多，累计2.45分钟。即便是习题课，学生依旧能够主动发言，说明学生有较强的求知欲。教师语言以提问、讲解和指令为主，用时较多，说明教师对课堂的控制力比较强。需要说明的是，本节课中教师提问多表现在"是不是""对不对"上，而不是具有启发性的问题。在这样的提问中，学生被动回答"是"与"对"，虽数据显示学生参与度高，但都是在教师指令下进行的被动学习。

从表4-4（C）中可以看出，教师对学生的直接影响与间接影响的比率小于1，即教师语言中属于编码1—4的频次少于编码5—7的频次，说明这位教师的教学更倾向于对课堂和学生做间接的控制。值得肯定的是，在这堂课的教学中，教师涉及了第1类语言行为，虽仅有两次，累计6秒，但依旧值得关注。

从"教师对学生的强化类别分析表"中可知，教师对学生的积极强化与消极强化的比率小于1，积极强化仅为消极强化的一半，说明教师的消极强化占主导。在整堂课中，教师并未出现第7类语言行为，消极强化的次数来自于第6类语言行为。

表 4－4　　　　　　　　《威尼斯小艇》弗兰德斯数据分析

学校	上课内容	授课教师	年级	时间	记录人
夏河县 S 藏族小学	《威尼斯小艇》	S 老师	六年级	2016.11	陈昕

A. 弗兰德斯互动分析矩阵表

	1	2	3	4	5	6	7	8	9	10	合计
1	1	1	0	0	0	0	0	0	0	0	2
2	0	0	2	0	1	0	0	11	1	0	15
3	0	0	6	0	0	1	0	37	3	0	47
4	0	2	26	13	74	19	0	37	16	10	197
5	0	3	7	14	158	27	0	58	24	21	312
6	0	9	3	15	12	41	0	25	2	20	127
7	0	0	0	0	0	0	0	0	0	0	0
8	0	0	0	152	0	12	0	27	0	0	200
9	0	0	1	1	41	4	0	2	0	0	49
10	1	0	2	2	17	23	0	3	3	170	221
合计	2	15	47	197	312	127	0	200	49	221	1170

B. 课堂结构分析表

项目 \ 类别	时间 计算方法（3 秒/次）	时间（分钟）	比率 计算方法（次数/总次数）	比率（%）
教师语言	第 1—7 列次数	35	第 1—7 列次数	59.83
学生有效语言	第 8—9 列次数	12.45	第 8—9 列次数	21.28
课堂小组合作	第 10 列次数	11.05	第 10 列次数	18.89
学生朗读、游戏、讨论等参与性学习	第 8—10 列次数	23.50	第 8—10 列次数	40.17

C. 教师对课堂的控制类别分析表

项目 \ 次数	直接影响（第 1—4 列次数）	间接影响（第 5—7 列次数）	直接影响与间接影响的比率（%）
次数	261	439	59.45

D. 教师对学生的强化类别分析表

项目 \ 类别	积极强化（第 1—3 列次数）	消极强化（第 6—7 列次数）	积极强化与消极强化的比率（%）
次数	64	127	50.03

（3）问题与反思

第一，教师在上课过程中，多次强调书写要"一笔一画"，而且要"坐端、坐正"。在小学阶段,正是学生行为习惯的养成期,教师强调书写习惯,有利于培养学生良好的学习习惯。

第二,双语解释。比如教师说到"新月、太阳、星星"的时候,先用藏语读了一遍,然后用藏语解释,联系学生生活,激起学生学习兴趣。学生用"无论"造句:"无论遇到什么困难,我都不会抱怨。"教师给予肯定,随即用藏语为学生阐发其中的含义,说明双语解释是其教学中经常发生的状况。

第三,授人以鱼不如授人以渔。教学,要教给学生学习的方法。教师在讲到第三题选词填空时,四道小题分别用了四种方法讲授。教师首先说道,做这类题得先了解已给出词语的含义,然后运用"带入检验法":把"灵活、机灵、鬼精灵"分别填入句子,请学生读一读句子通顺不通顺;运用"排除法",先了解"耸立、建立、成立"的含义,再结合句义将错误答案排除;运用"联系实际法",联系"有趣、情趣、乐趣"在实际生活中的运用,选出正确答案;运用"固定搭配法",将"新月、太阳、星星"分别与句子中的"一弯"搭配,确定正确答案;最后,教师逐一讲解四道小题。教师虽然没有特别提出这四种方法,但他潜移默化地教授给学生学习思考的四种方法。

第四,不擅长说长句子,每句话不超过20秒就会用提问的方式暂停,这种提问在课堂上显得很急促。比如,教师采用"那么大家来看,詹天佑承担了这项难度极什么?非常难的?"这样的问句,常常让学生无所适从。并且,教师在每句话中几乎都有"对不对"或者"是不是"的连续发问,这样的发问从教学意义的角度来看应该是无效的,它更像是教师一时不知如何解释或者缓解尴尬的自言自语,但是学生却不得不用"对"与"是"来一一回应。比如教师问:"那么这里应该填什么?"学生异口同声地说:"新月",教师习惯性地接道:"对,新月。是不是啊?"生:"是。"师:"对不对啊?"生:"对。"这样的对话在弗兰德斯量表中,我们按教师提问和学生回答来处理,但这样的对话在教学过程中徒有师生对话的形式,却没有课堂对话的内在价值。

第五,没有耐心,显得很"着急"。教师常常在提出问题后,还未等学生思考得出结果就着急替学生回答。正如李玉贵所提倡的，教师在课堂上要学会"倾听"。教师没有"等待"学生思考的耐心，学生的学习又如何会真正发生？因此，只有当教师在课堂上为学生思考"留白"，才有可能让真正的"对话"成为可能。藏族学生汉语文基础本身就相对薄弱，如果教师不能留给学生更多的自在探究、言语实践的机会，而是一味地"告诉"，那么，即使学生记住了答案，也不是基于理解的记忆，容易遗忘。

（4）基本建议

第一，教师专业知识亟待提高。首先，教师学科知识不够扎实，课堂上出现专业性的知识错误。如将"调（tiáo）皮"读为"tiǎo pí"。其次，教师教学理论知识有待进一步加强。如解释词语，教师无法直接用语言解释含义时，便创设具体的情境来帮助学生理解。如解释"耸立"，便用"高楼耸立"来解释，又联系"珠穆朗玛峰"，让学生想象站在珠穆朗玛峰底看山顶，体会"耸立"的含义。又如，教师在讲到"情趣"时，也是设置和情趣有关的情境，教师提到"放羊"时是指其有"情趣"，但学生并不认为放羊有情趣。因此，这种在"具体语境"中解释词语的方法，尽管生动形象，但往往会带来认知的偏差。如对"情趣"的理解，学生大都来自牧区，"放羊"大概是一种习以为常的工作，与钓鱼、野餐等相比，必然不大有"情趣"。再如，学生用"不论"造句："不论是哪个季节，草原还是那么美丽。"教师的点评是："这个句子通顺吗？咱们这里是北方，对不对？咱们要分春夏秋冬四个季节，草原在什么时候最美？夏天最美，是不是？到处都是鲜花，还有蓝天白云。你说草原一年四季都非常漂亮，你感觉漂亮吗？"我们发现，教师评价的重点不在于"造句"，而在于句子背后的"含义"是否欠妥，并引导学生按照自己的审美理解问题。对此，教师要首先明确"造句"教学的目的，从而进行评价，这个句子无论意思对不对，造句是对的，就要给予肯定；其次，教师还可以用商量的口吻提出自己的审美观点，进而鼓励、启发学生从多角度、多视角看问题。应该说，教师创设词语理解的情境帮助学生理解词义的方法，是值得提倡和借鉴的，但是如何引导学生进行更准确、更有效地迁移理解,教师需要做足功课与准备。

第二,教学设计较为单一。对于书中的练习题"读一读,比一比",教师的方法是让学生将需要比较的每组词齐读,然后逐一解释说明。教师是否可以采用更为适合学生"学"的方法,真正引导学生在探究中比较学习,这是值得反思的问题。如在比较词义后引导学生选词造句,进行相互评价,从而在具体的语境中让学生深入体会每组词语的不同含义和表达效果等。这些都需要教师进行有效的课堂教学设计。

第三,师生对话不够平等。课堂上面对每一道选词填空题,教师都会先读完题干,并强调"你们先别说话"。教师发出这样的指令是为了方便课堂纪律管理,但同时在一定程度上打击了学生发言的积极性,忽略了学生的反馈。如果教师不讲,学生也能立马说出答案,说明学生已经不存在太大的困难,教师就不必一道接一道地平均花费力气,导致教师教得累,学生学得也累。因此,教师如果能够创设平等的对话环境,便可以根据学情选择和调整教学内容,从而突出重点。

第四,教师用藏语阐述时学生积极性最高。藏语毕竟是这个班学生的母语,师生用藏语交流表达更为流利畅通。但在汉语文课堂上,教师能否想办法调动学生学习汉语的积极性,有效激发学生学习热情和探究欲望,是值得我们思考的。换言之,采用汉藏双语教授汉语课,这个"度"应当如何把握?

第五,教师对语文知识讲授不够精确。第 5 题是体会加点词的意思,例句"静寂笼罩着这座水上城市,古老的威尼斯又沉沉地入睡了。"加点的词是"笼罩"和"沉沉"。教师认为这里的"笼罩"和"沉沉"都起到了"修饰"的作用。但是"笼罩"是动词,动词没有修饰的作用,而是谓语,表示动作,而且是"拟人"的修辞手法。由此可见,教师首先应该理解例句的意思,其次,再将自己的理解转化为学生的理解。

3.《识字课》课堂实录与分析

(1) 课堂实录

授课教师:夏河县 S 藏族小学 Z 老师

授课时间:2016 年 11 月 28 日

年级：四年级

课堂实录整理：陈昕

一　检查词语记忆情况

1. 听写词语：教师指名学生在黑板上写词语并注音，其他人在本子上写。（允许、打扰、注意、梯子、悠闲。）

2. 学生在黑板上不会写的字，教师会让其他学生帮忙纠正和补写。

3. 教师纠正：先纠正拼音再纠正笔画，让学生对照书再次检查。

4. 学生记不清的字，教师布置任务：今天中午把这些词语写会。

二　学习新课

1. 学习生字：学生自己在课文中找出生字的拼音，并在本子上记写生字。同时，教师将生字写在黑板上。

2. 逐一学习生字："骄""傲""检""查""扣""判""置""瞧"。

（1）学习"骄"：（先由学生拼读两遍，教师纠正，学生再次拼读两遍）

师：什么结构？

生众：左右结构马字旁。

师：课文中组了一个什么词？

生众：骄傲。

师：还能组什么词？再想一下。

生众：（静默）

师："骄傲"的意思大家知道不知道？

生众：知道/不知道。

师：前面我们学过一篇课文，课文题目叫什么？

生众：《骄傲的孔雀》。

师：那么给这个"骄"字再组一个词，还能组什么？

生众：（静默）

师：骄躁、骄横。（教师板书）

生众：（在生字本上抄写）

师：骄傲就是自高自大的意思。我以前说过，你们记一下。

生众：写完了。

师：再来拼读一遍，"j-i-āo-jiāo"。

生众：（拼读两遍）j-i-āo-jiāo。

师：左右结构马字旁。

生众：（齐读两遍）左右结构马字旁。

图4-4 夏河县S藏族小学四年级学生默写生字

师：骄躁、骄横。

生众：（各读两遍）

师：自己再读一读。

（2）学习"傲"：左中右结构单人旁，骄傲、傲气。

师：用"骄傲"这个词造句。

生：扎西很骄傲。

师：对，坐下。扎西很骄傲，扎西是个骄傲的人，对不对？

（3）学习"检"：左右结构木字旁，检查、检阅。

师："检查"的意思是什么？谁知道？

生众：（不会表达）

师："检查"的意思是为了发现一个问题而用心地、耐心地查看，就像我们星期一要检查作业，是不是？

生众：是。

（4）学习"查""扣""判""置""瞧"……

3. 教师领读：重头读一遍生字词，再次强调学生容易出错的字词、词义。

4. 在课文中画出字词，边画边跟老师读。

5. 识记字词：学生在本子上写字词，教师强调。

(2) 弗兰德斯数据分析与结果

表4-5 《识字课》弗兰德斯数据分析

学校	上课内容	授课教师	年级	时间	记录人
夏河县S藏族小学	生字词学习	Z老师	四年级	2016.11	陈昕

A. 弗兰德斯互动分析矩阵表

	1	2	3	4	5	6	7	8	9	10	合计
1	0	0	0	0	0	1	0	3	0	0	4
2	0	0	0	0	0	0	0	1	0	0	1
3	0	1	4	0	0	0	0	15	0	1	21
4	1	0	3	20	9	8	1	29	2	23	96
5	0	0	2	3	37	13	0	64	0	22	141
6	0	0	4	9	5	34	0	40	3	23	118
7	0	0	0	0	0	0	1	2	0	1	4
8	2	0	2	57	74	34	1	187	0	2	359
9	0	0	0	0	2	2	0	0	8	4	16
10	1	0	6	7	14	26	1	18	3	209	285
合计	4	1	21	96	141	118	4	359	16	285	1045

B. 课堂结构分析表

项目 \ 类别	时间 计算方法（3秒/次）	时间（分钟）	比率 计算方法（次数/总次数）	比率（%）
教师语言	第1—7列次数	19.25	第1—7列次数	36.84
学生有效语言	第8—9列次数	18.75	第8—9列次数	35.88
课堂小组合作	第10列次数	14.25	第10列次数	27.27
学生朗读、游戏、讨论等参与性学习	第8—10列次数	33	第8—10列次数	63.16

C. 教师对课堂的控制类别分析表

项目 \ 次数	直接影响（第1—4列次数）	间接影响（第5—7列次数）	直接影响与间接影响的比率（%）
次数	122	263	46.38

D. 教师对学生的强化类别分析表

项目 \ 类别	积极强化（第1—3列次数）	消极强化（第6—7列次数）	积极强化与消极强化的比率（%）
次数	26	122	21.31

通过"课堂结构分析表"可以看出,在整个课堂上学生活动共33分钟,占整堂课的63.16%;教师语言仅有19.25分钟,占整堂课的36.84%;在学生活动中,课堂小组合作的时间为14.25分钟,占整堂课的27.27%,学生有效语言的时间为18.75分钟,占整堂课的35.88%。数据分析显示,这堂课上教师以学生为主体,并充分发挥自己的主导作用,课堂以学生活动为主。但第10类语言行为并非学生讨论,而以沉默为主;第8、9类语言行为并非学生就教师提问发表自己的观点,而仅是以根据教师指令齐读生字词为主。整堂课上学生主动发言次数较少,累计48秒。教师语言以讲解和指令为主,虽用时少,但也不难看出教师对课堂的控制力比较强,学生参与度高,但多为教师指令下的学习。

从"教师对课堂的控制类别分析表"中可以看出,教师对学生的直接影响与间接影响的比率小于1,即教师语言中属于编码1—4的频次少于编码5—7的频次,说明这位教师的教学更倾向于对课堂和学生做间接的控制。在这堂课的教学中,教师涉及了第1类语言行为,虽仅有4次,累计12秒,但依旧值得关注。

从"教师对学生的强化类别分析表"中可知,教师对学生的积极强化与消极强化的比率小于1,而且数值偏小,说明教师的消极强化占主导。在整堂课中,教师的第7类语言行为出现次数少,共4次,累计12秒,但对学生的消极影响极大,也值得关注。

(3)问题与反思

第一,这节课教学的最大特点就是结构性强。教师严格按照"学生拼读—明确字的结构—生字组词—造句—整体齐读"的结构开展每一个生字的教学,甚至有些机械化,学生学习的主动性体现得不够。

第二,教师认真负责、要求严格。课前教师检查生字词的掌握情况,但效果并不好。教师对学生写错读错的地方进行反复纠正,对于字词知识容易出错的地方也是反复强调,体现出教师对工作认真负责的态度。

第三,教师在课堂上拥有绝对权威,学生缺少"安心"表达自己观点的环境。Z老师是一位非常严格的老师,但同时也会对学生造成压迫感。如老师问学生"这个字是什么结构?""别给我乱喊",语气非常严厉,尽管起到了维持课堂纪律的作用,但是也让"可能说错"的学生不敢发问。所以当教师再问"下一个字谁会拼?举手!"时,就无人举手了!因为学生害怕自己出错而受到批评。所以,当教师过分关注"正确"答案时,实际上是不给学生"犯错"的机会,那么,教师也无从知晓学生学习的真实情况,并导致课堂气氛严肃,学生缺少"安心"表达自己观点的文化环境。

(4) 基本建议

第一,识字教学是小学阶段的重点,教师应在"如何教"上下功夫。比如,学生不会读"扣,kòu",教师只是简单地让学生重复练习,而没有采取别的教学举措。建议教师针对学生的基本学情,对藏族学生发音容易出错的生字、拼音做归类整理,并编写口诀、儿歌、绕口令等教给学生,让学生产生兴趣并多读多练,从而更好地解决这一难题。

第二,教师对教学内容用力平均,缺乏重点难点的区分。本节课共学习了 8 个生字,教师在每个生字上平均用力气,其实这样的教学效果并不理想。因为对学生已经掌握的部分是浪费时间,而对学生未掌握的部分却显得时间不够。如生字"骄"的组词,教师讲可以组"骄躁""骄横"两个词,但未解释意思,学生既不理解,也记不住,明显存在困难。因此,建议针对学情筛选教学的重点难点。对于重点难点部分,教师可以开展丰富多样的活动,让学生在快乐、轻松的情感体验中牢牢记住这些字词,从而顺利达成教学目标。

第三,教师的语文知识存在一定的欠缺。例如学习生字"置",教师称"置"为"上下结构罗字头",这是不准确的。因为"置"的偏旁部首是"罒",读"wǎng",被称作网字头或扁四头。又如,教师对"检查"一词的解释也不够准确:"'检查'的意思是为了发现一个问题而用心地、耐心地查看。"

第四,教师对学生的学情把握不准,在"会"的地方反复用力。语文生字词学习的策略之一是教师要尽量联系学生的生活经验,帮助学生把难以理解的生字知识变得简单易学。而 Z 老师却在学生"会"的地方反复用力。如学习"骄傲"的含义，教师让学生从概念上"解释"该词语的意思，而学生明显已经会"运用"这个词造句了。显然，教师对学情把握不够精准，导致拔高教学要求，让学生无所适从。

第五，教师过于关注正确答案，往往不善于关注学生学习的困难。教师不能够解决学生存在的问题，比如，学习生字"瞧"的时候，学生对这个字的结构不能准确把握，教师为了不影响教学进度，就直接打断学生的话，说出正确答案，让学生记住正确答案。同时，学生明显对声调中二声的读法存在困难，但教师仅仅让学生模仿自己朗读，却忽略了学生"这一个"问题背后的"普遍性"困难。

（二）古诗词教学评析：以《涉江采芙蓉》《蜀相》《一剪梅》为例

1. 学校及教师情况

《涉江采芙蓉》《蜀相》《一剪梅》的上课教师，分别来自临夏回族自治州的临夏 H 回族中学、和政 H 中学和东乡县 D 中学。这三所学校的少数民族以回族、东乡族为主。但与甘南藏族自治州情况不同的是，回族、东乡族所使用的学习语言都是汉语，因此，不存在第二语言学习问题。

其中，临夏 H 回族中学，在校学生 5000 余人，设 80 余个教学班，是一所有着优良办学传统的老校。在校园文化建设、教师队伍培养、学生培养方面都有着自己的特色。学校曾获得多项荣誉，连续获得州级教育质量奖，被评为州级示范性普通高中。

临夏和政 H 中学是一所独立高中，位于太子山下、松鸣岩边，学校占地面积 160 亩，校舍建筑面积 2 万多平方米，在校学生 3000 余人，教职工 200 余人。

东乡县 D 中学坐落于甘肃省临夏市东乡县 H 镇，是一所农村完全中学，学生以东乡族和汉族为主，其中东乡族学生所占比例为 50% 左右。

这三所学校相比较而言，在地理位置、生源水平、政府重视等各方面都存在一定的差距。尤其是东乡县 D 中学，作为一所农村中学，地处乡镇，文化、经济等方面更为闭塞和落后。

因此，从地理位置上讲，三所学校分别处于市、县、乡三级不同的行政区。从校园建设、学生生源、师资的角度来讲，三所学校也存在着明显的差距。

临夏 H 回族中学执教《涉江采芙蓉》的 W 老师，教龄 7 年，是高一年级组语文学科教研组长，有着丰富的教学经验。我们所听课的班级高一某班，是临夏 H 回族中学的"珍珠班"。临夏 H 回族中学每个年级都有十余个班级。每个年级里又分为珍珠班、重点班、普通班等，班级成员相对固定，但建立了激励机制以便于适度流动。一个年级中 A、B 两个班级为平行的相互竞争的"珍珠班"。在该班级的教室后墙上，有校长亲自书写的毛笔条幅："希望班——写给高一珍珠班全体"。W 老师在课后告诉我们，她是临时知道我们今天要来听课的，所以将原先的复习课改为一节新授课，同时为了给我们呈现出一节完整的课，她特意选择了一首短小的古诗《涉江采芙蓉》。

执教《蜀相》的 M 老师是一名有着 5 年教龄的年轻老师，来自甘肃省汉族地区。M 老师教学富有热情，平时喜欢读书，他的办公桌上放着当下的热门小说，并且给班级学生推荐课外阅读书目。执教《一剪梅》的 G 老师是一名有着 10 余年教龄的骨干教师。这三位教师都是在民族地区从教的汉族老师。

2.《涉江采芙蓉》课堂实录与分析

授课教师：临夏 H 回族中学 W 老师

授课时间：2016 年 11 月 30 日

年级：高一

课堂实录整理：陈昕

一 导入

1. 以泰戈尔的《世界上最遥远的距离》引出话题"明明相爱的两个人却不能在一起"，导入今天所学的《涉江采芙蓉》，体会诗人表达的共同情感。

2. 了解《古诗十九首》，明白题目《涉江采芙蓉》的来历。

二　创作背景

以林俊杰的《三国》一歌引出东汉末年社会动荡不安，外有游子、内有思妇的社会背景。初步感受《古诗十九首》的情感基调。

师：游子在外的经历非常坎坷，所以在外经历不好的人容易干什么？

生众：思乡。

师：乡愁，是弥漫在《古诗十九首》当中的一个非常明显的主题，当时写乡愁的人比较多。而且《古诗十九首》整体的情感基调是非常忧伤的，语言是非常质朴的，所以我说，今天我们要学习的是一首简单的小情诗。刘勰在《文心雕龙》中评价这些诗为"五言之冠冕"。

三　初读正音

1. 正音："遗"（wèi）、"谁"（shuí）、"还"（huán）
2. 教师配乐范读，明确节拍。
3. 生众配乐朗读，感受作者情感变化，注意从"欢快"到"忧伤"的语速变换。
4. 学生配乐朗诵。

四　理清脉络，研读诗歌

1. 作者是通过做一件什么事情来表达情感的？目的是什么？
2. 小组合作，用优美的语言将全诗串成一段话。
3. 逐句研析，体会作者蕴含在每句中的情感。

师：第一句"涉江采芙蓉，兰泽多芳草"，描写多芳草的兰泽有什么艺术作用？

生众：衬托、强化作用，增强画面感。

师：烘托什么东西？

生众：作者采芙蓉时的心情。

师：作者为什么选择这里，而不去那些声色场所？

生1：雅洁。

师：三、四句，一问一答，在诗歌表达中有什么作用？问的是什么？

生众：采之欲遗谁？

师：你采的要送给谁呢？我想送给她，可是，所思念的人在远方。这一问一答，在诗歌的表达中做了伏笔。第一句说了采芙蓉这件美好的事情，到三、四句这里有一个情感的跌宕，诗歌讲究起承转合，也就是你们所说的起伏，刚才是"起"了，对不对？非常欢快，那么"伏"在哪？

生众：所思在远道。

师：心情特别地高涨，情绪盎然，采了芙蓉要送给她，可是突然一想，我思念的人在远方。这就是诗歌的起承转合。这两句在结构上暗转过渡，我们感觉到作者的感情从第一句采芙蓉时候的欢快，慢慢变得似乎不欢快了，似乎想到现实中他们不在一起了，对不对？

生众：对。

师：那么下文肯定要抒情了，它为抒情做了……

生众：铺垫。

师：第五、六句"还顾望旧乡，长路漫浩浩"，"还顾"这个词，你们能不能做出动作？主人公手里还拿着芙蓉。

生众：（回头做还顾状）

师：望断了他的脖颈，始终看不到。这是什么描写？

生众：动作描写。

师：回头看，说明他希望看到思念的人。他希望看到的原因是？

生众：思念。

师：思念很深，但是，"漫浩浩"，什么意思？

生众：无边无际。

师：无边无际，道阻且长。不能立刻飞到她的身边。情感有所变化，这就是所思所想，而不能在一块。"还顾"，有动作性和画面感，可以清晰地描绘出主人公在思念一个人的时候内心往往是孤独的、惆怅的。情感变了吧？他这个时候孤独惆怅，但是旧乡的路途遥遥无际，我的思念很深但回家的路很长，这个反差表达出的情感

图 4-5　临夏 H 回族中学高一学生课堂小组讨论

是什么样的？思念很深，但是路很长。比遗憾，比失落更沉重的，是痛苦。那么想她，良辰美景，像虚设一样。便纵有千种风情，更与何人说？没有诉说的人，他是痛苦的。这样就给读者留下了很大的想象空间。

师：最后两句除了表达主人公黯然痛苦的心情外，你们还能体会到什么？

生 2：痛苦、无奈、遗憾、希望相见。

师：相爱至深，山无棱，天地合，乃敢与君绝。痛苦的原因是因为虽然世界上有那么多的星辰，但是我只看到你一颗。最后两句还能让人感觉到两个人之间感情的真诚、浓厚，因为爱之深，才思之切。因爱之长久，才有终老的忧伤，这是一个感情非常深的主人公啊！

4. 分析诗歌艺术特点，体会诗歌语言的含蓄。

五　小组讨论，拓展延伸

1. 诗人真的是看到"芙蓉芳草"，才想到"所思在远道"的吗？
2. 诗中主人公是男性还是女性？

六　美读诗歌，升华情感

1. 带着作者情感，生众配乐朗诵诗歌。

2. 给大家一分钟背诵诗歌并请第一个背会的同学展示。

3. 教师配乐朗诵根据诗歌改写的小散文。

师：（配乐诵读）纵使江水溅湿了衣衫，我依然要采到这江中最美的莲。这淡雅的莲花、挺拔的枝叶，像极了你——我远在天涯的爱人。我对你的思念一天又一天，随着莲花的开落，我那等在季节里的容颜日渐凋零，却依然寻不见你那熟悉的面庞。我想，此刻的你一定也在回望故乡，朦胧中，仿佛看到你噙满了泪水的双眼。家在心间，路在眼前，隔着山山水水，遥遥无尽。我日日思念的人儿啊，怎样才能飞到你身旁，曾经沧海，蜡炬成灰，此生，若是无法执子之手，我便再也无法琴瑟和谐，只能孑然一身，孤独到老了。

七 布置作业

1. 背诵诗歌。

2. 按照自己的理解，发挥想象，用优美的、散文化的语言，将诗中两个主人公的爱情故事补充完整。

（2）弗兰德斯数据分析与结果

在"课堂结构分析表"中可以看出，教师语言在整堂课中占55.77%，与学生参与活动所占的44.23%的时间相比，仍是教师主导整个课堂。但学生参与活动时间为19.55分钟，这种情形相较于传统课堂教学来说，学生参与度算比较高了。在整堂课上，学生自发地主动发言的时间总共42秒。教师驾驭课堂的能力比较强，但也反映出学生主动性还未被充分调动起来。

从"教师对课堂的控制类别分析表"中可以看出，教师对学生的直接影响与间接影响的比率小于1，即教师语言中属于编码1—4的频次少于编码5—7的频次，说明这位教师的教学更倾向于对课堂做直接的控制。

从"教师对学生的强化类别分析表"中可知，教师对学生的积极强化与消极强化的比率大于1，说明教师的积极强化占主导。

第四章　西北地区语文课堂变革调查（二）：课堂发生了什么　153

表4-6　　　　　　　　《涉江采芙蓉》弗兰德斯数据分析

学校	上课内容	授课教师	年级	时间	记录人
临夏H回族中学	《涉江采芙蓉》	W老师	高一	2016.11	陈昕

A. 弗兰德斯互动分析矩阵表

	1	2	3	4	5	6	7	8	9	10	合计
1	0	0	0	0	0	0	0	0	0	0	0
2	0	0	0	2	1	0	0	9	1	1	14
3	0	1	15	0	0	1	0	33	0	0	50
4	0	2	14	20	32	4	0	15	1	4	92
5	0	7	8	6	205	3	2	26	10	15	282
6	0	0	2	4	7	20	0	7	1	7	48
7	0	0	0	0	1	0	4	1	0	1	7
8	0	0	8	56	16	11	0	100	0	5	196
9	0	0	0	1	12	0	0	0	1	0	14
10	0	4	2	3	9	10	1	4	0	148	181
合计	0	14	49	92	283	49	7	195	14	181	884

B. 课堂结构分析表

项目 \ 类别	时间 计算方法（3秒/次）	时间（分钟）	比率 计算方法（次数/总次数）	比率（%）
教师语言	第1—7列次数	24.65	第1—7列次数	55.77
学生有效语言	第8—9列次数	10.5	第8—9列次数	23.76
课堂小组合作	第10列次数	9.05	第10列次数	20.48
学生朗读、游戏、讨论等参与性学习	第8—10列次数	19.55	第8—10列次数	44.23

C. 教师对课堂的控制类别分析表

项目 \ 次数	直接影响（第1—4列次数）	间接影响（第5—7列次数）	直接影响与间接影响的比率（%）
次数	156	337	46.29

D. 教师对学生的强化类别分析表

项目 \ 类别	积极强化（第1—3列次数）	消极强化（第6—7列次数）	积极强化与消极强化的比率（%）
次数	64	55	116.36

（3）问题与反思

第一，教学中教师紧扣文本，各环节设计清晰合理，后一个环节总是以学生前一个环节内容为基础，环环相扣，层层递进，结构完整。

第二，教师课堂问题的设置非常具有启发性，从以上数据分析中可以看出，相较于传统课堂，学生参与度较高，显示出教师提问的有效性。

第三，教师能够根据教学内容有效地创设学习情境，比如讲到"还顾"这个词时，让学生做出相应的动作，以此让学生感受作者所要表达的感情。

第四，学生在课堂上较为活跃，体现出民主、平等的师生关系。

第五，教师自身文笔卓绝，语文专业知识扎实，字词讲解明白准确，尤其是教师下水，将古诗改写为一篇优美的现代散文，并配乐朗诵，既显示了教师自身非常良好的语文素养，又为学生课后小练笔做了很好的示范。

（4）基本建议

第一，教师提问语言的精炼准确性有待提升。教师语言总体精炼而生动，但在提问指令的精准性上略显欠缺。如教师问道："诗歌中抒情主人公表情达意的方法是什么？"学生回答"借景抒情"；显然，这并不是教师想要的答案，"你们回答得太专业了。我问了一个非常简单的问题：他通过做了一件什么事来表达思想感情的？"学生回答"采芙蓉"。教师所问的两个问题，很显然，意思是有一定差距的，所以，教师的提问应当更为精准。

第二，教师可以为学生预设更多创造性表达的机会。教师展示完自己改写的散文后，为学生留下作业："按照自己的理解，发挥想象，用优美的、散文化的语言，将诗中两个主人公的爱情故事补充完整。"这一创造性成果在本堂课上无法呈现，因此建议在下节课中为学生预设言语产品展示的机会。

（5）点评 W 老师的《涉江采芙蓉》：目中有人的"学问魅力"与专业知识引领的"赋权增能"

第四章 西北地区语文课堂变革调查（二）：课堂发生了什么

W老师的课堂是我们调研中所遇到的难得的精彩好课。她从容大方的教态、条理清晰的讲授、层层深入的教学设计乃至下课前分享她改编的现代版"涉江采芙蓉"，给学生和听课的我们都留下了深刻的印象。W老师的课堂教学非常具有"语文味"，归结起来，主要有如下几个方面。

其一，诵读教学要有抓手。

一堂好的语文课，需要培养学生的言语实践能力。而在诗歌教学中，"诵读"能力的培养无疑是关键和核心。W老师第一个课堂活动就是"诵读"。但"诵读"诗歌需要达到什么样的目标呢？W老师的诵读指导是这样的：

（学生齐声诵读全诗）

师：非常好！首先我们给两个字正音，一个是"遗"，它念wèi，另外一个字有口语和书面语的区别，即"谁"。

师：全班齐读一遍，这首诗是要求背诵的啊，读的时候要用心。（全班齐读）

师：你们觉得读得好不好？

生众：不好……没有感情……

师：我给诗配点音乐，大家听我来读。（教师范读）（学生鼓掌）

师：你们看到这首诗节拍是怎样的？请给它断一下。（师生一起断诗）

生众：二二一；二三……

师：对，是二三拍，大家可以拿出笔来画一下。那这四句当中情感有没有变化？是怎样变化的？

生1：从高兴到忧伤。

师：那转折在哪里？

生2："采之欲遗谁""还顾望故乡"。

师：既然是表达忧伤的情感，那语速应该怎么样啊？

生3：慢一点。

师：大家再一起读诗。注意情感变化和语速，跟着节拍读。

（全班配乐朗读）

师：请一个毛遂自荐的同学，把握一下情感，我给你配乐，来自己读一下。勇敢点！

（学生朗读）（鼓掌）

师：非常好，请坐！陶行知说过，国文学科是读的学科，里面有很多学问，其实读出一首诗的感情就会很快理解这首诗。

朗读或诵读对于诗歌教学的重要性，很多教师都能达成共识。但是对教学中如何提高学生的朗读能力，很多教师却未能做深入的反思。W老师恰恰从四个方面引导学生的朗读。其一是正字音。联系学过的文言文，理解"遗""谁"的字音和意义。其二是画节拍。节拍划分的意义，在于提醒学生诵读诗歌的节奏。其三是分析情感。诗歌是主情的，因此，要明确一首诗中情感的基调和变化，这是读好诗歌的情感基础。其四是注意语速。语速的缓急与诗歌情感是紧密相关的，欢快的诗句往往读得急促一些，忧伤或深情的诗句往往读得缓慢一些，因此，要根据诗句的情感变化确定诵读的语速。W老师正是从这四个方面入手，通过教师范读、学生齐读、学生单个诵读等形式，让学生由一开始的"读不好"，到最后渐入佳境，引导学生再进一步理解诗歌的内涵。

在赏析全诗之后，W老师最后的教学活动再次回到诵读上。"现在，根据分析，让我们试着更有感情地诵读这首古诗！"并设计了男女生分别诵读的活动。这既是对先前诵读教学的回应，更是对本课教学活动的情感升华和效果检验。

此外，"课前三分钟"是请学生给大家讲成语。每个学生上课前先把成语写在黑板上，然后给大家讲一讲成语故事。W老师介绍说，高考有一道成语题，复习起来量很大，因此，平时多积累一些成语，高考时复习就容易多了；而且通过平时的课前演讲，学生可以锻炼口语表达的能力和胆量。我们听课的这一天，一位女生讲的是"天道酬勤"和"暗度陈仓"的故事。

第四章 西北地区语文课堂变革调查(二):课堂发生了什么

其二,诗歌教学要有境界。

语文课堂教学的变革,需要结合不同的文本因地制宜地开展教学。从文体的角度来看,语文教学文本基本上可以分为两大类:一是文学类文本,包括诗歌、散文、小说、戏剧等;二是实用类文本,包括说明文、新闻、通讯、政论文、演讲词等。对于文学类文本,学习的重点在于不在场的"想象",文学作品往往通过一定的艺术手段,如意象、意境、叙事等,创造出艺术境界,读者需要通过阅读和想象进行再创造。这也就是姚斯等提出的"读者理论"。而对于实用类文体,其教学的重点在于根据一定的语境理解文章所传达的信息和内容,强调根据一定的目的理解语言表达的恰切性。

对于诗歌来讲,情感的表达和形式的完美统一,是教学的重点和难点。王国维讲文学的境界,诗歌教学同样要营造一定的境界。W老师的这堂课在境界营造上也用了很多策略。如她导入的方式:

> 师:印度诗人泰戈尔写过一首诗——《世界上最遥远的距离》,中间有两句:"世界上最遥远的距离,不是相隔天涯海角,而是我站在你面前,你却不知道我爱你;世界上最遥远的距离,并不是你不知道我爱你,而是明明相爱,却不能在一起。"是啊,今天我们要学习的这首古诗,讲的就是两个明明相爱的人,却不能在一起,这是一种多么怅惘伤心的境地啊!这首诗就是《涉江采芙蓉》。它出自《古诗十九首》……

诗歌是超越国界和年代的,泰戈尔的这首《世界上更遥远的距离》一下子把大家带入了诗歌的意境里,能够将这种情感迁移到对本诗的理解中来。在分析艺术境界时,教师也是着眼于"芙蓉、兰泽、芳草、长路"等意象的分析,逐步体会文中所蕴含的情感。如:

> 师:我反过来问,从哪里你们觉得意境是高洁清幽的?
> 生1:兰草。
> 师:兰泽多芳草,然后呢?他用动作,"还顾望旧乡,长路

漫浩浩"表达他的思念,这个也是第二个我说的含蓄,余味悠长。有没有找到?

生2:没有。

师:那你们有没有感觉到他真挚的情感?

生3:有。

此外,在临下课,学生刚刚当堂背诵了全诗后,W老师为学生呈现了她改写的散文。

师:我把这首诗改写成了一篇小散文,我给大家读一下。(配乐诵读)纵使江水溅湿了衣衫,我依然要采到这江中最美的莲。这淡雅的莲花、挺拔的枝叶,像极了你——我远在天涯的爱人。我对你的思念一天又一天,随着莲花的开落,我那等在季节里的容颜日渐凋零,却依然寻不见你那熟悉的面庞。我想,此刻的你一定也在回望故乡,朦胧中,仿佛看到你噙满了泪水的双眼。家在心间,路在眼前,隔着山山水水,遥遥无尽。我日日思念的人儿啊,怎样才能飞到你身旁,曾经沧海,蜡炬成灰,此生,若是无法执子之手,我便再也无法琴瑟和鸣,只能孑然一身,孤独到老了。

生众:(鼓掌)

这一段配乐朗诵,将这篇深情的古诗进行了极致的现代版的阐释,让学生再次沉浸在审美的情感当中。我们讲,语文教学的有效性有四条基本判断标志,其中之一就是"有审美情感的体验活动",在W老师的课堂教学当中,我们的审美体验可谓俯拾即是。不但有老师引导下的审美体验,而且有学生们的审美实践。如一开始诵读时学生的配乐朗诵;最后的全班配乐诵读等。语文诗歌教学要有境界,主要是指一种审美境界,审美境界的达成,一方面需要借助一定的形式,如音乐、诵读等;另一方面则需要品味语言和意境,所谓知之深,爱之切,当诗歌教学达到一定的境界之后,就能将情感熏陶、言语训练的教学目标融二为一了。

其三，小组讨论要有产品。

在本次调研当中，语文课堂上小组合作学习的状况并不是太普遍。但W老师的课堂有好几次小组讨论。第一次是在诵读之后，小组探究，将古诗翻译为现代文。

师：送给他亲爱的人，原诗中的话就是送给"同心"的人。前后桌转过去，直译、意译都可以，语言优美更好，把全诗的意思串一下，没有一个难的字词，就"还顾"可能难点，"顾"在这里是什么意思？在《狼》当中学过，是吧？

生：回头看。

师：串一下意思。（小组讨论）（三分钟）

第二次是在"讨论并探究"环节，老师出示了两道题目。一是诗人真是看到芙蓉芳草才想到"所思在远道"的吗？如果不是，诗人为什么要这样写？二是本文的抒情主人公是男性还是女性？

那么，如何评价小组讨论的有效性？笔者认为：在新课程改革的课堂上，既存在着"表面热闹"的形式改革，也存在着"内涵丰富"的传统讲授。而无论何种形式的课堂，教师严谨的专业知识引领，往往会激发学生的学习兴趣和内在思考，从而实现"润泽"的课堂。因此，评价一堂好课的标准应该从教学的深层内涵入手，衡量的关键是看教学活动当中是否形成了师生对专业知识的深入探究，是否有意义的流淌和价值的生成。[①]

因此，看小组讨论是不是有效的最便捷的方式，就要看小组合作后，学生是否有言语产品。对于语文教学来讲，所谓"产品"，就是学生"听、读、说、写"的言语表达。透过学生的言语产品，可以衡量课堂小组讨论的成效。

---

① 赵晓霞：《学问魅力与赋权增能：论语文教师的专业素养》，《中国教育学刊》2014年第10期。

从 W 老师的课堂来看，对于第一次讨论，其言语产品无疑是学生翻译的现代文。W 老师请两组学生就其讨论的结果进行了汇报，并就其中的问题进行了点评。

对于第二次讨论，问题的难度系数明显大于第一次。学生们在讨论第二个问题时发生了意见分歧。有的学生认为作者是男性，有的则认为是女性。为了解决这个问题，学生们提出了他们的论据。

师：认为是男性的同学，谁说一下，理由何在？
生 1：送花的肯定是男性。
师：你是拿常态去判断。有没有认为是女性的，对他反驳一下。
生 2：女主人公在看到荷花的时候想起两个人在一起的时光，由一些花想起曾经的一些往事。
师：你觉得看到花产生多愁善感思绪的应该是女子。
生 3：可能以前有一个男的采了芙蓉送给她，那个芙蓉又勾起了她的回忆。
师：见到相似的场景，想起的是曾经。
生 4：我觉得是男的，因为在那个时代，不会有女的"涉水去采"。
师：说不定她坐船呢？
生 5：我觉得是男的，因为主人公不在他的故乡。
师：当时东汉末年士子为了取得功名，多半离家出走，上京师，去太学，拜谒州郡门下，这么说，很大一部分人觉得是男的，也有人觉得是在外的男子模拟女性的口吻写的，还有一种说法就是，有人认为"芙蓉"二字带有谐音"夫容"，即丈夫的面容，可能是女子。所以这个没有定论，关键是你要言之有理。

从中我们看到，学生由一开始从"送花的是男性"的常识性判断，到从文字的"多愁善感"推测为"女性"，再联系时代反思女性不会"涉水"而推测为男性，又从文中"还顾望故乡，长路漫浩浩"

提出女子不大可能背井离乡，从而推测为男性……学生们在讨论当中，不断提出新的论据和思路，从表面的常识性判断，到回到文本细读进行推测，培养了学生创造性思维的能力。

说到底，在新课程实施当中，中小学课堂由原先教师的"满堂灌"到现今的"不作为"，都是对教学本质的一种误解。课程改革的有效实施离不开教师素养的提高，而教师素养应具有"学问魅力"和"赋权增能"两个方面的特征，二者犹如一枚硬币的两面，相辅相成、不可偏废。应倡导教师"目中有人"的"学问魅力"，形成以教师专业知识引领的"赋权增能"。

3. 《蜀相》课堂实录与分析

（1）课堂实录

授课教师：临夏和政 H 中学 M 老师

授课时间：2016 年 11 月 30 日

年级：高二

课堂实录整理：陈昕

一 课前活动

1. 背诵课文：《一剪梅》。

二 进入文本——《蜀相》

（一）导入

一千个读者就有一千个哈姆雷特，我们来看看杜甫眼中的诸葛亮。

（二）初读正音

1. 诵读提示：请同学们诵读前先参考"诵读提示"。

2. 生众自由诵读。

3. 教师点名让学生读。用字典查字，纠正读音——柏（bǎi）。

4. 生众齐读。

（三）研读诗歌

1. 详解首联、颔联：

师：杜甫在写诸葛亮的什么？前两联写了哪些意象？

生1：祠堂、锦官城、柏、碧草、黄鹂。

师：这些意象营造了怎么样的意境？

生2：表现了对诸葛亮的敬佩。

师：大家看一看，这两联是怎么表现对诸葛亮的敬佩的？是从哪里看出来的？

生3：……

师：我们一起来看：丞相祠堂何处寻，锦官城外柏森森。成都为什么叫锦官城？"锦"是什么意思？

生众：丝绸。

师：把成都城叫锦城肯定跟"锦"字有关，成都生产丝绸，所以叫锦官城；再来看：柏森森怎么理解？杜甫为什么用"柏森森"？为什么没用"柳森森""杨森森"？

生众：气节、敬佩。

生4：柏树表达了一种敬佩。

师：请坐，柏树跟敬佩之间有什么联系？对，有同学说：岁寒，然后知松柏之后凋也。表现了松柏的气节，杜甫用松柏也表现了诸葛亮的气节，生发了对诸葛亮的敬佩之情。

师：映阶碧草自春色，隔叶黄鹂空好音。如果把"自""空"换成"尽""皆"，表达效果有什么不同？碧草映着台阶都是春天的色彩，隔叶的黄鹂唱的都是好听的声音。跟"自春色、空好音"有没有不同？

生5：（思考）……

师：我们要看换得好不好，首先看意思：自是什么意思？

生6：自成一片春色。

师：有没有其他的？杜甫来到诸葛亮的祠堂前，看到一片荒凉，他的心情如何？这里需要补充一个背景：写这首诗时，杜甫结束了在秦州的游历，来到了蜀州，在朋友的资助下，定居成都，也就是草堂。第二年来看丞相祠堂，写下了这首诗。杜甫一生怎么样？

生众：颠沛流离。

师：颠沛流离，对，这个词用得好。颠沛流离的一个人，在朋友的帮助下，终于住下来了，去祭拜诸葛亮，那么大家结合他的志向、抱负等去分析这两个字。先理解一下"空"，"空"是什么意思？白白的，隔叶黄鹂空好音，隔着叶子的黄鹂白白地唱着好听的歌。为什么用白白的？用"空"字啊？无人欣赏，嗯，这个字用得好。为什么无人欣赏？

生众：（思考）……

师：按理来说，丞相武侯祠谁先欣赏？

生众：诸葛亮。

师：对，诸葛亮。那诸葛亮人呢？为什么而死？

生众：为国事而死。

师：无心欣赏这一点很好，首先诸葛亮不在了，对吧？再一个，我给大家一个思路：无心欣赏。无心欣赏的人是谁啊？

生众：杜甫。

师：杜甫为什么无心欣赏？

生众：（思考）……

师：这就跟他自身的遭际有关系了，所以，映阶碧草自春色，看到春天的草，碧绿碧绿的，"自"的意思是自顾自地欣赏。隔叶黄鹂空好音，黄鹂的声音虽然好听，但是无人欣赏也无心欣赏，那么这样的话，这个意境是什么样子的？

生众：悲凉。

师：有点悲凉，为什么悲凉？因何悲凉？

生众：因诸葛亮。

师：诸葛亮已经不在了。再一个呢？

生众：自己的遭遇。

2. 详解颈联。

师：杜甫自身的遭际：一生漂泊、颠沛流离。所以，前两联是在写景，写的是诸葛武侯祠之景。那么写这个武侯祠，最终是要表现什么呢？就是要写诸葛亮这个人，所以我们接下来看："三顾频烦天下计，两朝开济老臣心"怎么理解？

生7：刘备为了天下大事，三顾茅庐，问计于诸葛亮，诸葛亮辅佐刘备开创基业，然后辅佐刘禅，体现了他的忠心。

师：好，请坐。我们一起来总结一下：现在不要只局限于这首诗，很多人不是看过《三国演义》吗？那诸葛亮到底干了些什么事？他的丰功伟绩有哪些？

生众：六出祁山；七擒孟获，平定西南；火烧赤壁；舌战群儒，联吴抗曹。

师：那我们再来看本诗"三顾频烦天下计"。首先，刘备为了请他出山，三顾茅庐，他在茅庐中给刘备出对策，这是我们初中学过的《隆中对》，他定计天下。接下来再看"两朝开济老臣心"："两朝"是什么意思？

生众：指刘备朝和刘禅朝。

师：对，是指刘备和他儿子刘禅这两朝。那"开"和"济"分别指的是什么？

生众：开，指辅佐刘备开创基业；济，指辅助刘禅。

师：嗯，对，其实诸葛亮的丰功伟绩还有很多，我们就先总结到这里。

3. 详解尾联。

师：最后一句"出师未捷身先死，长使英雄泪满襟"什么意思？

生众：出师还没有胜利，就已经去世了，常常使后来的英雄眼泪沾满衣襟。

师：那么这两句中，英雄指的是哪些人？

生众：指为国家奉献的人。

师：指为国家鞠躬尽瘁死而后已的英雄人物。那诸葛亮最终功业完成了没有？

生众：没有。

师：壮志未酬，含恨而终。"恨"相当于《长恨歌》中的意思。

生众：遗憾。

师：对，诸葛亮带着遗憾离开了。那么，是不是还缺了一个人？谁呢？

生众：杜甫。

师：对，杜甫觉得自己也是这样的英雄人物，他年轻时候也一腔热血，想报效国家，结果一生壮志难酬、颠沛流离。那么第二个问题是，后面两联包含着作者怎么样的感情？杜甫对诸葛亮有着什么样的感情？

生众：敬仰、赞美。

师：从哪里看出来的？咱们要有理有据。（众生思考）杜甫对诸葛亮有什么样的感情，或者是态度？

生众：敬仰、赞美、惋惜。

师：敬仰、赞美之情，大家是从哪里看出来的？

生众：三顾频烦天下计，两朝开济老臣心。

师：看，诸葛亮做了这么多事情：定计天下，六出祁山；平定西南；联吴抗曹，确实能表现他的敬仰之情。那惋惜又从哪里看出来的？

生众：出师未捷身先死，长使英雄泪满襟。

师：像杜甫这样的人，尤其跟诸葛亮一比，他就感觉到……大家来比较一下他们两个做的事情？

生众：（思考）

师：首先，诸葛亮得到了刘备的重用，辅佐了两个皇帝，虽然最终壮志未酬，但是得到了重用，那么，杜甫呢？

生众：没有得到重用。

师：他从始至终就没有得到重用，一生都处于漂泊的状态。所以，这两个人有很多的相似点，大家下课后可以分析一下。

（四）总结主旨

师：最后，我们来总结一下《蜀相》的主旨。杜甫借诸葛亮的英雄事迹和祠堂要表现的是什么？

生众：对社会现实和自身遭遇的感慨。

师：对自身际遇的感慨，我们刚才都说了，那么解释一下，怎么是对社会现实的感慨呢？

生众：（思考）

师：可以联想一下我们学过的《长恨歌》，感慨什么样的社会现实？

　　生众：任人唯亲……

　　师：杜甫为什么要漂泊呢？

　　生众：因为安史之乱。

　　师：对，安史之乱，经过很多年战争，社会不安定，只能到处漂泊。所以，一定要记住，既然说出来了，就要自圆其说，你说社会现实怎么样，一定要联系背景。好，这节课需要给大家说得就这么多，再看一下，哪些还不明白的可以提问。

　　生众：（沉默）

　　师：没有了就读一读。

　　（学生背诵全诗、师生齐背全诗）

　　师：大家没问题了，我最后还有一个问题：此诗写诗人在诸葛祠悼古，但题为《蜀相》，而非《诸葛祠》有何深意？

　　众生：（思考）

　　生：杜甫写这首诗不仅是为了表现诸葛亮的丰功伟绩。

　　师：说得很好。这首诗作者不仅表达了对诸葛亮的感情，同时也表达了自己的内心情感。

　　三　作业布置

　　你们自己在作业本上组织一下："自"和"空"用得好，为什么好？换成"尽"和"皆"又是什么意思？

　　（2）弗兰德斯数据分析与结果

　　通过"课堂结构分析表"可以看出，整个课堂上学生活动共22.10分钟，占整堂课的42.22%；教师语言共30.25分钟，占整堂课的57.78%；在学生活动中，课堂小组合作的时间为5.75分钟，占整个课堂的10.98%，学生有效语言的时间为16.35分钟，占整节课的31.23%。数据显示，这堂课以学生活动为主，教师充分发挥主导作用。本节课中的第10类语言行为并非学生讨论，而是以沉默思考和教师板书为主；第8、9类语言行为并非都是学生就教师提问发表自己的观点，还有部分是齐读课文和全班简短的回答，学生个人就某

表 4-7　　　　　　　　《蜀相》弗兰德斯数据分析

学校	上课内容	授课教师	班级	时间	记录人
临夏和政 H 中学	《蜀相》	M 老师	高二	2016.11	陈昕

A. 弗兰德斯互动分析矩阵表

	1	2	3	4	5	6	7	8	9	10	合计
1	0	0	0	0	0	0	0	0	0	0	0
2	0	1	3	0	3	0	0	8	3	2	20
3	0	3	4	2	1	0	0	43	4	0	57
4	0	3	11	28	65	4	0	21	2	17	151
5	0	6	20	8	184	8	0	42	16	31	315
6	0	2	2	2	6	21	0	14	0	15	62
7	0	0	0	0	0	0	0	0	0	0	0
8	0	1	7	94	6	14	0	159	0	11	292
9	0	0	3	0	23	1	0	7	1	0	35
10	0	3	7	17	25	17	0	6	3	37	115
合计	0	19	57	151	313	65	0	293	35	114	1047

B. 课堂结构分析表

项目＼类别	时间 计算方法（3 秒/次）	时间（分钟）	比率 计算方法（次数/总次数）	比率（%）
教师语言	第 1—7 列次数	30.25	第 1—7 列次数	57.78
学生有效语言	第 8—9 列次数	16.35	第 8—9 列次数	31.23
课堂小组合作	第 10 列次数	5.75	第第 10 列次数	10.98
学生朗读、游戏、讨论等参与性学习	第 8—10 列次数	22.10	第 8—10 列次数	42.22

C. 教师对课堂的控制类别分析表

项目＼次数	直接影响（第 1—4 列次数）	间接影响（第 5—7 列次数）	直接影响与间接影响的比率（%）
次数	228	377	60.48

D. 教师对学生的强化类别分析表

项目＼类别	积极强化（第 1—3 列次数）	消极强化（第 6—7 列次数）	积极强化与消极强化的比率（%）
次数	77	62	124.19

个问题发表自己观点的情况很少。整堂课上学生主动发言次数略少，累计105秒，即1分45秒。教师语言以讲解和指令为主，占主导地位，说明教师对课堂的控制力比较强，学生参与度低，多为机械学习，学生在这堂课上的生成非常有限。

从"教师对课堂的控制类别分析表"中可以看出，教师对学生的直接影响与间接影响的比率小于1，即教师语言中属于编码1—4的频次少于编码5—7的频次，说明这位教师的教学较倾向于对课堂和学生做间接的控制。在直接影响中，没有第一类语言行为。

从"教师对学生的强化类别分析表"中可知，教师对学生的积极强化与消极强化的比率大于1，说明教师的积极强化占主导。在整堂课中，教师的第1类和第7类语言行为未出现，积极强化的次数来自于第2类和第3类语言行为，分别为20次和57次；消极强化的次数都是第6类语言行为。

（3）问题与反思

第一，上课伊始，教师采用"三读"的教学设计。学生先自由朗读，然后教师点名学生读，最后全班齐读。让学生在深入学习文本前首先熟悉文本，因为只有在熟悉文本的基础上，学生才能跟上教学进程，进行进一步思考。

第二，运用查字典的方法。很多教师认为"查字典"是小学低年级的学习方法，但高中二年级的M老师仍然让学生随身带着字典，遇到不确定的字词就查字典解决，对巩固学生字词理解很有用。比如"柏"字，通过查字典，不但培养了学生自己解决问题的习惯和能力，而且培养了学生严谨的学习态度，通过强化记忆，记住了容易混淆的"柏（bǎi）"的读音。

第三，"这句话'哪里'来的？咱们要有理有据。""那惋惜又从哪里看出来的？""既然说出来了，就要自圆其说。"M老师非常注重对学生逻辑思维的培养，在提问中不断追问学生观点的依据，从浅层阅读走向深度理解。

第四，教师对"锦官城"的讲解新颖独特，学生容易记忆。

第五，作业布置是对上课期间探讨问题的延续。M老师及时把握住学生课堂上所存在的问题,通过课后作业的形式促进他们继续思考并表达这一做法,值得赞赏和借鉴。

(4) 基本建议

其一,教师语文素养高,但学生活动设计难度偏大,学生回应不足。

这是一节比较成功的常态课,教师教学设计、问题设置都显示了教师对教学内容的精确把握和理解。但在课堂上,学生却没有较为积极的回应,整堂课上学生发言较少。因此,值得我们反思的是教师是否充分关注到了学生的学情问题。教师讲得再好,如果不能使之转化为学生的言语产品,促进学生审美情感、思维过程的发展,那么,其有效性是需要我们不断反思的。

其二,教师讲授的内容过多。

教师在教学内容的选择上不够精练,因为一堂课如果面面俱到地讲,往往难以突出重点和难点。如抓住一条情感线索,或者从某一个知识点切入,然后针对学生的学情做一定的拓展延伸,为学生提供更多的言语产品分享时间,将更具有对话性的课堂特点。

其三,教师对教学时间的把握有待改进。

本堂课上教师对课堂时间的把握有待改进,前面大半部分教学环节多,时间紧促,导致学生紧张,致使提早地结束了教学内容。因为下课时间未到,教师又补充了问题:此诗写诗人在诸葛祠悼古,但题为"蜀相",而非"诸葛祠"有何深意?倘若教师在前面讲授时顾及学生的反应,那么完全可以将这一思考题嵌入背诵课文这一环节之前,从而既使教学过程更加完整、更加合理,又使学生在讨论中理清线索,生成一些他们自己的理解,真正有所得。

4.《一剪梅》课堂实录与分析

(1) 课堂实录

授课教师:东乡县 D 中学 G 老师

授课时间:2016 年 11 月 30 日

年级:高二

课堂实录整理:卢敏

一 课外知识巩固

师：我们来看几位著名的"居士"，白居易是什么"居士"？

生众：香山居士。

师：苏轼呢？

生众：东坡居士。

师：欧阳修呢？

生众：六一居士。

师：我们今天再来学习一位居士之作，不过她是一位女性，是一位因为失去了春天而柔肠寸断的女子，她就是李清照。今天学习她的《一剪梅》，一同来感受一下这位词人的内心世界。

二 呈现教学目标

师：根据高考大纲对诗词鉴赏的考点规定，我将本节课的学习目标制定如下：

1. 知人论世，诵读品味。
2. 学习诗歌通过意象、炼字精确表现情感的写法。
3. 把握并运用鉴赏诗歌的方法。

三 走入文本——《一剪梅》

（一）新课导入

师：同学们在初中的时候学过李清照的什么作品？

生众：《醉花阴》《声声慢》。

师：还有"风住尘香花已尽，日晚倦梳头"的《武陵春》。关于作者李清照，她是宋代著名的女词人，号易安居士，是婉约词派的代表作家。李清照的作品以南渡为界，分为前期和后期。前期作品写的是天真烂漫的少女时代和极尽相思之苦的思夫情结。她的作品多是写思夫情结的，在诗歌题材中属于闺怨诗。后期作品主要是抒发怀乡悼亡的情怀，国破家亡使得作者到处流浪，产生了上述情怀。今天学的《一剪梅》是作者前期的代表作。请同学们先听一下课文朗读。在听的过程中，一要注意字音，二要找出这首词中的传神之笔。（诗歌朗读）

这里面有一个字需要大家注意下,"轻解罗裳"的"裳"应读"cháng"。古代的衣服,上身为衣,下身为裙子,称作"裳"。接下来请同学们找一找这首词的词眼是哪个字?

生众:愁。

师:既然是愁,那么我们在朗读的过程中,它的情感应该是悲伤、凄凉、低沉的。请同学们齐读这首词,读的时候注意情感基调。(齐读课文)

(二)文本赏析

师:这首词的词眼是愁,作者因何而愁?作者愁什么呢?我们进入文本赏析。先看首句,作者提供了什么信息?

生众:时间。

师:时间是在秋天,准确地说是在荷花飘零凋落的秋天。同时这句话也给我们营造了一个环境,我们在诗词鉴赏中经常说,当秋涌上心头之时便成了愁。深秋时节,丈夫离家外出,她心中的离愁别绪也在这特定时节油然而生。因此,她眼前的景是一种残景。可以看出,这句话不仅在写景,交代了时间,同时它也有一定的氛围和营造了一定的喻义。我们再看这句的意象。

生众:红藕、玉簟。

师:红藕是红色的荷花。很多作品中都将美丽的女子比成花,比如《武陵春》里"风住尘香花已尽,日晚倦梳头",风停了,花飘零凋落,女子的容颜日渐衰老,在很晚的时候才梳洗打扮。现代诗人郑愁予有首诗《错误》,开头是"我打江南走过,那等在季节里的容颜如莲花的开落",同样是将女子比成花。不光文学作品里有,歌词里也有,比如《卓玛》:"你有一个花的名字,美丽姑娘卓玛拉;你有一个花的笑容,美丽姑娘卓玛拉。"红藕香残是作者从视觉、嗅觉的角度,以客观景物描绘了秋天。后面的玉簟,竹席清凉,是通过触觉,以主观的角度传达了秋天的意境。短短七个字,将主观与客观、情与景融合在一起,这绝非凡人能做到的。我们再往下看。李清照本因丈夫外出而内心悲凉愁苦,如今面对这残景,怎能不触景生情,加重思念呢!人一旦受到愁苦的煎熬,就会想尽办法消愁。李清照也是如此，那么作者是以什么方式消愁的呢？

生众：轻解罗裳，独上兰舟。

师：轻轻地解开丝绸做的裙子，独自划船外出。这里面"轻"和"独"用得非常好，这就是诗词鉴赏里面的炼字。现在思考一下，"轻"怎么理解，它的本意是什么？

生众：慢慢地、轻轻地。

师：对，轻手轻脚，表达了女词人的小心，也表达了这位少妇内心的几分羞涩。与外出之时，无人搀扶相照应。李清照不像李白那样高歌一曲，而是选择了自己独有的方式，划船外出来消愁。不管哪种方式，这种消愁方式的结果只会是愁更愁。我们可以做一个设想，词人之所以选择这种方式，可能是词人过去与丈夫双双泛舟出游，而如今只是一个人，眼前的景象使词人更加思念远方的丈夫。于是写到了什么？

生众：云中谁寄锦书来。雁字回时，月满西楼。

师：书怎么理解？

生众：书信。

师：传递家书的使者又是谁？

生众：大雁。

师：作者在这里用了一个典故，是什么？

生众：鸿雁传书。

师：运用鸿雁传书的典故将内心的愁苦真实形象具体地表达出来。这句话里，哪句在写景？

生众：月满西楼。

师：我们可以做一个想象，明月洒满了楼头，这是一个美好的夜晚，但在这美好夜晚的背后却隐藏着无数伤心的泪水。诗歌在于想象、联想，我们可以想一下，在这深秋的夜晚，我们的女词人在楼头长久地站立，望穿了秋水，熬白了青丝，抬头望月，有了鸿雁传书的遐想，只可惜明月已满，人却未归。这种等待无非就像温庭筠《望江南》"过尽千帆皆不是，斜晖脉脉水悠悠"中所写的一样，这种等待就是徒劳无望的等待。这句中作者用了什么意象？

生众：月、雁、西楼。

师：我们发现这些意象都是思乡怀人诗中常见的，用来表明一种相思之情。而我们的词人在这无数的等待中，唯有"花自飘零水自流"的深沉哀叹。我们可以看出，词人的内心世界没有人了解。在这自然现象的变化之中，词人的青春也在慢慢地流逝，所谓女为悦己者容也失去了它应有的意义和色彩。但李清照毕竟不同于一般的女子，可以看出这句中作者运用了花和水的意象。落花往往表明飘落的人生，流水往往表明时光易逝，也表示绵绵不断的愁，这两个意象充分表达了词人内心无可奈何的伤痛。李清照并没有将内心的伤痛归咎于与心爱之人的离别，而是由此想到了远方的丈夫也在想念自己，于是有了……

生众：一种相思，两处闲愁。

师：如果要找一句充分体现夫妻二人感情的句子，非这句莫属，可以看出他们两头恩爱，心心相印，从而表达了她和丈夫的感情、爱情，他们同时也是相互理解的。这与我们以往学的思夫怨妇诗明显不同。以前学的思夫怨妇诗都是单方面的思念，但是词人李清照在这里写出了双方的思念。那么李清照内心的闲愁到底达到了什么程度？

生众：此情无计可消除，才下眉头，却上心头。

师：这种情是无法消除掉的，"才下眉头"，是将作者的闲愁外露于外面，"却上心头"是将闲愁隐藏于内心深处。"才下""却上"将作者的闲愁由外露转为内心。将愁藏在了内心深处，可见愁之深。这个短暂的起伏变化，将作者李清照那连绵不绝的愁思淋漓尽致地表现出来。与《相见欢》里"剪不断，理还乱"有异曲同工之妙。这首词堪称千古绝唱。

（欣赏歌曲《一剪梅》）

（三）总结

师：诗歌学完了，我们进行一个小结。诗歌分为上下两片，上片写的是女子的独居生活，下片重在抒情，抒发相思、孤独、寂寞之情。作者是用什么表现手法来抒发这些愁苦之情的？

生众：情景交融。

师：哪一句是情景交融？

生众：红藕香残玉簟秋、月满西楼。

师：也可以说是寓情于景。那么词中"一种相思，两处闲愁"用了什么表现手法？

生众：直抒胸臆。

师：作者在词中用了直抒胸臆和情景交融两种表现手法来表达相思之情。接下来我们做一个课堂延伸，自古以来，有很多男子饱含一腔热血，离开家乡；也有很多人为求取功名而只能远行千里。作为家中的妻子，为了丈夫有一个很好的前途，不得不忍痛割爱，独守空房，这就是女子的牺牲，为今后幸福生活的牺牲。那么，幸福是什么？通俗点讲，一亩田，两头牛，老婆孩子热炕头，也是一种幸福。李清照在经历一生的愁苦相思之后，对幸福也有了新的诠释，就是"贵得适意尔"，"尔"是文言文语言的第几人称代词？

生众：……

师："尔"是第二人称代词，表示"你"，适合你心意的生活方式就是幸福。李清照经历了长相厮守、痛苦愁思之后，她觉得只要与心爱之人在一起，游山玩水，就是幸福。李清照之所以选择泛舟游湖，就是对以前美好生活的怀念。幸福不是可以用数字来衡量的，它是一种感觉。

四 布置作业

师：第一，背诵并积累诗中有关"愁"的名句；第二，请你以"幸福"为题，写一篇作文，字数800字左右，不得抄袭，诗歌除外。

五 诗歌朗诵

师：接下来，大家再富有感情地将诗歌读一遍。（齐读诗歌）

师：这首诗传达的是相思之苦，找一位女生来读一下。（女生朗读）

师：读得很好，就是语速太快，再找一位同学读一下。（男生朗读）

师：很好，鼓掌。课下请同学们有感情地朗读这首诗并背诵。下课！

（2）弗兰德斯数据分析与结果

表4-8　《一剪梅》弗兰德斯数据分析

学校	上课内容	授课教师	年级	时间	记录人
东乡县D中学	《一剪梅》	G老师	高二	2016.11	卢敏

A. 弗兰德斯互动分析矩阵表

	1	2	3	4	5	6	7	8	9	10	合计
1	0	0	0	0	0	0	0	0	0	0	0
2	0	0	0	0	0	2	0	0	0	0	2
3	0	0	1	4	6	7	0	0	0	0	18
4	0	0	1	7	0	18	0	87	1	5	119
5	0	0	0	29	115	11	0	0	28	2	185
6	0	0	0	47	17	225	0	11	29	11	340
7	0	0	0	0	0	0	0	0	0	0	0
8	0	2	13	20	18	46	0	44	0	1	144
9	0	0	3	8	26	20	0	0	1	1	59
10	0	0	0	4	3	11	0	2	0	126	146
合计	0	2	18	119	185	340	0	144	59	146	1013

B. 课堂结构分析表

项目＼类别	时间 计算方法（3秒/次）	时间（分钟）	比率 计算方法（次数/总次数）	比率（%）
教师语言	第1—7列次数	33.2	第1—7列次数	65.55
学生有效语言	第8—9列次数	10.15	第8—9列次数	20.04
课堂小组合作	第10列次数	7.3	第10列次数	14.41
学生朗读、游戏、讨论等参与性学习	第8—10列次数	17.45	第8—10列次数	34.45

C. 教师对课堂的控制类别分析表

项目＼次数	直接影响（第1—4列次数）	间接影响（第5—7列次数）	直接影响与间接影响的比率（%）
次数	139	525	26.48

D. 教师对学生的强化类别分析表

项目＼类别	积极强化（第1—3列次数）	消极强化（第6—7列次数）	积极强化与消极强化的比率（%）
次数	20	340	5.88

从"课堂结构分析表"中可以看出,《一剪梅》整堂课以教师的讲授为主,教师语言所用时间达到了 33.2 分钟,占整个课堂的 65.55%。学生回答问题或参与的时间为 17.45 分钟,占整个课堂的 34.45%。其中学生主动参与学习、回答问题的时间为 10.15 分钟,占整个课堂的 20.04%;学生进行小组讨论的时间为 7.3 分钟,占整节课的 14.41%。总体来看,教师的主导性较强,对学生的赞赏与接受较少,为 20 次,共计 1 分钟;学生主动发言的时间少,累计 2.95 分钟。可见教师对于课堂的把控能力比较强,也反映出学生参与的时间较少。

从"教师对课堂的控制类别分析表"中可以看出,教师对学生的间接影响与直接影响的比率小于 1,即教师语言中属于编码 1—4 的频次少于编码 5—7 的频次,说明这位教师的教学更倾向于对课堂做直接的控制。

从"教师对学生的强化类别分析表"中可知,教师对学生的积极强化与消极强化比率小于 1,说明这堂课中教师的消极强化占主导。

(3) 问题与反思

第一,本堂课上 G 老师用其很高水平的诗词鉴赏能力和水平,在课堂上为学生深入地剖析了诗词的内在意蕴,有着非常明确清晰的教学目标,整个教学活动也基本上是在目标的指导下展开的。

第二,作业有两项,其中之一是以"幸福"为题写 800 字左右的作文。从内容来看,本词主要是写相思之苦,与"幸福"主题还是有偏差的。从形式来看,从诗词阅读教学到写作,这样的"读写结合"跨度较大。教师可以尝试先让学生将词进行改编、改写成散文,或小故事,或读后感等,这样在内容和形式上使得"读写"结合得更为密切。

第三,本节课的一个亮点是教师引入现代歌曲《一剪梅》,为学生营造出诗词的相思、感伤的氛围。但歌唱的艺术形式毕竟与语文学习还是有一定距离的,因此建议教师在歌唱之余,还要设计更多的形式让学生在朗读、涵泳中体会诗词的意境和内涵,进而增加更多的语文趣味和特点。

(4) 基本建议

第一，教师出示了教学目标，但每一个环节的落实还需进一步推敲。

教师在讲课之前出示了本节课的教学目标，整堂课也是围绕教学目标来展开的。"授之以鱼不如授之以渔"，通过学习鉴赏一首词，教会学生鉴赏一类词的方法。本词赏析主要围绕相思之愁来展开，利用意象和练字的方法来进行。在教学中，教师也对诵读提出了要求，诗词诵读要注意节奏的划分，首先是听录音朗读，然后是学生集体朗读，但教师并没有做出评价。诵读是诗词鉴赏的基础，同时也是语文学习中应该着重培养的一种能力。

第二，课堂参与度不高，教师对学生"学的活动"关注明显不够。

学生参与度不高，在教师提问后基本上是学生随声附和，都是一些简单的回答，比如，教师问"红藕香残玉簟秋"中有什么意象？都是集体回答，而且很多问题都是在教师的引导下完成的，教师很少创设学生独立探究并回答的学习活动。因此，学生对整首词的解读也不够深入，在整堂课上，教师以讲授为主。课堂教学变革需要教师从知识的传授者向引导者转变，要让学生成为学习的主体，不仅仅是倾听者，更应该是参与者、合作者。

(三)《离骚》教学评析

1. 学校及教师情况

执教《离骚》的两位老师分别来自于临夏和政 H 中学和甘南合作 Z 藏族中学。

和政 H 中学位于甘肃省临夏回族自治州，该校回族学生占 1/3。调研组到达学校时正值隆冬，和政 H 中学 L 老师为我们调研安排好了相关的活动，调研得到学校师生的积极配合。调研组在和政 H 中学听取了高一、高二和高三的课程，并且对部分师生展开了访谈。

甘南合作 Z 藏族中学位于甘肃省甘南藏族自治州州政府所在地。该校是一所以藏为主的寄宿制完全中学。现有 24 个教学班，2000 余名在校学生。调研组工作的顺利开展,得益于学校 GB 老师的大力支持和帮助。

这两所学校在背景上有着很大的不同,一所是以藏为主的中学,一所是回族学生占很大比例的普通中学。合作 Z 藏族中学是以藏为主的模式,仅开设汉语文课程,而和政 H 中学无论是回族还是汉族,其教学语言都是汉语。

和政 H 中学执教《离骚》的 L 老师是一位骨干教师,汉族,有着 20 余年的教学经验,对高中语文有较深的理解与认识。早年有教育随想录《清晨的钟声》出版。L 老师多年来本着对教育的一腔热忱,对教育中的现象和问题敢于批判,敢于发表自己的看法。执教《离骚》的 M 老师是一位藏族老师,对藏区的生活环境非常熟悉,不但精通汉语,而且精通藏语,对教学也很有热情。

从讲授内容上看,两篇文章都是《离骚》,教材节选内容都是从"长太息以掩涕兮,哀民生之多艰"到"虽体解吾犹未变兮,岂余心之可惩"。

2.《离骚》(1)课堂实录与分析

(1)课堂实录

授课教师:和政 H 中学 L 老师

授课时间:2016 年 12 月 1 日

年级:高一

课堂实录整理:李海义

一 提问导入

师:昨天学习了《离骚》的第一段,这篇文章比较难,再来读一遍。(学生读课文)提几个词语,看掌握得怎么样?"偭规矩而改错"中"偭""错"作何解释?

生 1:背向,通"措"措施。

师:很好。"忳郁邑余侘傺兮"中"郁邑"与"侘傺"作何解释?

生 2:忧愁苦闷;孤独彷徨。

师:"郁"与"邑"都是忧愁苦闷,"忧愁苦闷啊忧愁苦闷啊"就是非常苦闷。"吾独穷困乎此时也"中"穷困"是什么意思?

生3:人生道路不顺;走投无路。

师:可见古今差异很大啊,很好。"宁溘死以流亡兮"中"亡"是指消逝。

二 讲解课文

1. 承接上文

师:第一段分四节,前三节讲了作者的遭遇。他的遭遇不好,但并不是他的责任:"余虽好修姱以鞿羁兮,謇朝谇而夕替",早上觐见晚上就被贬,因为君主是个昏君。但屈原"亦余心之所善兮,虽九死其犹未悔"。为什么他有这么不幸的遭遇呢?他所处的环境怎么样?

生众:不好。

师:"怨灵修之浩荡兮,终不察夫民心"暗示君主的昏庸;"众女嫉余之蛾眉兮,谣诼谓余以善淫",表面上是指众女嫉妒我的美貌,实际上是暗示群臣对我的嫉贤妒能;这也就罢了,他们还谣传诽谤我做淫荡之事。"固时俗之工巧兮,偭规矩而改错"是多么的不负责任啊。"规矩"在这比喻国家法度。加工之人把东西弄得弯弯曲曲,形容毫无法度,甚至为非作歹,群臣嫉贤妒能,君王昏庸,想让我同流合污。

2. 讲解下文

第一部分

师:我怎么做的?

师:"宁溘死以流亡兮,余不忍为此态也。"是的,我宁愿被流亡也不同流合污。在写他的态度。(板书)

文中有一句话突出了他的坚守——"鸷鸟之不群兮,自前世而固然",鲲鹏可展翅几万里,鸷鸟在这指屈原,"群"指群臣,就如"燕雀安知鸿鹄之志",你们想自己的蝇头小利,而屈原一直在坚守着自己。

师:"何方圜之能周兮,夫孰异道而相安?"群臣圆滑,而我坚守自己,俗话说"道不同不相为谋",这就开创了他的人格理想。(板书)对于别人的攻击,"屈心而抑志兮,忍尤而攘诟。伏清白以死直

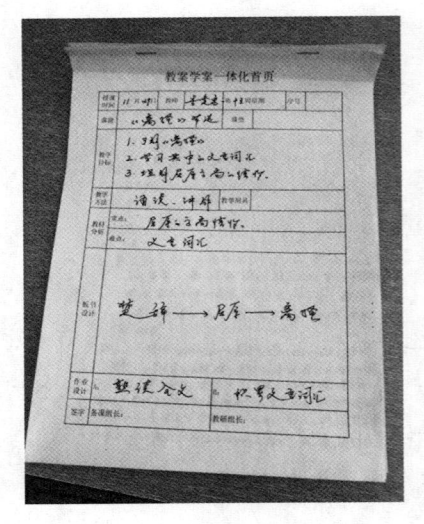

图4-6 和政H中学一体化教学案

分，固前圣之所厚"。这样做是圣人敬重的，可见屈原以圣人为榜样，不与小人为伍。（板书）

师：中国历史上诗人很多，但屈原被称为"屈子"。（板书）我们知道的有孔子，可见其品格的高尚。这四句的解释为：我宁愿压制我的志趣，宁愿忍受责骂，宁愿忍受种种的侮辱（说我爱做淫荡之事），而绝不和你们同流合污，因为坚守清高洁白，为正道而死，这原本就是一个圣人所追求的，愿追随圣人而死，就如前面所说"虽九死其犹未悔"，但是毕竟环境十分恶劣，这么多人污蔑我，感到是一个问题，下文就对此做了说明。一起读一下。

第二部分

师：有个词语大家写一下，"相"是看的意思。（板书）"悔相道之不察兮，延伫乎吾将反"中"不察"是看不清的意思；"延"是久久的；"伫"是久立，久久地站着思考；"反"，通假字，返回，做错了就应该改正，这里的道指的是人生之路。

师："回朕车以复路兮，及行迷之未远"中"回"是调转，就是回头；"朕"在上古时候是自称，到了秦始皇时才特指君王；"复"就是回到；"及"是趁着。（板书）

师："步余马于兰皋兮，驰椒丘且焉止息"中的"步"是缓慢行走，与"行"同义。这句话的语顺应该是"于兰皋步余马兮"，状语后置。"焉"是兼词，在哪里。（板书）让他的马在有兰草的高地上缓慢地行走。为什么是有兰草的高地？

生众：兰草高洁。

师：反衬屈原的高洁。"驰"，跑到；跑到长满椒草的山丘上，在那里暂时休息。花椒的味道很香，我们看"兰皋""椒丘"都是充满香气的，说明诗人虽处在污秽中还是不忘高洁的。

师："进不入以离尤兮，退将复修吾初服"中"入"是被任用。本来去赴会对方却没有在。暗示其在朝廷里没有被君主重用。"离"，通假字，遭受，（板书）到了朝廷不被重用反而遭受斥责，那么我就"退将复修吾初服"，"退"是退出来；"服"，服装；"初服"，原本的衣服，在这里暗示初心。

师：我后悔没有看清楚啊，我长久地站立着，回到原来的路上，趁着在迷茫的道路上还没有走太远（陶渊明也引用过"是迷途其未远，觉今是而昨非"），让我的马在长满兰草的高地上缓慢地行走，跑到长满花椒的山丘上停下休息（一会儿跑一会儿休息，说明他走得并不坚定，说明他在徘徊彷徨——板书），最后决定由于我进去不被理睬，而且要忍受斥责与诽谤，就准备退出来去修复我原本的服饰，我的初心。

师：在徘徊彷徨后，屈原决定迷途知返，（板书）可见屈原时常反省自己，就如孔子的"吾日三省吾身"。

第三部分

师：记一下重点词，"制芰荷以为衣兮，集芙蓉以为裳"中的"制"，兼词，编制；"芰荷"就是荷叶；"衣"是上衣；"芙蓉"就是荷花；"裳"就是下衣，是穿在下身的，但不是裤子，而是裙子，现在已经没有了，电视上那时的男子穿的就是"裳"。"以为"就是以之为，把它制作成。（板书）

师："不吾知其亦已兮，苟余情其信芳"中"不吾知"就是不知吾，"知"在这里是了解，就如"人生难得一知己"；"亦"是算了、罢了，别人不了解就算了。"苟"假设，如果；"信"是确实。（板书）就如"人不知而不愠，不亦君子乎"。

师："高余冠之岌岌兮，长余佩之陆离"两句都是宾语后置，"高"就是加高；"长"就是增长；"岌岌"是高高的；"陆离"是长长的。把帽子加得高高的，把佩带加得长长的，说明他的志向高。

师："芳与泽其杂糅兮，唯昭质其犹未亏"中的"芳"是芳香；"杂糅"是杂乱的；"昭质"是光明纯洁者；"亏"就是亏损。这几句话说了什么？

师：我编制荷叶做我的上衣，堆积荷花作为下裳，别人不了解我也就罢了，如果我的志向确实高尚，就使我高高的帽盖更加高，使我长长的配饰更加长。芳香和光泽混合在一起看起来很好看，我只是想要我光明纯洁的本质没有被亏损。

师：总结一下，这几句话是什么意思，前面是徘徊彷徨，迷途知返，这里是什么？

生3：坚守自己的原则，不与他人同流合污。

师：仅仅是坚持原则吗？看一下"高""质"。

生4：屈原坚守本性，比较自信。

师：是比较自信吗？

生众：很自信。

师：仅仅是坚持吗？"制""集""高""长"是动作，难道真的是他在采集荷叶、荷花？难道真的在加高帽子吗？

生众：不是。

师：荷叶、荷花、帽子是表象，指的是高洁品行，高洁在这里是使动用法，也是指使其品行更加高洁。儒家主张一个君子、士大夫"穷则独善其身，达则兼济天下"。（师生齐说）

第四部分（学生读余下课文）

师："忽反顾以游目兮，将往观乎四荒"中"忽"是忽然；"反顾"是反复看；"游目"是瞩目远望；"荒"本意是非常遥远，不生草木的地方，八荒也是此意。

师："佩缤纷其繁饰兮，芳菲菲其弥章"中"弥章"是更加，"章"，通假字，香气。（板书）

师："民生各有所乐兮，余独好修以为常"中"乐"指音乐，lè是快乐，yào是动词，爱好喜爱之意，如"仁者乐山"；"好"是爱好。

师："虽体解吾犹未变兮，岂余心之可惩"中"体解"就是把人的身体大卸八块；"未变"就是也不会改变自己的心；"岂"是难道；"心"就是心志。（板书）

师：这几句话的意思是：我调转过来极目远望（不仅关心自己而且关心天下苍生），将要去非常遥远的地方看天地宇宙的各种变化（古人喜欢仰望天下，虚怀若谷，暗示其关心天下百姓）。佩戴五彩缤纷的繁华的装饰品，浓烈的香气更加浓郁了（与他人不同）。人生在世各有各的爱好，我唯独喜欢装饰自己并习以为常（这就叫作人各有志）。即使把我给肢解了，我也不会改变，我的心即使受到惩罚也不会改变。这就是再次明志、傲视天下、忠贞不改。（板书）

三　总结文章

师：可见这不仅是他的志向，更是在谴责社会，不是直接抒发，以"鸷鸟""香草"比喻，称之为"香草美人"风格，比较委婉。这篇文章比较难，下去要读熟练。下课。

（2）弗兰德斯数据分析与结果

从"课堂结构分析表"中可以看出，本堂课是以教师的讲解为主，用时34.75分钟，占整堂课的72.47%。学生参与时间为9.75分钟，占了20.33%，学生主动参与各种学习活动的时间只有13.2分钟，占整个课堂的27.52%。数据显示，在学生活动中，学生讨论时间非常少，只有3.45分钟，占整堂课的7.19%，说明学生的主体性体现得不好。总体看来，教师的主导性强（在矩阵表中可见1、2、7三种行为只占0.55分钟，占整节课的18.64%），教师对于课堂的把控能力强，也反映出学生的主动性没有很好地被调动起来。学生主动发言的次数较少，累计156秒。需要说明的是：本节课中教师提问多呈现为"是不是""对不对"等简短接话式提问，学生被动回答"是"与"对"。

在"教师对课堂的控制类别分析表"中可以看出，教师对于学生的间接影响与直接影响的比率小于1，只有18.6%，即教师语言中属于编码1—4的频次少于编码5—7的频次，说明这位教师的教学更倾向于对课堂和学生的直接控制。

表 4-9　　　　　《离骚》（1）弗兰德斯数据分析

学校	课的名称	授课教师	年级	时间	记录人
和政 H 中学	《离骚》	L 老师	高一	2016.12	李海义

A. 弗兰德斯互动分析矩阵表

	1	2	3	4	5	6	7	8	9	10	合计
1	0	0	0	0	0	0	0	0	0	0	0
2	0	0	0	4	3	2	0	2	0	0	11
3	0	0	0	0	0	0	0	0	0	0	0
4	0	0	0	10	9	6	0	68	0	5	98
5	0	0	0	60	361	23	0	0	49	34	527
6	0	0	0	7	20	12	0	14	2	4	59
7	0	0	0	0	0	0	0	0	0	0	0
8	0	10	0	9	54	12	0	54	1	3	143
9	0	1	0	0	40	0	0	1	0	4	52
10	0	0	0	2	40	4	0	4	0	19	69
合计	0	11	0	98	527	59	0	143	52	69	959

B. 课堂结构分析表

项目＼类别	时间 计算方法（3 秒/次）	时间（分钟）	比率 计算方法（次数/总次数）	比率（%）
教师语言	第 1—7 列次数	34.75	第 1—7 列次数	72.47
学生有效语言	第 8—9 列次数	9.75	第 8—9 列次数	20.33
课堂小组合作	第 10 列次数	3.45	第 10 列次数	7.19
学生朗读、游戏、讨论等参与性学习	第 8—10 列次数	13.2	第 8—10 列次数	27.52

C. 教师对课堂的控制类别分析表

项目＼类别	直接影响（第 1—4 列次数）	间接影响（第 5—7 列次数）	直接影响与间接影响的比率（%）
次数	109	586	18.60

D. 教师对学生的强化类别分析表

项目＼类别	积极强化（第 1—3 列次数）	消极强化（第 6—7 列次数）	积极强化与消极强化的比率（%）
次数	11	59	18.64

从"教师对学生的强化类别分析表"中可知,教师对学生的积极强化与消极强化的比率小于1,只有18.64%,说明教师的消极强化占主导,积极强化比较少。在整堂课中,教师并未出现第7类语言行为,消极强化的次数来自于第6类语言行为。

(3) 问题与反思

第一,L老师具有非常扎实的语文素养,对《离骚》文本的把握非常准确、到位,是一堂具有"学问魅力"的语文课。从整堂课来看,L老师以讲授为主要教学方法,给学生提供的参与和表达的机会较少。从《离骚》的内容来讲,词汇的生涩、偏僻,是学生遇到的第一重障碍。所以教师从字词的意思讲起,进而分析文章大意,让学生循序渐进地对文章形成较为全面的理解。

第二,从学生学习情况来看,对有些基本知识的掌握并不到位。如对"'制芰荷以为衣兮,集芙蓉以为裳'到'芳与泽其杂糅兮,唯昭质其犹未亏'这几句话表现屈原的什么感情"这个问题,一个学生没有回答出来,另一个学生的回答也十分浅显,可见学生对《离骚》的学习情况并不理想。

第三,从整节课来看,教师更多关注课文的翻译以及每句话所代表的屈原的品质,同时涉及《离骚》的表现手法及古汉语的相关知识。如讲解了"步余马于兰皋兮"是状语后置、"高余冠之岌岌兮,长余佩之陆离"是宾语后置等文言常识。

(4) 基本建议

第一,创设情境,走进作品。《离骚》是《楚辞》的代表作,屈原是战国时楚国人,就是现在的湖南、湖北等地,表现的是楚地的文化。因此,为了让学生更为真实地感受作者的情感,是否可以在上课前引入一些关于屈原时代、关于楚文化的资料?将学生带入作品所产生的情境中,从而帮助学生理解时代和文章。

第二,讲授中设计有效的学生活动。教师的讲授尽管全面而详备,但终究不能在课堂上展示学生的学习成果,也难以检测学生学习的效果。所以,针对本堂课"梳理"课文大意的教学内容,是否可以通过设计学生活动,让学生结合工具书和注释,自行探究解决一部分课文内容，让学生当堂呈现对生字词的掌握以及大意的疏通情况等，教师再就其中学生学习的"困难处"进行讲解？

第三，抓住重点讲授，教师适度放权。《离骚》的字词对学生来讲难度较大，但从文言文学习的视角看，对有些过于生僻的字词学生"会认"即可。所以，教师对于课文中有注释及学生自己可以解决的问题，是否可以放手让学生自主学习，让学生在参与中把握文章的大意和情感。《离骚》是一篇经典文章，教师应考虑如何把参与权交给学生，从而成为学生学习的帮助者和点拨者。

3.《离骚》(2) 课堂实录与分析

(1) 课堂实录

授课教师：合作 Z 藏族中学 M 教师

授课时间：2016 年

年级：高一

课堂实录整理：李海义

一 课前活动

1. 课前学生进行才艺表演，唱藏语歌。
2. 找两个同学背诵《诗经》。
3. 告诉学生《诗经》《论语》《孟子》是高考必考内容。

二 进入文本：《离骚》

(一) 背景导入，了解作者

师：接下来我们学习屈原的《离骚》，可能在朗读的过程中有些困难，其实它的内容并不难，我们可以结合注释加以理解。但有些生僻字，尤其是写花草的需要注意。《离骚》是屈原晚年作品，是《楚辞》的代表作，全文总共有373字，是中国最长的抒情诗。屈原生于前340年，卒于前278年，名平字原，战国时期的楚国人，辅佐楚王在政治上改革弊政，(板书) 主张重用贤才，(板书) 在无形之中他动摇了封建贵族阶级的地位，遭到谗言，被多次流放、罢免。在前278年，他听到秦王朝攻破楚国，悲愤至极，怀抱石头自沉汨罗江。(板书) 所以楚地百姓为了纪念他，不让鱼虾啃食他的身体，在河中放粽子，就有了我们五月初五的端午节，（师生齐说）通过粽子或赛龙舟来纪念屈原。从他的诗文创作来看，他的作品大多反映了同封建贵族腐朽势力做斗争的顽强意志（板书）及他的志向，文中最能体现屈原志向的是哪句？

生众："虽九死其犹未悔"。

图4-7 合作Z藏族中学高一学生朗读《离骚》

师：为了理想、志向，纵使让我死多次也是无怨无悔的，反映了同贵族阶级做斗争的顽强意志及"九死未悔"的坚定信念。（板书）以爱国的形象呈现出来，这是第一个特点。从"哀民生之多艰"可见，哀的是百姓过的痛苦不堪的生活，有怎么样的情怀？

生众：忧国忧民的情怀。

师：这是第二个特点，他的作品倾泻着深沉的忧国忧民的情怀。（板书）在《离骚》中屈原开创了"香草美人"的意象，（板书）用"香草美人"写出其高洁的品质，这是他诗歌创作的第一个特点。第二个特点是在《离骚》中频繁出现的哪个字？

生众："兮"。

师：翻译成现代汉语就是"啊"，这是屈原所开创的楚辞的又一个特点。

（二）通读课文，抓关键字

师：接下来大家读课文，了解主要内容、抓诗歌的情感。结合注释边读边思考。（学生自由读文）（4分钟）

师：首先看《楚辞》，收录了战国屈原、宋玉等人的作品，运用了楚地方言，具有浓郁的地方特色。《楚辞》与《离骚》被后世称为诗体，即"骚"体，所以这个"骚"是屈原的一种诗体。（板书）但对《离骚》这个题目的理解有人认为是离愁，有人认为是楚地的一种乐曲。我们齐声把课文再读一次。

（生齐读课文）

师：学习这篇课文只要抓住几个关键的字眼就可以了解整个脉络。我们看第一个，屈原的这个作品具有爱国与忧国忧民的情怀。诗文中通过哪个字来体现的？

生众：哀，哀民生之多艰。

师：这是第一个，讲忧国忧民的思想。第二个，老百姓过着痛苦生活的原因是什么？

生众："怨灵修之浩荡兮"。

师：政治与社会的黑暗，所以他极力改革弊政，推行美政，（板书）写"香草美人"就是在推行自己的美政。但却"朝谇而夕替兮"，早上进谏了晚上就被罢免了，可以看出政治的昏乱，但是他有没有气馁？

生众：没有。

师：他有坚定的信念与崇高的美德。"虽九死其犹未悔"，纵使让我死多次我也不后悔的原因是什么？

生众：因为有崇高的理想。

师：所以，这里用了一个"未悔"，无怨无悔。他把这一切归结到谁？

生众：只怨自己怀才不遇。

师：这里用了一个"怨"，"灵修"的本意是神仙，这里指君王，他怨恨的是君王。最后他脱下官服归隐,后悔在当初选择时没有观察清楚,所以最后他又怎么样?

生众:后悔。

师:最终自己脱下官服归隐,对于这个"退",大家都不陌生,陶渊明是隐士,这里屈原也是隐士。他以荷叶作为自己的上衣,以荷花瓣作为自己的下衣,是因为荷叶、荷花具有高洁的品质,这是一个。第二个,文人志士归隐的目的是什么?

生众:远离尘嚣。

师:不与黑暗势力同流合污,以一种超然脱俗的境界与自然融为一体,远离世间的嘈杂,表现了他高洁的品质。课文内容我们可以通过这四个词来进行分析。

(三)逐句翻译,深入文本

师:"长太息以掩涕兮,哀民生之多艰","太息"是什么意思?我们在哪学过?

生众:《雨巷》。

师:是,"太息"就是"叹息","长太息"就是怎么样?

生众:我长长地叹息。

师:"以掩涕兮"是怎样的一个样子?

生众:泪流满面。

师:对,泪流满面。看下一个,"哀民生之多艰",他哀痛于什么?

生众:人民的生活多灾多难。

师:对,从而表现了当时的社会黑暗。他哀的是百姓,哀的是民生。(板书)"余虽好修姱以鞿羁兮","好"念四声的时候一般做什么词性使用?

生众:做动词,崇尚。

师:"以鞿羁兮",束缚自己。平时用自己的美德来约束自己。"謇朝谇而夕替","謇"是语气词;"谇"是进谏,"替"是罢免,在这里"谇"和"替"都是什么词性?做什么成分?

生众:动词,做状语。

师：在早上、在晚上，是时间名词做状语，理解起来就是我早上进谏，晚上就被罢免。哀啊！前面"哀"的是民，这里"哀"的是自己"朝谇夕替"。（板书）再看后面，"既替余以蕙纕兮，又申之以揽茝"，这个里面又出现什么了？

生众：香草。

师：朝廷罢免我的原因是什么？是我干了错事吗？

生众：不是。

师：只因为我以香蕙作为佩戴，又加上我采摘了白芷花。香草指自己品德高尚，嫉妒我的根本原因是嫉妒我的品德。接下来是理想，"亦余心之所善兮，虽九死其犹未悔"：我向往的善是美德，即使让我死多次也无怨无悔。为什么他不后悔？

生众：因为他有崇高的理想。

师：第一个是有崇高理想，第二个是他追求的一种真理，（板书）所以无怨无悔。

（四）布置下节课内容

师：今天我们就讲到这里，剩下的时间把后面的文章再看一下。（读课文）

师："怨灵修之浩荡兮，终不察夫民心"。"怨灵修"为什么怨灵修？"众女嫉余之蛾眉兮，谣诼谓余以善淫"，他们在嫉妒我的什么？这节课就上到这里，下课！

三　板书设计

《离骚》

哀：民生多艰、朝谇夕替。

未悔：崇高理想、追求真理。

怨：……

悔：……

（2）弗兰德斯数据分析与结果

表 4-10　《离骚》（2）弗兰德斯数据分析及结果

学校	课的名称	授课教师	年级	时间	记录人
合作 Z 藏族中学	《离骚》	M 老师	高一	2016	李海义

A. 弗兰德斯互动分析矩阵表

	1	2	3	4	5	6	7	8	9	10	合计
1	0	0	0	0	0	0	0	0	0	0	0
2	0	0	0	2	3	0	0	1	0	0	6
3	0	0	0	0	0	0	0	0	0	0	0
4	0	0	0	0	7	6	5	0	42	0	3	63
5	0	0	0	28	208	23	0	2	45	21	327
6	0	0	0	5	22	0	0	16	0	5	48
7	0	0	0	0	0	0	0	0	0	0	0
8	0	5	0	12	31	9	0	210	0	6	273
9	0	0	0	5	37	3	0	0	0	0	45
10	0	1	0	4	20	8	0	2	0	26	61
合计	0	6	0	63	327	48	0	273	45	61	823

B. 课堂结构分析表

类别 / 项目	时间 计算方法（3 秒/次）	时间（分钟）	比率 计算方法（次数/总次数）	比率（%）
教师语言	第 1—7 列次数	24.6	第 1—7 列次数	59.78
学生有效语言	第 8—9 列次数	15.9	第 8—9 列次数	38.64
课堂小组合作	第 10 列次数	3.05	第 10 列次数	7.41
学生朗读、游戏、讨论等参与性学习	第 8—10 列次数	18.95	第 8—10 列次数	46.05

C. 教师对课堂的控制类别分析表

类别 / 项目	直接影响（第 1—4 列次数）	间接影响（第 5—7 列次数）	直接影响与间接影响的比率（%）
次数	69	375	18.40

D. 教师对学生的强化类别分析表

类别 / 项目	积极强化（第 1—3 列次数）	消极强化（第 6—7 列次数）	积极强化与消极强化的比率（%）
次数	6	48	12.54

从"课堂结构分析表"中可以看出，整个课堂是以教师的讲解为主的，共24.6分钟，占整堂课的59.78%；学生活动共15.9分钟，占38.64%，可见学生的参与度相对较高；学生主动参与各种学习活动的时间有18.95分钟，占整个课堂的46.05%，可见学生的参与学习时间较多。数据显示，在学生活动中，小组合作较少，只有3.05分钟，占整堂课的7.41%。实际上，本节课中的第10类语言行为并非学生讨论，而是学生在教师要求下读课文；值得一提的是学生主动发言的次数较多，累计135秒，可见学生的主动性较高。总体看来，教师语言以提问、讲解和指令为主，用时较多，说明教师对课堂的主导性强，对学生的直接回应少（在矩阵表中可见1、2、7三种行为只有0.3分钟，占整节课的0.73%），教师对于课堂的把控能力强，但也反映出学生的主动性被教师调动起来了，参与性较高。当然，由于其局限性，教师的语言水平无法从矩阵表中看出。

从"教师对课堂的控制类别分析表"中可以看出，教师对于学生的直接影响与间接影响的比率小于1，只有18.4%，即教师语言中属于编码1—4的频次少于编码5—7的频次，说明教师的教学更倾向于对课堂做直接的控制。

从"教师对学生的强化类别分析表"中可知，教师对学生的积极强化与消极强化的比率小于1，只有12.54%，说明教师的消极强化占主导，积极强化比较少。在整堂课中，教师并未出现第7类语言行为，消极强化的次数来自于第6类语言行为。

（3）问题与反思

第一，从整堂课来看，教师以讲授为主，但学生的参与度也较高。整堂课教师主导性较强，数据显示，学生的有效语言较多，占到了整堂课的38.64%，因此学生参与度也较高。学生课堂朗读时间较长，学生自主提问或者阐明观点的情况较少，大都是在教师的调控下回答问题。

第二，从整堂课来看，教师非常重视朗读，但朗读的形式不够丰富。对于古诗文教学，一个重要的教学方法就是朗读，显然，M

老师关注到了这一点。从课堂教学来看，大都是全班朗读或者自读，没有教师范读或学生个别读。因此，教师可以针对不同的目的开展形式更为丰富的朗读，从而提高学生朗读的水平，达到更好地理解文章内容的目的。

第三，教师在教学内容的呈现上有待进一步明晰内在的关系。如教师强调"爱国"是本文的第一个特点，"忧国忧民"是本文的第二个特点；但一会儿又说"香草美人"是文章的第一个特点，"兮"字的使用是第二个特点。这容易让学生产生疑惑和误会。前两个特点是文章表达内容方面的，后两个特点是文章写作特点。教师表述得不够明晰。

第四，本节课的一个显著特点是教师在讲解课文时把作者情感贯穿其中。教师在讲解课文大意时，始终引导学生联系作者的情感来理解。如引导学生感受"屈原'以掩涕兮'是什么样子？"帮助学生了解和体味作者的情怀。

（4）基本建议

第一，丰富诵读的形式，明确诵读的目的。"书读百遍，其义自见"，对于经典诗文的教学，应该给学生更多的诵读时间，在诵读中走进课文。诵读不仅是古诗文教学的基本方法，也是其重要的目标。教师既应重视全班齐读或者自由诵读，也应强调学生指名读、个别诵读，这样可以当堂检测学生诵读目标是否达成，从而促进学生学习。

第二，建议将方法的学习贯穿始终。如教师在讲解"香草美人"与"兮"的艺术表现时，应结合《离骚》中具体的句子，让学生体会和理解这种艺术手法运用的效果和价值，并迁移到文章的其他部分，从而让学生在全篇学习当中不断感受和理解这些手法使用的妙处。

4. 比较与分析

表4-11和表4-12是两位老师的《离骚》课堂观察的比较分析。

(1) 教学目标与内容观察

表4-11　　　　《离骚》的教学目标和内容观察

目标和内容	和政H中学L老师	合作Z藏族中学M老师
a. 是否呈现教学目标	在这堂课中，L老师讲授的是第二课时的内容，教学目标一是熟读课文；二是掌握基本词语的意思，并明白文本的基本内涵；三是了解整篇课文屈原的思想变化	M老师的这堂课为第一课时的教学，教学目标一是了解作者及写作背景；二是熟读全文，对课文有一个大概的了解；三是找关键词，深入文本
b. 目标呈现与实际教学的关系	在实际的教学当中，L老师基本上是围绕这三个目标展开教学的。首先，教师不仅让全班朗读课文，而且让个别学生读课文，以检查上节课所学；但这一目标并未贯穿始终。其次，L老师是通过讲授的方法，让学生了解基本词语的意思并掌握句意。最后，了解文章的思想情感，是贯彻整个讲授的目标	在实际的教学当中，M老师始终围绕这三个目标展开教学。如对第一个目标，教师不仅讲解了《离骚》的创作背景、作者遭遇，而且讲解了与之相关的《楚辞》知识，让学生对《离骚》有一个整体的了解。老师利用大量的时间让学生读课文就是对第二个目标的贯彻。对第三个目标，教师通过讲解与师生问答的方式找出文本的关键词，对文本及屈原所表达的思想有一个整体的感知
c. 教学内容是否贴切（文本特点、学生学情等）	总体来讲，这堂课的教学内容是符合文体特点的，L老师通过对重点词语及句子的讲解，把屈原在每一句中所表达的情感用词语的形式呈现出来，不仅符合文本的特点，而且对于高一学生的总结能力是一种提升	M老师的教学内容主要有：第一，讲解《离骚》的背景；第二，抓关键词，理解文本所表达的内涵；第三，讲解课文内容，理解课文的意思；第四，用关键词在黑板上呈现文本的情感线索。以此来看，在这堂课上M老师抓住了文本的特点，也了解了藏族学生汉语学习的特点，有利于学生能力的提升

(2) 教学方式观察

表4-12　　　　《离骚》的教学方式观察

		和政H中学L老师	合作Z藏族中学M老师
讲授法	是否使用讲授法	教师使用了"讲授法"；主要讲授了课文及重点词语的含义、屈原情感的变化等	教师使用了"讲授法"；主要讲授了《离骚》的创作背景、作者的情感、前几句的意思等
	学生反应和表现	在讲授过程中，学生表现为认真听讲，并做课堂笔记。大部分的学生都掌握了文本的意思并写在了课堂笔记本上	在讲授过程中，学生表现为认真听讲。大部分学生将教师讲授的内容写在了课堂笔记本上

续表

		和政 H 中学 L 老师	合作 Z 藏族中学 M 老师
问答法	a. 是否使用；形式	大量使用问答法，主要形式是师问生答	大量使用问答法，主要形式是师问生答
	b. 提问内容	1. 解释字词、句子；2. 这几句话表现了作者怎样的情感？3. 文本表达了屈原怎样的心路历程？	关于创作背景及课文内容的理解
	c. 学生表现	学生在老师的提问后随声附和，在教师的不断提示和帮助下，学生理清了课文的内容和内涵	学生大都为随声附和回答老师问题，个别学生站起来回答，在教师的提示及学生的思考下，了解了课文的内容
	d. 结果呈现	学生在老师提问后随声附和，教师未给学生呈现的机会，无从知道结果怎样	学生在老师提问后随声附和，个别学生站起来回答老师的提问，学生有反应，如可以找出文中的关键词"哀"等，可见结果不错
	e. 评价状况	以教师评价为主，对学生答案进行批评指导	以教师评价为主，对学生回答进行指导
小组合作学习	a. 是否；形式	没有开展小组合作学习	没有开展小组合作学习
	b. 探究内容	—	—
	c. 成员表现	—	—
	d. 结果呈现	—	—
	e. 评价状况	—	—
诵读法	a. 诵读内容	学生齐读课文 学生齐读一小段内容 个别学生读课文	同学齐读课文 学生自由读课文
	b. 是否有教师指导	对全体学生无指导 对于个别学生有批评	无
	c. 学生诵读的基本状况	齐读课文 个别读课文	齐读课文 自由读课文

（四）文言文教学评析：以《马说》《〈论语〉五则》《生于忧患，死于安乐》为例

1. 学校及教师情况

夏河 Z 藏族中学所在的夏河县，以拉卜楞寺闻名遐迩，不但文化兴盛，而且风景秀丽。学校是一所有藏汉双语教学并加授英语教学的寄宿制完全中学。学校占地 24000 ㎡，建筑面积 9300 ㎡，有图书近万册，阅览室、实验室、语音室、微机室等设施齐全。有 18 个教学班，400多名学生，学生均为藏族。

调研组听取了三节文言文教学课，执教《马说》的H老师是一位教学经验丰富的男老师；执教《论语》的Y老师是一位有着十余年教学经验的骨干语文教师；执教《生于忧患，死于安乐》的L老师是夏河Z藏族中学的骨干教师。本次在夏河Z藏族中学的教研活动得益于M老师等人的支持，得到学校师生的积极配合。

2.《马说》课堂实录与分析

（1）课堂实录

授课教师：夏河Z藏族中学H老师

授课时间：2016年11月30日

年级：高二

课堂实录整理：李海义

一　故事导入

师：大家把书翻到36课，今天学习新课《马说》。先来看一下我国著名数学家陈景润的故事。他在厦门大学任教中发现自己不会讲课，以至于积郁成疾，王亚楠老师了解情况后鼓励他专门做数学研究，并将一篇论文寄到了中国科学院。华罗庚看到后，便发现他是一个数学方面的天才。1956年，陈景润到了数学研究所，1973年他证明了他的"陈氏定理"，在数学界，人们赞誉陈景润是"出类拔萃的数学人才"。如果没有王亚楠及华罗庚对他的发现和指点，他可能就被埋没了。正是因为他们发现了他的才能，他才能成为一代数学家。这就是我们今天学习的"千里马"与"伯乐"的关系，一句话，"世有伯乐然后有千里马"。

二　介绍作者及写作背景

师：今天就来看看韩愈的《马说》，先说一下"说"："说"是古代的一种论述体，是文人志士对于人或物有感而发，托物抒志的一种体裁，如《爱莲说》。这篇文章写的是千里马与伯乐的关系，托的物就是"千里马"，寓的意需我们在学习中体会。韩愈，字退之，唐代著名的散文家，为"唐宋八大家"之首，与柳宗元为"古文运动"

的发起人，但他们在政治方面有些矛盾。世称"韩昌黎"，谥号"文"，官至刑部侍郎，作品都收录在《韩昌黎先生集》中。

写作背景：《马说》大约作于贞元十一到十六年间，这时韩愈初登仕途，很不得志，曾三次上书丞相，但未被任用，后来又给一些节度使当部下，郁郁不得志，所以发出了"伯乐不常有"的感叹，作《马说》，主要是说自己怀才不遇。用千里马与伯乐的关系来表明怀才不遇的境况。

三 初读正音

师：来看一下这篇文章，我读一下课文，注意读音。（教师范读）还有不会读的字吗？

生众：没有。

师：好，一起来读一下课文。（学生齐读课文）

师：其中"一食或进食一石""食马不以千里而食也""食不饱才美不外见"，注意"石"读 dàn；"食"读 sì；"见"是通假字，读 xiàn。再读一遍，注意读音，读整齐。（生齐读课文）

四 讲解课文

第一部分

师：翻译交给你们，我对重点字词进行讲解，你们把语句翻译通顺即可。看第一段，结合注释进行翻译，不懂的可以提出来。（学生翻译课文）

师：翻译完了吗？好，我们来看第一段，有没有不清楚的地方？

生众：没有。

师：好，我们找四个人来翻译。第一句"世有伯乐然后有千里马"这个比较简单。

生1：世上先有了伯乐，然后才有千里马。

师：好，请坐。第二句"千里马常有而伯乐不常有"。这句没问题，就是：千里马经常有，但是伯乐却不常有。下一句"故虽有名马，祗辱于奴隶人之手，骈死于槽枥之间，不以千里称也。"请一个同学翻译。

生2：所以即使有千里马，也只是辱没在做仆役的马车夫的手中，和普通的马一同死在马厩里，不用"千里马"的称号称呼它。

师："祗辱于奴隶人之手"中"辱"就是埋没；"奴隶"指马夫，不会养马的人；"骈"就是一起；"槽枥"是马棚。这就是第一段，指出了文章的论点，是什么？

生众："世有伯乐然后有千里马，千里马常有而伯乐不常有"。

第二部分

师：看一下第二段"马之千里者，一食或尽粟一石。食马者不知其能千里而食也。是马也，虽有千里之能，食不饱，力不足，才美不外见，且欲与常马等不可得，安求其能千里也？"这一段有点长，前后桌讨论进行翻译。（生讨论翻译课文）（3分钟）

师：讨论得怎么样，好了吗？

生众：没有。

师：哪一句有问题？

生众："一食或尽粟一石"。

师："一石"不用翻译，是一个计量单位；"粟"就是谷子。第一个"者"是助词，没有实际意义；第二个"者"也是助词，"是……的人"；"食"是通假字，饲养的意思；"见"也是通假字，表现。还有不会的吗？

生众：没有了。

师：好，第一句"马之千里者，一食或尽粟一石"比较简单，就是能日行千里的马，吃一次食物可能吃下一担粮食。"食马者不知其能千里而食也"这句话请个同学来翻译。"其"是代词。

生3：……

生4：喂养马的人不懂得要根据它能日行千里的特点来饲养它。

师：好，坐。"是马也，虽有千里之能，食不饱，力不足，才美不外见"怎么翻译？

生5：这样的马即使有日行千里的才能，却吃不饱，力气不足，他的能力就展现不出来。

师："且欲与常马等不可得，安求其能千里也"怎么理解？

生6：它的特殊的才能和英武的体态无法显示出来，况且想要跟普通的马等同还办不到，又怎么能要求它日行千里呢？

师："不可得"就是达不到的意思。好，请坐。

第三部分

师："策之不以其道，食之不能尽其材，鸣之而不能通其意，执策而临之，曰：'天下无马！'呜呼！其真无马邪？其真不知马也。"先说一下，第一个"策"是驾驭，名词用作动词；第二个"策"是名词，鞭子。前后桌讨论翻译。

（生讨论翻译课文）（2分钟）

师：好了，"策之不以其道，食之不能尽其材"翻译一下。

生7：驾驭它，却不按照驾驭千里马的方法；饲养它，又不能充分施展它的才能。

师："道"是正确的方法。"鸣之而不能通其意，执策而临之"怎么理解？"通"是明白。

生8：听它嘶叫却不能通晓它的意思，拿着鞭子走到它跟前。

师："执"是拿着，拿着鞭子走到千里马跟前说"天下没有千里马啊"；"呜呼"是叹词"唉"；"其真无马耶"，就是难道真的没有千里马，而是不知道有千里马啊。这节课就讲到这里，下节课我们对这篇文章的论证方法进行讲解。下课。

（2）弗兰德斯数据分析与结果

通过"课堂结构分析表"可以看出，整个课堂以教师的讲解为主，共计26.55分钟，占整堂课的57.78%；学生回答问题或参与的时间为19.4分钟，占整堂课的42.22%，学生的有效语言不多，参与性也不高。数据显示，学生主动参与学习、回答问题的时间为8.9分钟，占整个课堂的19.37%，学生进行小组讨论的时间为10.5分钟，占整节课的22.85%。实际上，本节课中的第10类语言行为并非学生讨论，而是学生在教师要求下读课文。整堂课中学生主动发言次数较少，累计84秒，占整节课的3.05%。总体来看，教师语言以提问、讲解和指令为主，所用时间较多，说明教师对课堂的控制力较强。对学生的直接评价较少，为15次，共0.75分钟，占整节课的1.63%。

表 4-13　　　　　《马说》弗兰德斯数据分析

学校	课的名称	授课教师	年级	时间	记录人
夏河 Z 藏族中学	《马说》	H 老师	高二	2016.11	李海义

A. 弗兰德斯互动分析矩阵表

	1	2	3	4	5	6	7	8	9	10	合计
1	0	0	0	0	0	0	0	0	0	1	1
2	0	0	1	1	1	3	1	0	0	0	7
3	0	1	1	2	0	0	0	1	1	0	6
4	0	1	0	6	0	5	1	37	0	11	61
5	0	1	0	13	234	19	1	2	19	12	302
6	0	0	1	16	12	80	0	21	6	11	147
7	0	0	0	0	5	0	1	1	0	0	7
8	0	3	2	10	21	20	3	86	0	5	150
9	0	0	0	1	15	7	0	0	1	4	28
10	0	1	1	12	14	13	0	3	1	165	210
合计	1	7	6	61	302	147	7	150	28	210	919

B. 课堂结构分析表

项目＼类别	时间 计算方法（3 秒/次）	时间（分钟）	比率 计算方法（次数/总次数）	比率（%）
教师语言	第 1—7 列次数	26.55	第 1—7 列次数	57.78
学生有效语言	第 8—9 列次数	8.9	第 8—9 列次数	19.37
课堂小组合作	第 10 列次数	10.5	第 10 列次数	22.85
学生朗读、游戏、讨论等参与性学习	第 8—10 列次数	19.4	第 8—10 列次数	42.22

C. 教师对课堂的控制类别分析表

次数＼类别	直接影响（第 1—4 列次数）	间接影响（第 5—7 列次数）	直接影响与间接影响的比率（%）
次数	75	456	16.48

D. 教师对学生的强化类别分析表

次数＼类别	积极强化（第 1—3 列次数）	消极强化（第 6—7 列次数）	积极强化与消极强化的比率（%）
次数	14	154	9.09

在"教师对课堂的控制类别分析表"中可以看出,教师对学生的间接影响与直接影响的比率小于1,即教师语言中属于编码1—4的频次少于编码5—7的频次,说明这位教师的教学更倾向于对课堂做直接的控制。值得肯定的是,在这堂课的教学中,教师有第1类语言行为的涉及,虽仅有1次,累计3秒,但依旧值得关注。

从"教师对学生的强化类别分析表"中可知,教师对学生的积极强化与消极强化的比率小于1,而且比率大,说明教师的消极强化占主导,积极强化比较少。在整堂课中,教师并未出现第7类语言行为,消极强化的次数来自于第6类语言行为。

(3)问题与反思

第一,从课堂教学效果来看,学生对于课文内容掌握得较好。学生可以较为准确地对课文进行翻译,并解释重点词语的含义。但当教师对学生进行个别提问时,被提问的学生并不能自信流畅地回答问题。这与藏族学生汉语表达不够流畅有一定关系。作为教师,应当给学生创设更多用汉语表达的机会,让学生勇于用汉语进行自我表达。

第二,从整堂课来看,教师上课的流程简洁而清晰。首先是以陈景润的故事引出"世有伯乐然后有千里马"及《马说》的新内容;接着是进行背景及作者的介绍;再次是教师范读课文并正音;最后教师引导学生对课文进行讲解。但是在课文导入部分,教师导入的时间较长,将近10分钟,不免给人一种冗长的感觉。

第三,教师在课堂上开展小组合作学习。在教学中,教师创设了"小组共同翻译"的方式为学生提供学习活动机会。但由于藏族学生的汉语水平较低,即便小组合作也不能很好地对一段文字进行翻译,而教师在小组学习时又没有给予恰当适时的点拨与帮助,以致学生并不能较好地进行翻译,因此,小组合作的效果并不理想。

(4)基本建议

第一,教师应给予学生更多的言语训练的机会。对于大部分藏族学生来说,汉语是其第二语言,普遍来讲汉语基础薄弱。因此,教师需要在教学中为学生创造更多的言语训练的实践活动,如朗读的活动、通过合作学习理解字词和文章大意的活动，从而在言语实践活动中提升学生学习的主动性，培养学生学习汉语的兴趣。

第二，教师应更加关注藏族学生的学情。在课堂教学中，教师把重点词语教给学生后，让学生自己尝试翻译，这样有利于学生对课文内容的掌握；但是我们可以看出学生在这一方面的表现没有达到教师的期望，并不能较好地进行翻译。因此，教师在小组学习时应给予更多的指导和帮助，及时发现并应对藏族学生的汉语水平问题。

第三，课堂导入的内容和形式有待反思。用故事形式导入固然生动新颖，但教学中教师用了10分钟导入，对一节课来讲，时间是否过长？值得商榷。

3. 《〈论语〉五则》课堂实录与分析

（1）课堂实录

授课教师：夏河Z藏族中学Y教师

授课时间：2016年11月30日

年级：九年级

课堂实录整理：李海义

（课前学生读课文）

一　讲解孔子

师：今天我们来学习《〈论语〉五则》，先看一下注解1，《论语》记录了孔子的言行。在初中已经学过关于孔子的文章，谁来说一下对孔子的了解？

生1：《孔子学琴》。

师：对，这是初二学习过的文章，我们知道他是一个思想家、哲学家。关于孔子的言行，弟子问他时回答的一些话及弟子与他讨论的一些问题，都记录在《论语》中。孔子距今有2500多年，与释迦牟尼佛是同一时代的。他是第一个创办私学的人，创立了儒家学派，被称为孔圣人。这篇文章摘录的是一些关于学习的内容，这节课主要学习孔子的这些言论，要背下来。下面我先读一遍，大家把不会读的字注音。

（教师范读、在读时对重点字进行正音、学生齐读课文、学生个别读课文）

师：下面请自由拼读字词，我检查。

（提问学生字词、全班齐读、教师正音）

二　初读课文

师：下面来学习《〈论语〉五则》，先自己读一下。（学生自读课文）

师：小组读课文，看看你们读的情况。（小组齐读）

三　讲解课文

师：下面看孔子的一些资料（出示PPT），孔子首创了学校，注重学习与思考，在今天我们学习的《〈论语〉五则》中有吗？

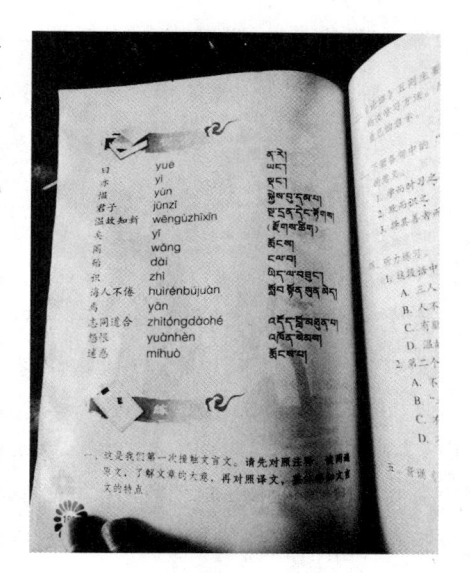

图4-8　藏语文教科书《论语》课后练习

生众："学而不思则罔，思而不学则殆。"

师：对，这就是孔子针对学习与思考说的话。孔子出生在哪里？

生众：山东。

师：是春秋战国时期鲁国人，也就是今天的山东，如今山东有关于孔子的三个什么地方？

生众：孔府、孔庙、孔林。

图4-9　合作Z藏族中学九年级学生学《论语》

师：现在我们学习第一则。"子"是什么意思？看注解。

生众：指先生、有学问的人。

师：对，在这里指孔子。"子曰"就是孔子说。"学而时习之不亦说乎"中"学"是什么意思？看书上如何说的？

生众：学习知识。

师：在古代，作为一名学生要学哪些知识呢？看黑板（出示PPT），要学的有很多，今天也是如此，我们学习了七八门课，古代的学生要学习六门课：礼——孔子讲求礼，我们见了长辈也要行礼，在古代有一套要学习的礼，这比我们平常学习的礼要复杂得多；乐——还要学习音乐，《孔子学琴》就是在学习音乐；射——在古代男子一定要学习射箭，一是要防身，二是要保家卫国；御——指的是驾车，古代主要的交通工具就是马与马车；书——就是要学习的文章等；数——就是要会算数，在电视中也见过古代文人要会算数。所以在这里"学"指的是这六门课。"有朋自远方来"中的"自"翻译成今天的语言就是"从"，也就是"从远方来"；把"朋"字画上，古代的朋友是分开的，与现代不同，古代"同门曰朋，同志曰友"，就是在一个老师门下的同学叫"朋"，有共同志向、志同道合的人叫"友"。画下来。对于我们刚才学过的做一下笔记，注意把拼音抄上。（学生抄写笔记）

四　总结课文

师：记住《论语》是一本书，总共有20篇，记录的是孔子说的话，不仅包括孔子回答弟子的话，也包括弟子之间讨论的话。（学生抄写笔记）

师：抄写完后要把它记住，并背诵前三则。

在宋朝有一个大理学家朱熹，把《论语》归为"四书"之中，这也是古代学生必学的"四书五经"中的文章，下节课我会给你们介绍一下"四书五经"。

剩下的时间我们大声朗读课文，争取把课文背下来。（学生朗读课文）

师：今天的作业就是背诵课文，下课。

（2）弗兰德斯数据分析与结果

表 4-14　《〈论语〉五则》弗兰德斯数据分析

学校	课的名称	授课教师	年级	时间	记录人
夏河 Z 藏族中学	《〈论语〉五则》	Y 老师	九年级	2016.11	李海义

A. 弗兰德斯互动分析矩阵表

	1	2	3	4	5	6	7	8	9	10	合计
1	0	0	0	0	1	0	0	0	0	0	1
2	0	0	0	1	6	4	1	0	0	1	13
3	0	0	0	0	0	0	0	0	0	0	0
4	0	0	0	4	2	3	0	35	0	5	49
5	0	0	0	24	158	14	0	0	19	13	228
6	0	0	0	5	14	41	0	17	5	7	89
7	0	0	0	0	0	1	0	0	0	0	1
8	1	12	0	6	18	16	0	339	0	2	394
9	0	1	0	2	21	0	0	0	2	0	26
10	0	0	0	7	8	10	0	3	0	147	175
合计	1	13	0	49	228	89	1	394	26	175	976

B. 课堂结构分析表

项目＼类别	时间 计算方法（3秒/次）	时间（分钟）	比率 计算方法（次数/总次数）	比率（%）
教师语言	第1—7列次数	19.05	第1—7列次数	39.04
学生有效语言	第8—9列次数	21.00	第8—9列次数	43.03
课堂小组合作	第10列次数	8.75	第10列次数	17.93
学生朗读、游戏、讨论等参与性学习	第8—10列次数	29.75	第8—10列次数	60.96

C. 教师对课堂的控制类别分析表

次数＼类别	直接影响（第1—4列次数）	间接影响（第5—7列次数）	直接影响与间接影响的比率（%）
次数	63	318	19.81

D. 教师对学生的强化类别分析表

次数＼类别	积极强化（第1—3列次数）	消极强化（第6—7列次数）	积极强化与消极强化的比率（%）
次数	14	90	15.56

通过"课堂结构分析表"可以看出，对《〈论语〉五则》教学教师主要采用讲授法。在整堂课中，教师语言共计19.05分钟，占整堂课的39.04%；学生参与时间29.75分钟，占整堂课的60.96%，可见学生的有效语言较多，参与性也较高。数据显示，学生主动参与学习、回答问题的时间为21分钟，占整堂课的43.03%；其中学生进行小组讨论的时间为8.75分钟，占整堂课的17.93%。实际上，本节课中的第10类语言行为并非全部为学生讨论，而是学生在教师要求下读课文，讨论只占一小部分。总体来看，教师语言以提问、讲解和指令为主，说明教师的主导性较强，学生的参与度也较高，教师对学生的直接评价较少，共0.75分钟，占整节课的1.54%，学生主动发言的时间少，累计1.3分钟，占整节课的2.66%。

在"教师对课堂的控制类别分析表"中可以看出，教师对于学生的直接影响与间接影响的比率小于1，即教师语言中属于编码1—4的频次少于编码5—7的频次，说明这位教师的教学更倾向于对课堂做直接的控制。值得肯定的是，在这堂课的教学中，教师有第1类语言行为的涉及，虽仅有1次，累计3秒，但依旧值得关注。

从"教师对学生的强化类别分析表"中可知，教师对学生的积极强化与消极强化的比率小于1，而且比率大，说明教师的消极强化占主导，积极强化比较少。在整堂课中，教师第7类语言行为只出现了1次，消极强化的次数主要来自于第6类语言行为。

（3）问题与反思

第一，从整堂课来看，教师注重学生的朗读和背诵。文言文学习不仅要理解"文意"，更要熟悉"文言"。教师一开始就为学生进行了范读，而且在课前、课中、结束前都让学生反复朗读课文。从学生朗读的形式来看，主要是全班朗读、小组朗读等。教师一开始就强调"背诵"的教学目标，但从实际教学状况来看，下课时很多学生仍然不能流利地朗读课文。可见，藏族学生学习文言文的难度较大。对教师和学生都具有一定的挑战。

第二，从课堂上学生参与来看，学生主动参与的情况较少。从课堂观察上看，本堂课是以教师主导为特点的，几乎没有学生主动发言；从弗兰德斯数据分析可以看出，学生活动占到了课堂的60.96%，学生在课堂上的活动是较为充分的，这是因为学生参与的形式大多以全班朗读为主。因此，教学中如何提高学生主动参与是需要教师反思的方面。

（4）基本建议

第一，教学朗读既要设计学生整体朗读，还应兼顾学生个别朗读。因为学生个别朗读不仅是检验学生学习状况的评价方法，而且可以在个别朗读中促进学生"个性化"朗读，从而促进学生对文章内容的深入理解和感知。

第二，教学内容可以适当精简。鉴于文言文教学与藏族学生的学情，教师在教学内容的设计上可以适当减少讲授的内容，在第一课时可以把主要精力放在学生对于"文言"的朗读、背诵和语感培养上，在学生"熟读"《论语》五则的基础上，为学生进一步理解其中的思想内涵打下基础。

4.《生于忧患，死于安乐》课堂实录与分析

（1）课堂实录

授课教师：夏河 Z 藏族中学 L 老师

授课时间：2016 年 11 月 30 日

年级：高二

课堂实录整理：李海义

一　背景介绍

师：大家预习 22 课了没？

生众：预习了。

师：《生于忧患，死于安乐》出自《孟子·告子下》，相传是孟子告诫弟子所作，孟子是儒家学派的代表人。孔子被称为"孔圣人"，孟子仅次于孔子，被称为"亚圣"，两人被合称为"孔孟"。（板书）一提到《孟子》这本书，我们就会想到"四书"，是哪几本书呢？

生众：《大学》《中庸》《论语》《孟子》。

二 初读正音

师：上节课让你们读熟、翻译，现在我们先来读一下课文。（生齐读课文）

师：在读时我们要注意一些字的读音与我们平时读的不一样，第一个"说"，读 yuè，它是取哪个字的读音呢？

生众：音乐的"乐"。

师：所以它是一个通假字。（板书）第二个"曾"，在课文中它的意思是增加，通"增"。第三个是"入则无法家拂士"的"拂"读作 bì，通"弼"。这就是这篇文章中的通假字，翻译时要注意。

三 理解课文

师：上节课同学们已经预习了，下面叫同学来翻译一下，读一句翻译一句。课文标题《生于忧患，死于安乐》，是什么意思？

生1：在忧患中谋求生存，在安乐中容易让人死亡。

师：这就是标题的含义。看第一句"舜发于畎亩之中，傅说举于版筑之间"，哪个同学来翻译一下？"发"是什么意思？

生2：被任用，舜在田野中被任用。

师：这说明舜在被任用之前是一个种地的。要明白"发"是什么意思。（板书）"举"是什么意思？

生众：被举用。

师：与"发"的意思相同。（板书）这句话怎么翻译？

生3：傅说在筑墙时被举用。

师：也就是傅说在被举用前是一个筑墙工。再一起翻译一下：舜在田野中被任用，傅说在筑墙时被举用。再看第二句"胶鬲举于鱼盐之中，管夷吾举于士"怎么翻译？

生4：胶鬲在卖鱼盐时被举用。

师：胶鬲在被任用之前是一个鱼贩子。下一句呢？在这里"士"是狱官。

生5：管夷吾在做狱官的时候被任用。

师：也就是他在被任用前是一个狱官。"孙叔敖举于海"怎么翻译？

生6：孙叔敖在选拔时是在海边。

师："百里奚举于市"怎么理解？

生7：百里奚是在市井之中被任用的。

师：看一下作者在论述文章之前列举了几个人物？

生众：六个。

师：分别是舜、傅说、胶鬲、管夷吾、孙叔敖、百里奚，（板书）自己画出来。为什么要列举这六个人物，有什么作用，一起来看。"故天将降大任于斯人也"中"故"是什么意思？

生众：所以。

师：所以上天将要降落重大责任在这些人身上。"斯"就是这样。（板书）

"必先苦其心志，劳其筋骨，饿其体肤，空乏其身，行拂乱其所为，所以动心忍性，曾益其所不能。"——就是必先使其心志苦，使其心志遭受痛苦，使其筋骨劳累，让其身体饥饿，让他深受贫困之苦，只要有什么行动就阻碍他，通过这些使他内心警觉起来，增加他不具备的才能。这一大段中有两个句子是经常被用的，是哪个？

图4-10　合作Z藏族中学高二学生学习《孟子》

生众："故天将降大任于斯人也，必先苦其心志，劳其筋骨，饿其体肤，空乏其身，行拂乱其所为，所以动心忍性，曾益其所不能。"

师：第一大段通过列举六位人物，表明自己的一个看法。"人恒过，然后能改"中"过"是什么意思？

生众：犯错。

师：人常犯错误，知错后就会改正。"困于心，衡于虑，而后作"

是什么意思？

生众：内心困苦，思想阻塞，然后才能有所作为。

师："征于色，发于声，而后喻"怎么翻译？

生众：这一切表现在脸色上，抒发到语言中，然后才被人了解。

师："喻"是明白、了解，（板书）"入则无法家拂士"呢？

生众：国家中没有坚持法度的大臣和辅佐君王的贤士。

师："出则无敌国外患者，国恒亡"怎么理解？

生众：国外没有敌对的国家和外患，就会经常导致灭亡。

师：前一部分讲的是人，后面讲的是国，从人到国说明了由小变大。"然后知生于忧患，而死于安乐也"怎么理解？

生众：这就说明，忧患使人生存，享受安乐使人灭亡。

师：这既可以指人，又可以指国家。

四 总结论点

师：这是一篇议论文，我们看它的中心论点是什么？

生众："生于忧患，死于安乐"。

师：我们从这些列举的事例中可以看出，论点是"生于忧患，死于安乐"，这就是由一般的现象到普遍的现象，由小到大，最后得出的结论就是本文的中心论点。（板书）本文翻译是比较简单的，难的就是词类活用与一词多义，这一部分内容我们下节课再讲解。黑板上的通假字要记住；再就是《孟子》，说到《孟子》就要提到"四书"，要记住。现在我们一起把课文读一下，注意通假字和要读通的字。（生齐读课文）

师：我们得出了本文的中心论点，下节课的内容就是看作者是怎样围绕中心论点展开论证的。自己下去先想一想这六个人物有什么共同点。

五 讲解练习题

师：下面布置几项作业：课后第三、四题的通假字有三个已经写在黑板上了，后三个是我们学过的，下面开始做。（学生做题）（7分钟）

师：做完了我们来看一下，第一题？

生8:"发"是被任用;"举"是被举用、选拔。

师:好,第二题"行拂乱其所为"中的"行"?

生9:使他。

师:第三题"困于心,衡于虑,而后作"中的"作"?

生10:奋起。

师:也就是有所作为。"征于色,发于声,而后喻"的"征"与"喻"?

生11:征用;明白。

师:"征"通俗一点讲就是表现。第四题,找出下面的通假字并解释其意思:第一个"曾"。

生众:增加。

师:第二个"恒"?(板书)

生众:衡。

师:也就是思想不顺的时候。第三个"拂"通"弼",是辅佐。看一下第四个"对镜帖花黄"中的"帖",通"贴"。下一个"山岛竦峙"中"竦"是高耸;最后一个"越人披发"中的"披"通"披"。(师生齐说)好,下课。

(2)弗兰德斯数据分析与结果

通过"课堂结构分析表"可以看出,整个课堂主要采用讲授法。教师有效语言占到21.05分钟,占整堂课的44.50%;学生回答问题或参与的时间有26.25分钟,占整堂课的55.50%,可见学生的有效语言较多,其参与性也较高。数据显示,学生主动参与学习、回答问题的时间为12.45分钟,占整课堂的26.32%;其中学生进行小组讨论的时间为13.8分钟,占整节课的29.18%。总体来看,教师的主导性较强,学生的参与度也较高。教师对学生的直接评价较少,为23次,共计1.15分钟,占整节课的2.43%。实际上,本节课中的第10类语言行为并非学生讨论,而是学生在教师要求下读课文及当堂完成练习。教师语言以提问、讲解和指令为主,用时较多,教师对于课堂的把控能力比较强。

表 4-15　《生于忧患，死于安乐》弗兰德斯数据分析

学校	课的名称	授课教师	年级	时间	记录人
夏河 Z 藏族中学	《生于忧患，死于安乐》	L 老师	高二	2016.11	李海义

A. 弗兰德斯互动分析矩阵表

	1	2	3	4	5	6	7	8	9	10	合计
1	0	0	0	0	0	0	0	0	0	0	0
2	0	0	0	5	5	9	0	0	1	0	20
3	0	0	0	0	0	0	0	0	0	0	0
4	0	0	0	4	1	7	0	58	0	18	88
5	0	4	0	20	95	29	1	1	16	9	175
6	0	1	0	22	11	39	1	41	6	14	135
7	0	0	0	0	0	1	0	0	2	0	3
8	0	14	0	18	35	26	1	113	0	15	222
9	0	1	0	5	15	4	0	0	1	1	27
10	0	0	0	14	13	20	0	9	1	219	276
合计	0	20	0	88	175	135	3	222	27	276	946

B. 课堂结构分析表

项目 \ 类别	时间 计算方法（3 秒/次）	时间（分钟）	比率 计算方法（次数/总次数）	比率（%）
教师语言	第 1—7 列次数	21.05	第 1—7 列次数	44.50
学生有效语言	第 8—9 列次数	12.45	第 8—9 列次数	26.32
课堂小组合作	第 10 列次数	13.8	第 10 列次数	29.18
学生朗读、游戏、讨论等参与性学习	第 8—10 列次数	26.25	第 8—10 列次数	55.50

C. 教师对课堂的控制类别分析表

次数 \ 类别	直接影响（第 1—4 列次数）	间接影响（第 5—7 列次数）	直接影响与间接影响的比率（%）
次数	108	313	34.50

D. 教师对学生的强化类别分析表

次数 \ 类别	积极强化（第 1—3 列次数）	消极强化（第 6—7 列次数）	积极强化与消极强化的比率（%）
次数	20	138	14.49

在"教师对课堂的控制类别分析表"中可以看出，教师对于学生的直接影响与间接影响的比率小于1，即教师语言中属于编码1—4的频次少于编码5—7的频次，说明这位教师的教学更倾向于对课堂做直接的控制。

从"教师对学生的强化类别分析表"中可知，教师对学生的积极强化与消极强化的比率小于1，而且比率大，说明教师的消极强化占主导，积极强化比较少。在整堂课中，教师第7类语言行为出现了3次，消极强化的次数主要来自于第6类语言行为。

（3）问题与反思

第一，文言文熟读目标完成的效果不佳。本节课为第一课时，主要目标为熟读课文、疏通文义、掌握重点词语。教师在上课之前就已经布置了前两个任务，但从学生的表现来看完成得并不好。在课堂检测中，被指名的学生都未能完成文言文的翻译，只有全班跟随教师翻译时才能基本完整地表述出来。

第二，对于重点字词，教师进行了有效的讲解。教师在全班读完课文后就指出了一些重点字词，如"说""曾""拂"等通假字的读音及含义，有利于学生对通假字的理解。在讲解课文时，教师也不失时机地指出应重点掌握的词语，如"士"就是狱官的意思，有利于学生的掌握与理解。

第三，教师对教学当堂反馈关注不够。对于课文理解，整体感觉比较赶时间，教师在讲解了句子的含义后没有给学生理解消化的时间，就很快进入了下一句，以致在31分钟时就结束了对课文的讲解，之后也没有再做整体回顾，没有给学生反馈的机会。剩下的时间都用在了课后练习的完成上，因而无从得知教师教学的效果。但是从学生课下的访谈来看，很多学生并没有较好地达成疏通文义这一教学目标。

第四，教师对课后习题的讲解花费时间较多。课后练习题基本上都是课堂上刚刚讲过的词语，对于这些基础知识的检测，可以交给学生课后完成，而把宝贵的课堂时间更多地用在本课的教学目标达成上。因此，教师对课堂教学时间的把握给人前快后慢的感觉。

(4) 基本建议

第一，教师的评价反馈要及时。例如对前两个目标的检测，教师仅仅用了全班齐读的方法，这样往往难以落实到人，很多学生可能会蒙混过去。因此建议设计更为有效的评价方法，让学生对自己学习的内容有清晰的任务意识和评价意识。

第二，教师以讲授为主，给学生自主学习的机会少。《生于忧患，死于安乐》对于高二藏族学生来讲，也是存在一定学习难度的。教师在教学中，应该尝试利用"支架范式"，让学生借助工具书等尝试对字词的理解，而不是把每个词语的含义讲授出来。这样教师就能够留给学生更多自主学习的机会。

（五）寓言故事教学评价：以《自相矛盾》《上帝发的答卷》为例

1. 学校及教师情况

夏河Z藏族中学上文已作介绍说明，调研组听取的两节寓言故事教学，都是七年级课程。执教《自相矛盾》的M老师，汉族，是一位有着多年教学经验的骨干教师。有意思的时，M老师原先是一位数学教师，后来调动工作后改教语文，曾在州教育教学大赛中获奖。执教《上帝发的答卷》的ZM老师，藏族，是一位有着多年教学经验的语文老师，教学中不时采用双语教学。

从内容来看，两篇文章都是寓言故事。《自相矛盾》属于中国传统经典寓言故事，《上帝发的答卷》则属于西方寓言故事。

2. 《自相矛盾》课堂实录与分析

（1）课堂实录

授课老师：夏河Z藏族中学M老师

授课时间：2016年11月29日

年级：七年级

课堂实录整理：卢敏、李海义、陈昕

一 导入新课

师：今天我们学习最后一个单元，最后一个单元的文体有点不一样。我们在第四单元学的十七课《太阳》的文体是什么啊?

生众:说明文。

师:十九课《生命的网》体裁是什么啊?

生众:科学小品文。

师:那么我们今天学习的最后一个单元叫什么啊?

生:古代寓言二则。

师:我们来学习第一则,叫什么啊?

生众:《自相矛盾》。(板书呈现)

二 寓言相关知识讲解

师:这个和我们以前学的文体不一样,从字面上理解,"寓"是什么意思啊?"寓"一个字是什么意思,"寓"肯定有很多意思,那在这里到底是什么意思,谁来告诉我?

生众:寄托。

师:对,寄托。终于找到了。那么"言"呢?

生众:说。

师:对,说、讲。"寓"是寄托,"言"是讲道理,那么"寓言"的意思就像第一课的寓言故事《自相矛盾》,它通过一个故事来告诉我们一个道理,这就是寓言的意思。上这个课之前先来看一下,有一个同学呢,向我请假,给我写了请假条,大家来看一下这句话。(电脑展示)大家都笑了,谁能告诉我为什么笑呢?小仓央卓玛,你来告诉我。

生1:"可能"和"一定"。

师:"可能"和"一定"怎么了呀?

生1:重复。

师:这叫重复?我们今天学的是什么啊?

生众:自相矛盾。

师:对,这叫矛盾,到底是生病了呀还是可能生病了啊?让你改这个句子怎么改啊?

生众:今天我一定生病了,向你请一天假。

师:这句话就是告诉你,说话的时候前后要通顺,意思要相同,否则就会自相矛盾。

三　本课的教学目标

师：下面来看一下这篇课文需要了解的内容。（电脑展示）首先要掌握生字词语，提前预习了吗？

生众：预习了。

师：把该写的生字、词语、多音字都写了吗？

生众：写了。

师：上课之前一定要把课文读一遍，把生字词语借助词典字典该写的写一写。那么课后练习题做了吗？

生众：做了。

师：看来预习得不错，课前一定要预习。第二个内容是理解课文内容和这个故事的寓意。第三个是知道成语自相矛盾的意思。最后一个是把这篇寓言故事背下来。

四　指导学习新课

师：接下来大家读第一篇寓言故事，在读的过程中，想一下如何学习这篇课文？你从中学到了什么？问题听清楚了吗？

生众：清楚了。

师：好，自相矛盾，预备起。（生齐读课文）

师：那么我们如何学习这篇寓言故事呢，谁来讲一下？学这篇课文，首先你要知道什么？其次你想知道什么？谁来告诉我？

生2：理解内容。

师：非常好，理解内容，还有吗？

生众：寓意。

师：对，寓意。寓意是什么意思呢？

生众：道理。

师：告诉我们道理，好，请坐。刚才我们解释了"寓""言"以及"寓言"的意思，这些文学常识一定要记在书上。"寓"是寄托，"言"是讲道理，"寓""言"连起来就是通过一个故事告诉我们一个深刻的道理，寓言具有讽刺的意味。第二就是《自相矛盾》这则寓言故事选自《韩非子》，就像我们以前学的《海滨仲夏夜》这篇课文选自什么？

第四章　西北地区语文课堂变革调查（二）：课堂发生了什么　　217

图4-11　夏河Z藏族中学学生课堂小组合作学习

生众：《秋色赋》。

师：嗯，对。（学生记笔记）选自什么一定要把书名号写上。这些不仅要记在书上，而且需要记在脑子里，知识在于积累，每天记一点，以后方便用于作文当中，不要只记在本子上。

师：我们简单介绍一下韩非子，他是春秋战国时期韩国人，著名的政治理论家、卓越的唯物主义哲学家，把有关韩非子的介绍也记一下。他是先秦法家思想的集大成者，是荀子的学生，没完成的赶紧写，完成的看一下这些字词会不会读。因为这是一个新单元的开头，里面的文学常识比较多一点。（学生记笔记）好，把刚才寓言的意思读一下，预备起。

（生齐读）

师：以上就是我们说的如何学习一篇寓言故事，首先要理解内容，然后理解寓意，最后是从中得出道理。

五　检查预习情况

师：既然都预习了，下面就来考一下词语，谁上去写"矛、盾和夸口"？叫个男生再叫个女生，最后一个男生写"哑口无言"并造句，其他人所有的词语都要写。

（解释词语并造句）

师：看来预习的时候预习得不够到位啊！谁能帮她用"自相矛盾"造一个句子？仓央，每次有难题都是班长出手。（学生解释词语并造句）

师：看黑板改错，首先看解释得对不对，再看有没有写错字。首先看"矛"是什么意思啊？

生众：古代兵器。

师：用来做什么？

生众：刺杀。

师："盾"呢？古代用来抵挡、保护自己的。"夸口"是什么意思？

生众：言过其实，说大话。

师：再看后边，"哑口无言"，解释得非常到位。谁来用"哑口无言"造句？

（提问学生）

生3：扎西被问得哑口无言。

师：非常好，坐。再看自相矛盾，"盾"下面不是"直"，注意一下。昨天我和哥哥发生了一件非常有趣的一件事。到底有几个"一件"啊，这就是自相矛盾。看来大家预习得不错。

六　讲解课文内容

师：下面来讲课文，读课文思考问题。这几个问题都非常简单，有些在课文中，有些可以用自己的话来说，根据这三个自然段的内容把问题看一下。第一个对有些人来说可能有点难度，可以结合内容简短地介绍一下，介绍的时候想一下这个故事发生的地点、人物、起因、经过以及结果。根据这几点第一题就比较简单了，后面会有些难度。（学生读课文）同学们想一下这些问题。第一个我已经说了，从时间、地点、起因、经过、结果这几个方面回答就比较简单了。

师：第一个问题：这个故事讲的是什么？我们刚才说了学习一个寓言故事必须要知道内容是什么。这个故事能看懂吗？

生众：能。

师：既然故事能看懂，第一题就好回答了，谁来告诉我？叫个女生吧，班正吉，你来说一下，声音大点啊。

生4：在战国时期，有个人夸自己的矛和盾。（老师重复）

师：然后呢，他卖出去了吗？

生4：没有。

师：为什么呀？书上有一个字是什么，他为什么没有卖出去？

生4：他的矛再厉害也穿不透它的盾。

师：是这样吗？根据题目来说是什么啊？

生众：自相矛盾。

师：他为什么没有把他的矛和盾卖出去？

生众：因为矛和盾是自相矛盾的。

师：非常好，坐。现在我们来说时间是什么时候？

生众：古时候。

师：地点呢？

生众：街上。

师：人物有谁？

生众：卖矛和盾的人。

师：还有吗？

生众：周围的人，想买的人。

师：这个故事的起因是什么？

生众：卖矛和盾的人想卖矛和盾。

师：经过是什么？他想卖一样东西首先要做什么？

生众：夸自己的矛和盾。

师：吆喝。结果呢？

生众：结果没卖出去。

师：没卖出去，他被所有的人都问得哑口无言。再看第二个问题谁来告诉我？卖矛和盾的那个人是怎么说的？（提问学生）你来说一下，是怎么说的？

生5：夸了自己的矛和盾。

师：好，坐，声音小了点。你们在书上找到了吗？一起读。

（生齐读课文）

师：再看第三个，世界上竟有如此锋利的矛，如此坚硬的盾，那么如果你是围观者，你会怎么想，怎么说？（学生沉默）这个问题有这么难吗？（提问学生）首先告诉我你会买吗？为什么？

生4：不买，在吹牛。

师：你怎么知道他在吹牛啊？

生4：他的矛最锋利，盾最坚固，是矛盾的。

师：他说他的矛什么都能刺穿，他的盾什么都刺不穿，是矛盾的。你们会买吗？

生众：不会。

师：为什么呀？

生众：因为他说的话自相矛盾。

师：那旁观者是怎么说的？

生众：用你的矛去刺你的盾，结果怎么样？

师：对，如果用你的矛去刺你的盾会怎么样呢？谁来说一下，如果用这么锋利的矛去刺这么坚硬的盾会怎么样？谁来告诉我。才让？

生6：他的盾就会被刺穿。

师：是这样吗？除了这个还有其他答案吗？

生6：两个都坏了。

师：好，坐。如果他真这么做，就会发生三种情况：第一种是矛坏掉了；第二种是盾坏掉了；第三种是都坏掉了。那么在人们的追问下，他为什么会哑口无言呢？

生众：他说的话自相矛盾。

师：自相矛盾是什么意思？

生众：比喻前后不一致。

师：前后矛盾，前后不一致，他是一个商人，他的话前后矛盾会有什么后果呢？

生众：东西卖不出去了。

师：为什么呢？

生众：不诚实。

七 讲授寓言道理

师：商人做事必须要诚实，要守信。这个故事讲完了，告诉我们一个什么道理啊?

生众：做事要诚实。

师：做什么事情都要诚实，说话做事前后要怎么样？

生众：一致。

八 讲解习题

师：那下面我们再来看这几个练习题，这些句子有没有自相矛盾？

生众：有。

师：自相矛盾在哪？看一下。

生众：昨天和一夜；五颜六色和红旗……（师生做练习题）

九 布置作业

师：这篇课文就讲到这，下节课我们把这篇课文所讲的道理讲一下。课下把课后练习题做在书上。看课后练习题第二题，两个字都要打钩，在后面注上。下课。

（2）弗兰德斯数据分析及结果

从"课堂结构分析表"中可以看出，《自相矛盾》整个课堂以教师的讲授为主，教师语言所用时间为 34.95 分钟，占整个课堂的 73.65%。学生回答问题或参与的时间只有 12.50 分钟，占整个课堂的 26.23%。其中学生主动参与学习、回答问题的时间为 11.05 分钟，占整个课堂的 18.89%；学生进行小组讨论的时间为 23.55 分钟，占整节课的 49.63%。对学生的评价为 27 次，共 1.35 分钟。

从"教师对课堂的控制类别分析表"中可以看出，教师对学生的直接影响与间接影响的比率小于 1，即教师语言中属于编码 1—4 的频次少于编码 5—7 的频次，说明这位教师的教学更倾向于对课堂做直接的控制。

从"教师对学生的强化类别分析表"中可知，教师对学生的积极强化与消极强化比率小于 1，积极强化远远小于消极强化，说明这堂课中教师的消极强化占主导。

表 4 – 16　　　　　　　《自相矛盾》弗兰德斯数据分析

学校	上课内容	授课教师	年级	时间	记录人
夏河 Z 藏族中学	《自相矛盾》	M 老师	七年级	2016.11	卢敏

A. 弗兰德斯互动分析矩阵表

	1	2	3	4	5	6	7	8	9	10	合计
1	0	0	0	0	0	0	0	0	0	0	0
2	0	3	0	3	0	7	1	2	0	1	17
3	0	0	6	13	3	6	0	2	1	2	33
4	0	0	0	47	0	18	0	88	0	8	161
5	0	0	0	5	35	2	0	2	0	1	45
6	0	2	0	42	5	153	2	39	1	5	249
7	0	1	0	1	0	3	2	2	0	0	8
8	0	11	27	42	1	51	3	253	0	0	388
9	0	1	0	1	0	0	0	0	0	0	2
10	0	0	0	7	1	9	0	0	0	27	44
合计	0	17	33	161	45	249	8	388	2	44	947

B. 课堂结构分析表

项目 \ 类别	时间 计算方法（3 秒/次）	时间（分钟）	比率 计算方法（次数/总次数）	比率（%）
教师语言	第 1—7 列次数	34.95	第 1—7 列次数	73.65
学生有效语言	第 8—9 列次数	12.50	第 8—9 列次数	26.23
课堂小组合作	第 10 列次数	11.05	第 10 列次数	18.89
学生朗读、游戏、讨论等参与性学习	第 8—10 列次数	23.55	第 8—10 列次数	49.63

C. 教师对课堂的控制类别分析表

项目 \ 类别	直接影响（第 1—4 列次数）	间接影响（第 5—7 列次数）	直接影响与间接影响的比率（%）
次数	103	386	26.68

D. 教师对学生的强化类别分析表

项目 \ 类别	积极强化（第 1—3 列次数）	消极强化（第 6—7 列次数）	积极强化与消极强化的比率（%）
次数	27	301	8.97

（3）问题与反思

第一，教师较为注重对学生学习能力的培养。"授人以鱼不如授人以渔"，在教学当中，在对课文大意的理解上，M老师没有将其硬灌输给学生，而是让学生通过查阅字典，加强记忆，促进学生自主学习能力的养成。

第二，如何有效开展识字教学。在教学中发现，学生书写"盾"字存在字形问题。"盾"是一个象形字，表示用"盾"遮住"目"。在教学中，教师如果用"字理识字法"，可以更好地帮助学生理解字形。

（4）基本建议

第一，教师不但呈现了清晰的教学目标，而且围绕目标开展了有效教学。刚刚开始上课，教师就向学生呈现了本节课的教学目标，让学生一目了然；在教学中，教师围绕目标开展教学活动，并很好地达成了教学目标。这是教学有效性的基础，而本节课中教师恰恰实现了目标指导下的教学实践活动。

第二，利用课前三分钟锻炼学生的口语表达能力，培养学生语感。藏族学生往往缺乏汉语交流的语言环境，而且日常用汉语交流的机会有限。M老师在课前"三分钟"安排学生讲授成语故事的方法给我们以启发。这种方法不但调动了学生的学习热情，而且积累了语言知识，为学生创造了锻炼言语表达的机会，提升了学生的语感。

第三，加强学生汉字书写的训练。藏族学生学习汉语，书写是一大难点。因为其母语藏语的书写与语音是基本一致的，一般来讲，学生会说就会写，而汉语是表意文字，所以音形之间差距比较大。因此，我们要格外加强对藏族学生汉字书写的培养，从书写的规范性、正确性等方面进行训练，在教学中采用丰富的方法激发学生汉字书写的兴趣。

3.《上帝发的答卷》课堂实录及分析

（1）课堂实录

授课教师：夏河Z藏族中学ZM老师

授课时间：2016年11月29日

年级：七年级

课堂实录整理：卢敏、李海义、陈昕

一 检查字词

师：昨天我们把《上帝发的答卷》中的字词简单地了解了一下，提了几个问题，看你们记得怎么样。（提问一个学生）你怎么解释上帝？

生：主宰万物的神。

师：指我国古代天上能主宰万物的神。请坐，再看一下，谁愿意给我回答一下"名声"？（老师用藏语解释）说一下自己的理解。

生众：名誉、声誉。

师：就是说社会上流传的对某个人的评价。那么"突发奇想"呢？（藏语解释）（板书展示）心里突然产生了某种念头。大家记一下。

二 宗教知识导入

师：今天我们学习新课，在讲课文之前，我想问一个问题，这篇课文的名字是《上帝发的答卷》，大家知道世界上的三大宗教吗？

生众：佛教、伊斯兰教、基督教。

师：对，基督教是世界上信仰人数最多的宗教，它的创立者是传说中的耶稣，教义就是叫人忍受痛苦，死后升入天堂去见上帝，上帝是基督教教徒最崇拜的对象。伊斯兰教的创始人是穆罕默德，教义是使人信仰唯一的真主，严禁信徒去信仰其他的神或偶像。佛教创始人是释迦牟尼，出生在现在的尼泊尔境内，是释迦部落的王子，在29岁时开始修行，创立了佛教，教义是四个真理及四谛。今天我们所学的上帝就是基督教所崇拜的对象。

三 讲解课文

1. 故事起因

师：接着看课文，把书翻到第20课《上帝发的答卷》。你们预习了没有？

生众：预习了。

师：好，那咱们一块儿看一下。第一段，谁愿意读一下？（学生读第一段）

非常好，声音再大一点。那么第一段，它交代了这件事情的起因。上帝吃饱喝足之后，突然闲的没事就想：如果给世界上的生物一次再次选择的机会，问他们愿不愿意做自己。祂给每种生物都发了一份答卷，让他们去答，收回之后令上帝怎么样啊？

生众：大吃一惊。

2. 猫与鼠

师：看一下第一组猫与鼠，实际上它们是什么啊？

生众：天敌。

师：那么为什么它们之间会有了这种想法呢，猫是怎么想的？

生众：做鼠。

师：按照常人的思维，鼠过的是人人喊打、提心吊胆的日子，还要日夜担心命丧猫口，但鼠可以自由地出入厨房，想吃什么就吃什么，翻箱倒柜，人们对它却没有办法。而猫偷吃一条鱼就会被主人骂死。所以猫虽然受人宠爱，但是它羡慕鼠。那么鼠又是怎么说的？怎么想的？

生众：想做一只猫。

师：猫从生到死都有人供养着它，它的温饱问题不需要像老鼠一样去偷吃，它从生到死都由主人供养着，还经常有人送鱼送虾。而鼠却人人喊打，所以它羡慕猫这种人人宠爱的生活；而猫虽受人宠爱，但羡慕老鼠的吃喝随便。鼠羡慕猫的舒服，猫羡慕鼠的吃喝随便，它们俩都不想做自己，都想做对方。

3. 猪与牛

师：再看第二组猪和牛。猪是怎么想的？

生众：想做一头牛。

师：牛虽然比较累，但是好名声在那放着呢。猪是什么的象征啊？

生众：傻瓜、懒蛋的象征。

图 4-12 夏河 Z 藏族中学七年级学生小组讨论

师：而牛是怎么想的？

生众：它想做一头猪。

师：因为猪的生活很舒服、很安逸，可以吃了睡，睡了吃，不用干活，还肥头大耳的，所以牛不想干体力活，它想成为一头猪。看一下，猪好吃懒做，牛虽干体力活却默默无闻。猪想被称赞，想要像牛一样有一个好名声；牛虽然被称赞，但它想像猪一样不用干活，活得舒心。

4. 鸡与鹰

师：第三组是鸡和鹰。它们两个怎么样啊？

生众：鸡想做一只鹰，鹰想做一只鸡。

师：为什么呀？

生众：鹰羡慕鸡是因为鸡可以渴有水，饿有米，不像它这样风吹雨淋，漂泊在外。

师：注意这个词"提（dī）防"是多音字，记不住的要注音。那么鸡又是怎么想的？

生众：羡慕鹰。

师：鹰可以翱翔天空非常自由，而鸡除了生蛋以外，没有自由，常常胆战心惊，（师生齐说）会被宰，惶惶不可终日。

师：这两个词理解吗？"胆战心惊"是什么意思？

生众：非常害怕。

师：对。"惶惶不可终日"是指害怕得一天都不可安逸。（藏语解释）鹰自由翱翔却羡慕鸡有吃有喝，鸡有吃有喝有房却羡慕鹰自由翱翔。鸡担心被捉被宰，鹰却不用担心这些，它们还是互相羡慕对方的生活环境。

5. 蛇与青蛙

师：再接着往下看，蛇和青蛙又怎么样呢？

生众：蛇想做青蛙。

师：对，蛇想做青蛙，青蛙又想做蛇，为什么？

生众：青蛙受人爱戴。

师：而蛇走到哪都会被人骂，（生齐答）它觉得这样活着很没意思。那青蛙又是怎么想的呢？

生众：想做一条蛇。

师：原本不被人吃，现在却是处处可见，被人吃。那么蛇羡慕青蛙的什么？

生众：受人保护。

师：对，青蛙羡慕蛇有威力，而蛇羡慕青蛙有人保护，它们俩也彼此羡慕对方，想变成对方。

6. 男人与女人

师：接着往下看，男人和女人之间的对比，那他们是怎么说的？

生众：男人想做女人，女人想做男人。

师：为什么？

生：男人认为女人的生活是风光的，可以上电视、上挂历、上广告，打扮得花枝招展的，非常光鲜亮丽。

师：男人们想做女人。而女人呢？

生众：想做男人。

师：对，做男人首先不用做家务，家务就是女人的专职，所以女人羡慕男人不用做家务，可以出入歌厅、餐馆一类的场所，还不受约束。而一个女人如经常出入这些场所就会招致一些闲话，所以女人羡慕男人的潇洒。那么每个人都不想做自己，都羡慕对方。

7. 故事结局

师：最后我们看，上帝看完后气不打一处来，甚至把所有的答卷都撕得粉碎，最后怎么说的？

生众：一切照旧。

师：形容一切都和原来一样。那最后一段是整个事情的结局，最后怎么样？

生众：一切照旧。

师：上帝一看答卷都不满意祂的安排，所以非常生气，撕掉了这份答卷，怎么样？

生众：一切照旧。

师：所有的生物都不满足于自己的现状，都不把握自己现在拥有的，都不珍惜这些，所以上帝非常生气。既然不满意，就一切照旧，各自回到原来的生活轨道。

四　总结全文

师：文章其实不难，通过几组答卷的对比向大家揭示了社会现实中所存在的一些不良现象。现在我们来看几个问题，巩固一下课文内容。第一段中哪句话可以统领全文？

生众："假如世界上每种生物可以再活一次，那么你会怎么选择呢？"

师：这句话引出了几组生物的对比。第二个问题：哪个词暗示了本文的荒诞性？（藏语解释）

生众：突发奇想。

师：非常好，上帝酒足饭饱后突发奇想，（藏语解释）突出了情景的荒诞性。再看一下第三个问题：文章哪一段中哪个短语暗示了本文情节的合理性？

生众：一切照旧。

师："一切照旧"（藏语解释）暗示了本文的合理性。一句话概括所有生物即芸芸众生的选择，是哪句？

生众：互相羡慕，互相选择。

师：对，他们不想再选择现在的这个角色，而是羡慕对方、别人。我们要相信自己！

五　指导仿写

师：在第12自然段省略号处：以温室中的花和旷野中的树为主人公续写两段文字。结合课文可以前后左右合作。

（生讨论交流）

师：温室中的花怎么样呀？它的生活怎么样呀？

为什么温室中的花羡慕旷野中的树，而旷野中的树又羡慕温室中的花？（藏语解释）要把它羡慕的对象的特点写出来。

（生讨论）

师：温室里的花，它的特点是什么样的？

生众：不受风吹雨打、受人保护、娇嫩。

师：就是娇艳、美丽，有人呵护，不需要经历外面的风吹日晒，这是温室里的花的特点。那么旷野中的树呢？

生众：自生自灭、有着顽强的生命力、能经历风吹雨打。

师：旷野中的树与温室中的花的不同之处是：温室里的花受人呵护，长得又娇艳美丽，不用受风吹日晒。而旷野中的树经得住风吹日晒，自由地生长，经历了风雨，生命力很顽强。

通过这两个特点就能写出来。写对方的优点，"假如让我再选择一次，我愿做……因为……"（生仿写句子）

师：我发现有些同学还是不行，咱们一块儿看一下。如果让旷野中的树选择，它想选择什么呀？

生众：做温室中的花。

师：对，它不受风吹日晒……把刚刚前面所有的话都说出来了，它不受风吹日晒、雨淋霜冻、娇艳美丽，还受主人的百般呵护。温室中的花是怎么选择的？

生众：做一颗旷野中的树。

师：温室里的花享受不到旷野中的树所享受的这些自由生长的条件，而且生长得高大、粗壮，获得人们的赞美，所以让生物

去选择，只会看到对方的优点，总感觉做自己不舒心。（藏语解释）

六　写作手法

师：总结一下这篇课文的写作手法是什么？

生众：拟人、对比。

师：还有语言的特点是什么呀？

生众：幽默。

师：通过几组对比，借动物之口言人间之事，揭示了人生中的一些哲理，也讽喻了现实生活当中所存在的一些不良现象，什么样的不良现象呢？

（生答）

师：那么这篇课文让你懂得了什么？让你明白了什么呀？

生：珍惜所拥有的。

生：每个人都有自己的缺点和优点。

师：对，每个人都有自己的缺点和不足之处，这篇课文让我们懂得了什么呀？你看，猫美慕鼠，鼠又美慕猫，让我们明白任何一个角色，都有它的好处。当然，也有它的难处，有些客观的事实，当我们无法改变的时候，我们只有去面对、去接受、去把握、去珍惜。在今天这篇课文当中，还有没有不能理解的地方？

生众：没有。

七　布置作业

师：好，那么下去之后，把课后练习第一题和第二题做到你们的家庭作业本上。实际上第一题咱们刚刚已经讲过了，同学们下课之后，再用自己的语言组织一下。这就是你们今天的家庭作业。好，再看一下课文，有没有不能理解的字词？

生众：没有。

师：同学们下课后把作业做好。好，下课！

（2）弗兰德斯数据分析与结果表

表4-17　　　　　《上帝发的答卷》弗兰德斯数据分析

学校	上课内容	授课教师	年级	时间	记录人
夏河Z藏族中学	《上帝发的答卷》	ZM老师	七年级	2016.11	李海义

A. 弗兰德斯互动分析矩阵表

	1	2	3	4	5	6	7	8	9	10	合计
1	0	0	0	0	0	0	0	0	0	0	0
2	0	4	0	20	17	4	0	0	2	2	49
3	0	0	0	1	1	0	0	0	0	0	2
4	0	0	0	36	22	5	0	174	0	19	256
5	0	0	0	93	155	9	1	4	33	4	299
6	0	0	0	27	8	33	1	10	0	14	93
7	0	0	0	0	1	1	0	0	0	0	2
8	0	40	2	50	68	25	0	73	0	5	263
9	0	4	0	8	21	2	0	0	0	0	35
10	0	1	0	21	6	14	0	2	0	63	107
合计	0	49	2	256	299	93	2	263	35	107	1106

B. 课堂结构分析表

项目＼类别	时间 计算方法（3秒/次）	时间（分钟）	比率 计算方法（次数/总次数）	比率（%）
教师语言	第1—7列次数	35.05	第1—7列次数	70.10
学生有效语言	第8—9列次数	14.95	第8—9列次数	29.90
课堂小组合作	第10列次数	5.35	第10列次数	9.67
学生朗读、游戏、讨论等参与性学习	第8—10列次数	20.25	第8—10列次数	36.61

C. 教师对课堂的控制类别分析表

次数＼类别	直接影响（第1—4列次数）	间接影响（第5—7列次数）	直接影响与间接影响的比率（%）
次数	307	394	77.92

D. 教师对学生的强化类别分析表

次数＼类别	积极强化（第1—3列次数）	消极强化（第6—7列次数）	积极强化与消极强化的比率（%）
次数	51	95	53.37

通过"课堂结构分析表"可以看出,《上帝发的答卷》以讲授法和小组合作法为主。在整堂课中,教师语言为35.05分钟,占整堂课的70.1%;学生回答问题或参与的时间为14.95分钟,占整堂课的29.9%;学生主动参与或回答问题的时间为20.25分钟,占整个课堂的36.61%,其中学生进行小组讨论的时间为5.35分钟,占整节课的9.67%。实际上,本节课中的第10类语言行为并非全部为学生讨论,而是学生在教师要求下读课文,讨论只占到一小部分。教师对学生的直接评价较少,教师对于课堂的把控能力比较强。

在"教师对课堂的控制类别分析表"中可以看出,教师对于学生的间接影响与直接影响的比率小于1,即教师语言中属于编码1—4的频次少于编码5—7的频次,说明这位教师的教学更倾向于对课堂做直接的控制。

从"教师对学生的强化类别分析表"中可知,教师对学生的积极强化与消极强化的比率小于1,而且比率大,说明教师的消极强化占主导,积极强化比较少。

(3)问题与反思

第一,教师运用藏汉双语授课,加深学生的理解。在上课过程中,ZM老师时常运用藏语为学生解释汉语词语的意思。如"惶惶不可终日""荒诞性"等较为抽象难懂的词语,ZM老师运用藏语讲授含义,帮助学生深入理解和把握。

第二,针对教学内容,教师可以适当放权,给学生更多参与的机会。《上帝发的答卷》是一篇典型的寓言故事,对于五组动物刻画的模式是雷同的。但教师完全采用讲授法,逐一讲授了这五组动物的故事。倘若教师采取支架范式教学,详细讲授一两组为学生做示范,再通过分组的形式让学生尝试理解,将会更好地调动学生的学习积极性和提升课堂教学的效果。

第三,涉及宗教知识时,教师进行了知识拓展。课文题目中就出现"上帝"，对于藏族学生来讲，他们大都信奉藏传佛教，其宗教文化浓厚，因此，教师补充了"世界三大宗教"的知识，帮助学生更好地理解课文内容。

第四，"仿写"设计得很有特色，但也存在不足。教师为了加强学生对语言的应用，在最后让学生以"温室的花和旷野中的树"为题进行仿写。这个设计是非常有创新色彩的，能够让学生有效迁移所学到的语文知识。但在教学实践中，学生仿写的任务并没有很好地完成。因此建议教师进一步为学生创设学习的支架，如把写作的关键词提示出来，并结合半开放式的句型帮助学生完成写作任务。如"温室里的花想做……旷野中的树想做……因为花觉得……树觉得……"在小组合作中，请学生先在小组内尝试表达，再推荐一人进行总体汇报表达，以锻炼学生的语言表达能力。

（4）基本建议

第一，运用支架范式，并嵌入教师有效的讲授。考虑到藏族学生的汉语水平，教师可以选择2—3组动物的对比作为示范，并在示范中提炼关键句型和内容，在此基础上，尝试让学生进行探究。在学生开展合作学习前，教师可以从前几组内容中提炼学生理解的提纲。如"鸡想做……鹰想做……因为鸡觉得……鹰觉得……"教师的有效讲授在支架教学中会起到关键作用，需要特别关注。

第二，活动设计要遵循"小步子"原则。教师要给学生留下自主学习的空间，但在具体操作时一定要根据学情进行"分解"，遵循"小步子"原则。所谓"小步子"原则，是斯金纳提出的一种教学原则，即将较大较难的学习目标，分解为若干较小、较为容易实现的目标，从而帮助学生确立学习的信心，一步一步完成学习任务，获得学习的成功。就如ZM老师让学生"仿写"的内容尽管很好，但缺乏"小步子"的持续支持，导致学生完成任务的状况欠佳。

4. 比较与分析

（1）寓言教学课堂观察比较分析

表4-18　　　　　　审议的教学目标与内容观察

目标和内容	夏河Z藏族中学M老师《自相矛盾》	夏河Z藏族中学ZM老师《上帝发的答卷》
a. 是否呈现教学目标	在《自相矛盾》中，M老师在上课之初呈现了本堂课的教学目标。其目标一是通过学习，掌握"自相矛盾"这则寓言中的生字、新词。二是理解故事内容，懂得这则寓言的寓意。三是能用自己的话说出成语"自相矛盾"的意思。四是有感情地朗读并背诵这则寓言	未呈现教学目标
b. 目标呈现与实际的教学关系	在实际的教学当中，M老师也是始终围绕这四个目标展开教学的。如对第一个目标，教师出示文章的生字词，通过默写、释义、造句等形式，当堂检查、训练、强化学生对字词的掌握情况。对第二个目标，老师是通过问答法与学生探讨"寓言"学习的方法，得出首先要"明白所讲的故事"，然后要"明白其中的寓意"的结论，再由老师进一步总结"寓言"文体的特点。其教学活动也是引导大家按照"学习寓言的基本方法"来开展教学的。关于第三个目标，在字词理解的过程当中，M老师就设计了用"自相矛盾"造句的环节，因此，也是对这个目标的回应。关于第四个目标，教师在教学当中多次让学生朗读全文。单从实际的状况来看，这是一篇由现代文改编的寓言故事，内容还是比较长的，因此，当堂背诵的目标并未实现	—
c. 教学内容是否贴切（文本特点、学情等）	总体来讲，这堂课的教学内容是非常符合文体特点的，M老师不但教给了学生学习这则寓言的方法，而且学习了所有寓言的基本方法，这种"授之以渔"的教学是难能可贵的，这也正是"程序性知识"的教学，让学生不但知道"是什么"，而且知道"如何是"。从学情来看，七年级的藏族学生对于汉语学习来讲，基础知识的掌握以及方法和习惯培养是非常重要的。因此，M老师在教学当中非常强调对字词的掌握运用，也注重学生"查字典"等习惯的培养，而且为学生提供了多种开展言语实践活动的机会	ZM老师的教学内容主要有：第一，讲解课文内容，理解"猫鼠""猪牛"等五组生物的答卷的意思；第二，通过学生讨论，尝试完成"温室的花"与"旷野的树"的对比；第三，理解本篇哲理散文的哲学意蕴。从内容的恰切性来讲，本堂课的内容选择是较为合理的，符合哲理性散文的文体特征，也关注到学生学习能力的迁移和培养

（2）教学方式观察

表 4-19　　　　　　　　　　寓言的教学方式比较

		《自相矛盾》	《上帝发的答卷》
讲授法	是否使用；讲授内容	教师使用了"讲授法"；主要讲授了寓言的文体知识、本篇出处《韩非子》以及"自相矛盾"的故事内容和含义	教师使用了"讲授法"；主要讲授了三大宗教的基本知识、本文的五组生物的答卷意思等
	学生反应和表现	在讲授过程中，学生能认真听讲，并做课堂笔记。大部分学生将"寓言"知识与出处写在了课堂笔记本上	在讲授过程中，学生能认真听讲。大部分学生将讲授的内容写在了课堂笔记本上
问答法	a. 是否；形式	大量使用问答法，主要形式是师问生答，教师还将问题直接呈现在 PPT 上，方便学生思考	大量使用问答法，主要形式是师问生答
	b. 提问内容	1. 解释字词、造句；2. 故事讲了什么内容？3. 告诉我们什么道理？	关于课外内容的理解
	c. 学生表现	1. 有学生在黑板上完成，其他学生在课堂作业本上完成；2. 学生在老师提问后随声附和，个别学生站起来回答；3. 在教师的不断提示和帮助下，学生理清了故事内容和寓意	学生大都为随声附和回答老师的问题
	d. 结果呈现	1. 字词解释和造句，个别学生呈现在黑板上，大多数学生呈现在课堂作业本上；2. 学生在老师提问后随声附和，个别学生站起来回答老师的提问；3. 学生提出：做人要诚实，不要弄虚作假。（似乎和寓言有出入）	学生回答的大都是简单的问题，如"师：……上帝看完后气不打一处来，甚至把所有的答卷都撕得粉碎，最后怎么说的？生众：一切照旧。"
	e. 评价状况	以教师评价为主，对学生答案进行批评指导	以教师评价为主，对学生回答进行指导
小组合作学习	a. 是否；形式	没有开展小组合作	开展小组合作；前后左右合作讨论
	b. 探究内容	无	以温室中的花和旷野中的树为主人公，讨论它们会怎样答卷？为什么温室中的花羡慕旷野中的树，而旷野中的树又羡慕温室中的花？（藏语解释）把它羡慕的对象的特点写出来。进行讨论
	c. 成员表现	无	前后左右同学围坐在一起，个别同学在小组内发言，但多数同学是欲言又止的样子。讨论刚刚进行了不到5分钟，老师在讲台上对全班进行了提问和引导。小组讨论没有继续下去

续表

		《自相矛盾》	《上帝发的答卷》
	d. 结果呈现		因为小组讨论没有最终进行下去，所以最后没有形成讨论的结论
	e. 评价状况		
诵读法	a. 诵读内容	学生齐读课文 学生齐读卖家的话	请同学诵读第一段
	b. 是否有教师指导		教师的评价："非常好，声音再大一点。"
	c. 学生诵读的基本状况	齐读课文	一位同学朗读第一段

（3）教学评价观察

表 4-20　　　　　　寓言的教学评价比较

	《自相矛盾》	《上帝发的答卷》
a. 评价的内容和方式	整堂课以教师讲授和引导为主，学生表现总体上是齐声回应，所以教师评价很少	1. 教师对学生提出的学习寓言的方法进行了鼓励 2. 教师对在黑板上写生字词的学生进行了指导 3. 对勇于回答问题的班长进行了表扬
b. 评价的效果	（对激发学生学习的效果）不明显	1. 对上台的学生进行了指导，大部分学生在课堂作业本上完成笔记 2. 班长屡次举手发言，很积极

（六）散文教学评析：以《鸟》《论友谊》为例

1. 学校及教师情况

甘肃省临夏市东乡县 D 中学是一所乡镇完全中学，前文已对其做了介绍。调研组听取了七年级的语文课《鸟》。执教的 C 老师是学校的一位骨干教师，有着多年的教学经验。在课后访谈中她谈到，她所带班级的学生基础差，家长外出打工的很多，很多家长对学生的学习也不关心。在语文课堂上，老师会更注重学生基础知识的学习。值得注意的是，C 老师原专业是舞蹈，后来转为语文老师。

对甘南州合作 Z 藏族中学前文已做介绍，本次调研组听取了高二年级的《论友谊》一课，执教的 T 老师是学校的一位骨干教师，语文年级组组长，有着多年的教学经验。

2. 《鸟》课堂实录及分析

（1）课堂实录

授课老师：东乡县 D 中学 C 老师

授课时间：2016 年 11 月 30 日

年级：七年级

课堂实录整理：卢敏

一　小故事、大道理

生1：《新龟兔赛跑》，乌龟自从赢了那场比赛后，一直都得意扬扬。一天，它心血来潮，又约了兔子再来一次赛跑。这一次……这个故事告诉我们，我们不应该犯同样的错误，这是一个很愚蠢的行为。谢谢大家。（鼓掌）

师：同学们听过《龟兔赛跑》，它给我们讲了一个新龟兔赛跑的故事，那么这个故事给你什么启示？（提问）

生2：我们不应该犯同样的错误，不然我们就成了一个傻瓜。

师：对。兔子在第一次赛跑中犯了错误，输了比赛，这个故事告诉我们不应该犯同样的错误。请坐。哪个同学再点评一下？

生3：我们不应该在成功的道路上存在侥幸心理，我们要靠自己的实力取得最后的成功。

师：成功的取得靠的是实力，而不是侥幸。这是从乌龟的角度来点评的，非常好。（鼓掌）

二　复习、巩固

1. 检查背诵

师：上节课我给同学们讲了蒲松龄的《狼》，布置了两项家庭作业。一个是背诵全文，另一个是把课文的文言实词、虚词记住。检查一下，先找同学背一下课文。（提问）

生4：一屠晚归……

师:好，请坐。他有个地方背错了，哪一句啊？

生众：止有剩骨。

师：对，担中肉尽，止有剩骨。下一段找同学背一下。（提问）

生：……

师：好，坐下，可能有老师和校长在，有点紧张，我们齐声背《狼》：一屠晚归，起。（生齐背诵全文）

师：大部分同学记得比较好。

2. 检查实词、虚词。

师："一屠晚归，担中肉尽，止有剩骨。"这里有个通假字，是哪个字，什么意思？

生众："止"，仅仅。

师："缀行甚远"，"缀"是什么意思？

生1：跟着。

师：好，请坐。"投以骨"的"以"什么意思？

生2：把。

师：介词，把。"一狼得骨止"的"止"是什么意思啊？

生3：停止。

师："而两狼之并驱如故"，"之"指什么呢？"之"的用法很多，在这里是取消句子独立性。"故"是什么意思？

生众：原来。

师：像原来一样一起追赶。"屠大窘"，"窘"是什么意思啊？

生2：困窘，急迫。

师："恐前后受其敌"，"敌"在这里是攻击的意思。"顾野有麦场"，"顾"是什么意思？

生众：回头看。

师："屠乃奔倚其下"，"乃"什么意思？

生1：于是，就。

师：对。"弛担持刀"，"弛"是什么意思？

生4：放下。

师：对，放下，卸下。"少时"，正确读音应该是shǎo，它是什么意思？

生众：一会儿。

师："一狼径去"，"去"是什么意思？

生5：离开。

师：对，径直地离开。"又数刀毙之"的"毙"是什么意思？

生5：杀死。

师："意将隧入以攻其后也"的"隧"也是名词活用，名词做状语，从隧道。"止露尻尾"的"尻"，谁让你们打开课本的，"尻"是什么意思？

生2：屁股。

师："狼亦黠矣"是什么意思？

生3：狼已经够狡猾了。

师："禽兽之变诈几何哉？"找同学来翻译一下。

生6：禽兽的欺骗手段能有多少。

师：对。看来同学们记得还不错，课下还要继续努力。

三　有关"狼"的成语积累

师：上节课让大家积累有关"狼"的成语，谁来说一下？

生众：狼吞虎咽、引狼入室、狼狈为奸、狼子野心……

师：好，还有其他的吗？

生：狼入虎穴。

师：同学们积累得非常好，同学们要理解它们的意思，写作文的时候多运用它们。

四　检查《鸟》的预习情况

师：上节课让大家积累了有关鸟的诗句，找同学说一下。

生5：留连戏蝶时时舞，自在娇莺恰恰啼。

师：请坐，这是杜甫的诗句，还有吗？

生3：两只黄鹂鸣翠柳，一行白鹭上青天。

生6：枯藤老树昏鸦，小桥流水人家。

师：非常好，这是我们刚学的诗句。在小学中我们还学过《春晓》，还有"山光悦鸟性，潭影空人心""无可奈何花落去，似曾相识燕归来"。辛弃疾的"明月别枝惊鹊，清风半夜鸣蝉"。除了刚才

说的几句外，还有这几句（电脑展示），同学们一起读一下。（生齐读有关鸟的诗句）

五　新课导入

师：同学们见过鸟吧，喜欢鸟吗？

生众：喜欢。

师：为什么喜欢，喜欢它的什么？

生众：羽毛……

师：还有跳动的神态、爪子、嘴巴、飞翔的样子、声音。用一个成语说，鸟语花香，这是多么让人赏心悦目啊。老师也喜欢鸟，我们都知道鸟是自然的风景，是人类不可缺少的陪伴。我们经常从鸟的身上读到很多东西。如布谷鸟，老师听出了"一分耕耘一分收获"；早上起来听到喜鹊，就会"人逢喜事精神爽"；还有燕子，我想到了作为一个人，勤劳特别可贵；如秋天南归的大雁，让我们看到了纪律的重要性。今天我们就来学习梁实秋的《鸟》。

六　讲解字词

师：大家来看这个字，传说的"传"换成提手旁，念什么？（提问）

生2：抟。

师：这是个拟声词，读呱呱（gū gū）。大家一起读一下，读两遍。

（生齐读生字词）

师：这个字大家经常读错。（提问）

生7：伫立。（生错读为 chù）

师：矗立吗？应该是伫（zhù）立。大家一起读一下。（生齐读生字词）

师：这节课词语特别多，有的注释中有，有的以前学过，大家读一下。（生齐读生字词）

七　作者简介

师：找同学说一下梁实秋的介绍。

生8：梁实秋，浙江杭县人，生于北京，著名的文学评论家、散文家，代表作有《莎士比亚全集》等。

师：作者梁实秋，著名的散文家、文学批评家、翻译家。他的一生给中国的文坛留下了很多著作，多达两千多万字，他的散文创造了中国散文出版的最高纪录。梁实秋最喜欢说的一句话是什么？

生众："文学是沉静地观察人生，并观察人生的全体。"

师：他的散文集《雅舍小品》正是因为这种精神的启发，才显得雅趣横生。

八 默读课文并思考

师：打开课本，默读课文。默读的基本要求是动眼不动嘴，边读边思考，有速度地默读，整体性默读，大家迅速默读课文。读的时候拿起笔，同学们应该清楚要做什么。

（生默读课文）

师：这是一篇写鸟的散文。大家思考一下，哪句话点明了作者对鸟的情结？

生1：我爱鸟的声音，鸟的形体，这爱好是很单纯的，我对鸟并不存任何幻想。

师：好，请坐。还有一句，哪一句更能点明作者的情感态度呢？

生4：我爱鸟。

师：说得非常准确，点明了作者对鸟的情感。那文中还有哪些可以表现出作者对鸟的喜爱呢？

生3：黎明时，窗外是一片鸟啭，不是叽叽喳喳的麻雀，不是呱呱噪啼的乌鸦，那一片声音是清脆的，是嘹亮的。

师：这一句写的是鸟的声音，形成了对比，突出作者对鸟的声音的喜爱，还有其他句子吗？

生5：多少样不知名的小鸟，在枝头跳跃，有的曳着长长的尾巴，有的翘着尖尖的长喙，有的是胸襟上带着一块照眼的颜色，有的是飞起来的时候才闪露一下斑斓的色彩。

师：这一句也写出了作者对鸟的喜爱，选择了很多只鸟去描写。描写鸟的声音、形体，表现喜爱之情。如果只是简单地说喜欢，会不会打动读者？

生众：不会。

师：所以要进行细节描写。"有的一声长叫，包括着六七个音阶，有的只是一个声音，圆润而不觉其单调，有时是独奏，有时是合唱，简直是一派和谐的交响乐。"这里用了什么修辞？

生众：排比。

师：这是排比吗？排比至少有三个句子。

生众：比喻。

师：把声音比作独奏、交响乐。这是比喻，既生动又形象。还有对鸟的形体写得非常美妙，104页上面，"几乎没有例外的"，大家齐声读一下。（生齐读）

师：这句话用了什么手法？

生众：比喻。

师：还有动静结合。除了这两个自然段外，前面两个自然段也都有一个"爱"字，表现了作者对鸟的情感，也构成了文章的基本线索，文章就是围绕这个"爱"的情感来写的。在阅读过程中，不仅要体会优美的语言，而且要把握作者的情感。

九 布置作业

师：第一项作业是布置给全体同学的，对课文当中重要的生字词要理解，做好笔记，下节课要听写。第二项作业，A组完成一个小练笔，仔细观察你喜欢的鸟，抓住特点进行写作。B组背诵课文第三段，把课文中优美的句子摘录出来。下课。

（2）弗兰德斯数据分析及结果

从"课堂结构分析表"中可以看出，整个课堂上以教师的讲授为主，教师语言所用时间为35.45分钟，占整个课堂的64.22%。学生回答问题或参与的时间为19.75分钟，占整个课堂的35.78%。其中学生主动参与学习、回答问题的时间为16.45分钟，占整个课堂的29.80%；学生进行小组讨论的时间为3.3分钟，占到整节课的5.98%。总体来看，教师对于课堂的把控能力比较强，也反映出学生参与的时间较少。

第四章　西北地区语文课堂变革调查（二）：课堂发生了什么　243

表4-21　　　　　　　　　《鸟》弗兰德斯数据分析

学校	上课内容	授课教师	年级	时间	记录人
东乡县D中学	《鸟》	C老师	七年级	2016.11	卢敏

A. 弗兰德斯互动分析矩阵表

	1	2	3	4	5	6	7	8	9	10	合计
1	0	0	0	0	0	0	0	0	0	0	0
2	0	1	12	5	5	21	0	3	0	1	48
3	0	4	1	6	0	16	0	0	1	0	28
4	0	0	0	35	0	27	2	135	3	3	205
5	0	3	0	31	71	3	0	1	2	0	111
6	0	6	3	79	14	170	2	19	11	8	312
7	0	1	0	2	0	2	0	0	0	0	5
8	0	31	11	41	17	52	1	152	0	5	310
9	0	1	0	2	4	10	0	0	2	0	19
10	0	1	1	4	0	11	0	0	0	49	66
合计	0	48	28	205	111	312	5	310	19	66	1104

B. 课堂结构分析表

类别 项目	时间 计算方法 （3秒/次）	时间（分钟）	比率 计算方法 （次数/总次数）	比率（%）
教师语言	第1—7列次数	35.45	第1—7列次数	64.22
学生有效语言	第8—9列次数	16.45	第8—9列次数	29.80
课堂小组合作	第10列次数	3.3	第10列次数	5.98
学生朗读、游戏、讨论等参与性学习	第8—10列次数	19.75	第8—10列次数	35.78

C. 教师对课堂的控制类别分析表

类别 项目	直接影响 （第1—4列次数）	间接影响 （第5—7列次数）	直接影响与间接影响的比率（%）
次数	281	428	65.65

D. 教师对学生的强化类别分析表

类别 项目	积极强化 （第1—3列次数）	消极强化 （第6—7列次数）	积极强化与消极强化的比率（%）
次数	76	317	23.97

从"教师对课堂的控制类别分析表"中可以看出，教师对学生的直接影响与间接影响的比率小于1，即教师语言中属于编码1—4的频次少于编码5—7的频次，说明这位教师的教学更倾向于对课堂做直接的控制。

从"教师对学生的强化类别分析表"中可知，教师对学生的积极强化与消极强化比率小于1，积极强化远远小于消极强化，说明这堂课上教师的消极强化占主导。

（3）问题与反思

第一，课前用"小故事，大道理"锻炼学生的口语表达能力。课前学生轮流讲寓言故事，不仅锻炼了学生的口语表达能力，而且通过学生"互学"促进他们思想品德的发展。

第二，如何安排新旧知识的衔接，值得思考。从本堂课来看，C老师用了将近20分钟的时间巩固已经学过的知识，并且重点是"字词"。按照C老师的观点，班级学生的基础薄弱，应该多花时间在"基础知识"上，但是字词之间倘若关联不大，又缺乏一定的语言学习语境的话，那么，往往难以产生良好的学习效果，还会加重学生的学习负担。

第三，语文教学中唤起学生的生活经验，但需与文体特征相结合。在教学中，老师首先让学生说出对"鸟"的印象，这对于学习新课是有益的。但《鸟》是一篇托物言志的散文，梁实秋写鸟不仅仅是为了赞美鸟，更多的是借助鸟来表达自己对自由的向往。那么在师生学习中，应关注作者如何以"爱鸟"为线索，引发作者的人生感悟。

从散文的文体特征来讲，教师应该让学生了解散文的特点，尤其是托物言志的写作手法。如《青松》《墨梅》等，都是通过对景物的描写，表达作者对高洁品格的追求。

第四，分层作业，如何处理差异与公平的问题。在作业的布置上，老师分A、B两组，分别完成不同的作业。分层次布置作业的前提是教师必须充分了解学情，对学生提出不同的要求。这在一定程度上也加大了教师教学设计的难度，但如何有效地处理作业分层次所带来的教学公平和教育伦理问题，值得我们深入反思。

（4）基本建议

第一，课堂提问技巧需要提升。课堂上教师的提问更多地关注对"是什么"的名物知识的考查，如复习旧课时对《狼》中所出现的字词进行提问。"'一狼径去'，'去'是什么意思？""'又数刀毙之'的'毙'是什么意思？""'意将隧入以攻其后也'的'隧'也是名词活用，名词做状语，从隧道。'止露尻尾'的'尻'……""'尻'是什么意思？""'狼亦黠矣'是什么意思？"从中我们看到，教师的课堂提问基本上是按照课文顺序依次发出的，问题之间都是平行并列的关系，没有清晰的逻辑层次设计。因此，课堂提问不是为了提问而提问，需要有一定的针对性，否则会消磨学生的兴趣。

第二，作业分层设计有待深入反思和改进。作业布置分为 A、B 两组，这对教师来说是一大挑战，不仅需要充分了解学情，还需要尊重学生的情感和意愿。倘若被分配到 A 组包含更多的教师的"期待"，那么被分到 B 组的学生容易失去学习的信心。

第三，增强师生互动。整堂课以教师讲授为主，学生一直处于被动接受的状态，课堂氛围也不够活跃。对此，教师可以尝试改进教学策略，创设有利于语文学习的生动的知识问题情境，加强互动，以提高学生的课堂学习参与度。师生互动还应该关注到班级不同学习层次的学生，激励学生勇于挑战自我。

3.《论友谊》课堂实录与分析

课堂实录

授课教师：合作 Z 藏族中学 T 老师

授课时间：2016 年 11 月

年级：高二

课堂实录整理：卢敏

一　课前诵读

1. 学生诵读《怎样活着》。
2. 教师点评、纠错。

二 走进文本：《论友谊》

（一）检查字词

师：今天我们继续学习培根的《论友谊》，上节课我们介绍了作者，通读了课文，在通读的过程中还有许多的词语、生字，大家有没有提前预习？今天我就来检测一下你们的学习情况。书合上，把练习本拿出来。（指名让学生上黑板听写。词语有旁征博引、娓娓道来、真谛、挚友、噪音、挫折、疏导、愤懑、调剂、抑郁、疏导、啃啮、暴风骤雨、砥砺、莫衷一是、妥当）

师：看一看这么多词语你会写几个？翻开书对照一下，看哪个词语写错了，要引起注意。前三个词语在阅读提示上有，有些同学从来不看阅读提示，阅读提示给我们提示了这篇文章的主要内容，引导我们如何学习一篇课文，所以一定不能忽略。我再请几个同学解释一下什么叫"旁征博引"？

师：如果单从这个词的字面意思上来看，你认为是什么意思？

生1：广泛地引用材料。

师：这个"征"怎么讲？

生众：征求、征用。

师：这个字不是征求、征用，而是证明的意思。为了证明它的正确，所以我们要干什么呀？

生众：博引。

师："博"怎么讲？

生众：博大。

师："博"就是多、大的意思，就是要广泛地引用材料来证明。所以我们不仅要了解它的内容，还要知道每一个字的讲法。再比如说"娓娓道来"是什么意思？

生众：形容说话动听。

师：形容说出的话动听，注意这个词的写法。这个"道"写错了，我不止一次地给大家强调过，它的偏旁是"辶"，这个下面不能分开，不能分成两笔。"又"和"辶"都是两笔，但是它们的形态不一样，"辶"先写一点，"又"下面是断开的。强调过很多次了，还是有同学记不住。今天还要注意一个生字。

生众：啮。

师：对，这里读"niè"不读"chǐ"。上生物课的时候我们学过一种动物叫啮齿类动物，大家还记不记得？啮齿类动物都有哪些？"啮"有啃、咬的意思，想一想生活中有哪些啮齿类动物？

生众：猫、狼、狗。

师：老鼠是典型的代表，松鼠也是。这篇文章中还有两个词语要注意，一个就是"砥砺"，它的意思在课文下的注释里有，相互鼓励，是不是啊？

生众：是。

师：这两个字怎么和鼓励连在一起呢？这两个字是什么旁？

生众：石字旁。

师：石字旁应该和什么有关系啊？

生众：石头。

师：什么石头啊？

生众：磨刀的石头。

师：砥是粗的磨刀石，砺是细的磨刀石，磨刀石相互碰撞进行摩擦，所以它引申出来的意思就是相互鼓励、相互磨砺。还有"莫衷一是"这个成语，课文下注释里也有。

生众：不能得出一致的结论。

师：意见不能一致，大家众说纷纭，莫衷一是。这个"莫"

图4-13 合作Z藏族中学高二学生演讲课堂

是不能的意思，"衷"是折衷，"是"当正确讲，所以就是说意见纷杂，不能得出一致的结论。对有些词语的理解我们不能只是翻翻书就可以了，必须多查字典、多翻字典。通过今天的提问和听写，发现很多问题，大家的学习还是不扎实，字词是我们学习语言的基础，必须扎实掌握。

（二）辨体析文

师：下面我们继续学习课文内容。昨天我们说了，《论友谊》的"论"有谈、说的意思，是议论文。这又是一篇随笔，随意地写生活中的感悟、感触。它的确是随笔，但是这篇文章更偏重于什么？

生众：议论。

师：许多随笔既有议论文的特征，也有散文的特征，有很多议论和抒情，甚至还有叙述性语言，这篇文章我们从议论文的角度去看它。文章比较长，共有12个自然段，下面先请同学们读一下文章的前两个自然段，找一找作者对友谊的评价，作者提出了什么观点？

（生自由朗读前两段）

师：读完了想一想，在这篇文章中作者提出的论点是什么？

生众：友谊对人生是不可缺少的。

师：很多同学都找到了，就是文中的第一句话，"友谊对人生是不可缺少的"，为什么这样说呢？作者先引出了古希腊谚语中的一句话："一座繁华的城市如同一片旷野"，这句话是什么意思？你来给大家说一下。（提问）

生2：心灵就像一座城市。

师：心灵像一座城市，城市里有什么？

生众：人。

师：按理来说城市里应该有什么？除了人还有什么？

生众：建筑。

师：对，有建筑、有喧哗、有吵闹，车水马龙，那你们说一下为什么这里又把没有友谊的城市比作一片旷野？

生众：人与人之间没有感情。

师：因为没有友谊它就显得单调、空旷、冷漠。这个谚语清楚地告诉我们，如果没有友谊，人们的面目淡如一张图案，人们的语言就如同噪音。按理来说，每个人都有自己的特点，面部表情丰富，特征也各不相同，但是如果缺少了友谊，那么每个人似乎都是一样的。面部表情呆板，或者像是一张白纸，没有任何表情。轮廓清晰的表情就像是简单的线条,没有立体感,缺乏生动的形象感。语言通常又是用来做什么的?

生众:交流。

师:这时候变成了什么?

生众:噪音。

师:可见友谊的重要性。人不是神,也不是一般的动物,他是有情感的,他需要友谊,他不能承受孤独和寂寞,所以没有友谊的人是寂寞的。长期下去就会抑郁甚至愤懑,一发而不可收,这里又强调了友谊的重要性。那么面对挫折的时候,如果有友谊就会怎么样?结合自身想一想。

生众:会分担、倾诉。

师:他会问你,今天怎么了?如果你信任他的话就会告诉他、向他倾诉,倾诉完是什么感觉?

生众:神清气爽。

师:你来说一说,你是什么感受?

生3:没有那么沉重了,压力没有那么大了,感觉轻松一些了。

师:嗯,很不错,请坐。这就如同第四自然段说到的,大家一起来读一读!

(生齐读第四段)

师:同学们看一下这句话,遇到挫折、困难的时候,说出来似乎轻松了许多。同样,快乐的事情说出来,别人也会更快乐,所以友谊很重要。同学们看一下,在第四段的结尾作者用了什么修辞?把什么比作什么?

生众:比喻。把友谊的奇特作用比成点金石。

师:可见友谊和黄金一样重要。作者为了论证友谊的重要性,用了什么样的论证方法?

生众:讲道理。

师:除了讲道理还有什么?

生众:比喻。

师:对,比喻。在第四段中作者主要强调了友谊的作用,友谊的作用是什么？如果找不到的话就请同学们读一下第五段。

（生自由朗读第五段）

师：第五段中哪些话可以体现第四段的问题？第五段开头已经告诉我们了。

生众：友谊增进人的智慧。

师：不高兴的事说出来痛苦可以减少，高兴的事说出来快乐可以增加。那么第五段着重在讲什么？

生众：友谊可以增进人的智慧。

师：友谊为什么可以增进人的智慧？请同学来回答。智慧应该是与生俱来的，那友谊怎么能增进你的智慧呢？

生4：可以交流。

师：你和挚友交流，交换意见，你们的想法放在一起智慧就增加了。如果遇到事情的时候没有友谊、没有挚友的帮助，就凭自己，你会怎么样？

生5：很艰难。

师：两个人的智慧肯定要胜过一个人，还有呢？谁来补充一下？

生1：把麻烦的问题整理得井然有序。

师：对，我们常说当局者迷旁观者清，当我们遇到问题的时候脑袋里一片混乱，搞不清头绪，这个时候朋友就会站在旁观者的立场上看这个问题，跟他交流之后你的头绪就会变得清清楚楚，所以友谊可以增进人的智慧。刚才这两个同学从不同的方面告诉我们友谊可以增进智慧，那么友谊还有什么作用？往下看。友谊可以调剂人的情感，是情感的需要；友谊还可以增进人的智慧，这是智慧才能的作用。那么友谊还能干什么？

生众：增长人的见识。

师：对，刚才同学们已经说了，两个人的意见肯定要胜过一个人。在这个过程中，我的想法，他可能没有，他的想法，我可能也没有，所以可以相互补充。（下课铃响）后面还有友谊的作用，请同学们认真读，仔细找，看一下友谊还有哪些作用？这节课就上到这里，生字词语一定要牢固掌握。下课。

第四章　西北地区语文课堂变革调查（二）：课堂发生了什么　251

（2）弗兰德斯数据分析与结果

表4-22　　　　《论友谊》弗兰德斯数据分析

学校	上课内容	授课教师	年级	时间	记录人
合作Z藏族中学	《论友谊》	T老师	高二	2016年11月	卢敏

A. 弗兰德斯互动分析矩阵表

	1	2	3	4	5	6	7	8	9	10	合计
1	0	0	0	0	0	0	0	0	0	0	0
2	0	0	1	0	0	4	0	0	0	0	5
3	0	0	2	9	2	6	0	2	1	0	22
4	0	0	0	11	0	12	1	44	0	8	76
5	0	0	0	10	50	14	0	0	10	1	85
6	0	1	0	18	17	179	5	14	11	45	290
7	0	0	0	1	0	5	2	0	0	3	11
8	0	4	17	10	7	22	0	102	0	1	163
9	0	0	1	1	8	12	0	0	0	0	22
10	0	0	1	16	1	36	3	1	0	109	167
合计	0	5	22	76	85	290	11	163	22	167	841

B. 课堂结构分析表

项目\类别	时间 计算方法（3秒/次）	时间（分钟）	比率 计算方法（次数/总次数）	比率（%）
教师语言	第1—7列次数	24.45	第1—7列次数	58.15
学生有效语言	第8—9列次数	9.25	第8—9列次数	21.99
课堂小组合作	第10列次数	8.35	第10列次数	19.86
学生朗读、游戏、讨论等参与性学习	第8—10列次数	17.6	第8—10列次数	41.85

C. 教师对课堂的控制类别分析表

类别\项目	直接影响（第1—4列次数）	间接影响（第5—7列次数）	直接影响与间接影响的比率（%）
次数	103	386	26.68

D. 教师对学生的强化类别分析表

类别\项目	积极强化（第1—3列次数）	消极强化（第6—7列次数）	积极强化与消极强化的比率（%）
次数	27	301	8.97

从"课堂结构分析表"中可以看出，整个课堂以教师的讲授为主，教师语言所用时间为 24.45 分钟，占整个课堂的 58.15%；学生回答问题或参与的时间为 17.6 分钟，占整个课堂的 41.85%。其中学生主动参与学习、回答问题的时间为 9.25 分钟，占整个课堂的 21.99%；学生进行小组讨论的时间为 8.35 分钟，占到整节课的 19.86%。总体来看，教师的主导性较强，对学生的赞赏与接受较少，累计 1.35 分钟。可见教师对于课堂的把控能力比较强，也反映出学生参与的时间较少。

从"教师对课堂的控制类别分析表"中可以看出，教师对学生的直接影响与间接影响的比率小于 1，即教师语言中属于编码 1—4 的频次少于编码 5—7 的频次，说明这位教师的教学更倾向于对课堂做直接的控制。

从"教师对学生的强化类别分析表"中可知，教师对学生的积极强化与消极强化比率小于 1，积极强化远远小于消极强化，说明这堂课上教师的消极强化占主导。

（3）问题与反思

第一，着眼于散文的特点和"这一篇"的特点设计教学。《论友谊》属于藏区协编《汉语》教科书中的课文，是一篇随笔散文。所谓随笔，是指一种随手笔录、不拘一格的散文样式。它一般以借景抒情、夹叙夹议为特色，篇幅短小，形式多样。培根的随笔除了具备一般随笔的特色外，还充满了哲理。在课前让学生提前了解培根其人，并熟读课文，体会本文的语言特色。

第二，教学从理解字词含义入手，帮助学生夯实基础。例如，学习"旁征博引""娓娓道来"的含义，"啮"的读音等，教师通过对话的方式与学生探究字词知识，夯实学生的汉语基础。

第三，课堂教学以"讲授"为主，可以进一步丰富教学形式。课堂上用得最多的就是"讲授法"和"问答法"，教师在课堂上起着主导和权威的角色作用，学生主动参与的学习活动设计不够。

（4）基本建议

第一，改进教学的形式。对于哲理散文，教学中在引导学生理解作者所要表达的哲理的基础上，还可以适当联系学生的生活实际理解中心观点。例如教师可以让学生进行分组讨论，或围绕主题举行小型的辩论赛等，从而让学生深入理解"哲理散文"的学习方法。

第二，加强言语训练。培根的随笔很有特色，可以通过熟读文本来体味其丰富而深刻的意蕴。在理解课文内容、意义的基础上，指导学生编写本文的结构提纲，进而理清文脉，把握文章内容，深入理解本文运用引证法、例证法等多种论证方法的作用，体会语言表达的艺术性。然后进行拓展性训练，用比喻句或因果论证写两组语言文字来赞叹"友谊"。

第三，指导学生练笔。《论友谊》是培根的一篇随笔，在布置作业时，可以为学生创设练笔的机会。如教师在指导学生理解课文内容、意义的基础上，进一步引导学生编写本课的结构提纲，理清文章脉络。在练笔中，进一步尝试运用引证法、例证法等论证方法，让学生在"练笔"中体会文章的特点和方法。

4. 比较与分析

从文本难度来看，《论友谊》的文本内容明显难于《鸟》。首先，这篇文章选自《培根论人生》，从思想来看，这篇散文蕴含着深刻的人生哲理；其次，从文体来看，《论友谊》是一篇随笔，从内容来看，两篇文章都属于散文教学的范畴。具体来说，《论友谊》是一篇哲理散文，偏重于议论；《鸟》则是一篇托物言志的散文。

（1）散文教学课堂观察比较分析

表 4-23　　　　　　　散文教学目标与内容观察

目标和内容	《论友谊》	《鸟》
a. 是否呈现教学目标	未呈现教学目标	未呈现教学目标
b. 目标呈现与实际的教学关系	—	—

续表

目标和内容	《论友谊》	《鸟》
c. 教学内容是否贴切（文本特点、学生学情等）	从教学内容来看，T老师的教学内容主要有：第一，字词讲授，理解旁征博引和娓娓道来的意思；第二，通过读课文，引导学生了解友谊的作用。虽未呈现教学目标，但整堂课是围绕"友谊对人生是不可缺少的"这个论点展开的，内容的选择较为合理，符合哲理散文的特点	从教学内容来看，C老师的教学内容主要有：第一，复习巩固有关《狼》的知识，积累有关狼的成语并对其中的知识点进行讲授；第二，检查新课预习情况；第三，新课字词讲授、课文讲解。整堂课的内容是围绕"爱"展开的，线索比较明确，但将过多的时间用于复习巩固，对新课的讲解较少，时间安排不够合理

（2）教学方式观察

表 4-24　　　　　　散文教学方式比较

		《论友谊》	《鸟》
讲授法	是否使用；讲授内容	教师使用了"讲授法"；主要讲授了生字词的书写和意思、作者对友谊的观点和友谊的作用	教师使用了"讲授法"；主要讲授了《狼》中的文言实词、虚词；《鸟》的作者简介以及内容
	学生反应和表现	在讲授过程中，学生都认真听讲	在讲授过程中，学生都认真听讲
问答法	a. 是否使用；形式	大量使用问答法，主要形式是师问生答	大量使用问答法，主要形式是师问生答
	b. 提问内容	1. 听写解释字词；2. 作者对友谊的评价；3. 友谊的作用	1. 背诵《狼》，文言词语理解；2. 检测《鸟》的预习情况
	c. 学生表现	1. 学生在黑板上完成习题，其他学生在练习本上完成习题；2. 学生在老师提问后随声附和，个别学生站起来回答；3. 在教师的不断提示和帮助下，学生理清了文章大意	学生在老师提问后随声附和，个别学生站起来回答问题，教师进行引导和帮助，学生掌握了相关知识
	d. 结果呈现	1. 字词听写和解释，个别学生将其呈现在黑板上，大多数学生将其呈现在练习本上；2. 学生在老师的提问后随声附和，个别学生站起来回答老师提问	学生的回答相对比较准确、完整
	e. 评价状况	以教师评价为主，对学生答案进行指导	以教师评价为主，对学生回答进行指导

续表

		《论友谊》	《鸟》
采取小组合作学习	a. 是否；形式	没有开展小组合作	没有开展小组合作
	b. 探究内容	—	—
	c. 成员表现	—	—
	d. 结果呈现	—	—
	e. 评价状况	—	—
采取小组合作学习	a. 诵读内容	1. 课前学生朗读《怎样活着》；2. 学生自由朗读第一、二自然段；3. 学生齐读第四、五自然段	1. 诵读有关鸟的诗句；2. 默读全文；3. 请同学齐读第四自然段
	b. 是否有教师指导	教师的评价："不错，这位女同学声音很大，选的话题内容比较宽泛，如果能结合自己的感触来谈就更好了。个别语句不通顺，还有一个特别明显的错别字'咀嚼'应该读 jué。"	
	c. 学生诵读的基本状况	1. 一位学生诵读《怎样活着》；2. 学生自由朗读；3. 学生齐读	1. 学生诵读有关鸟的诗句；2. 学生默读全文；3. 学生齐读第四自然段
有无其他方法	a. 有无其他方法		课前学生开展讲故事活动
	b. 学生表现		学生积极进行评价并从中学到了大道理

（3）教学评价观察

表 4-25　　　　　　　　散文教学评价比较

	《论友谊》	《鸟》
a. 评价的内容和方式	整堂课以教师讲授和引导为主，学生表现总体上是齐声回应，所以教师评价很少	整堂课以教师讲授和引导为主，学生表现总体上是站起来回答问题，教师的评价较为简单，基本都是："好""很好"
b. 评价的效果	（对激发学生学习的效果）不明显	虽有学生站起来回答问题，但都是教师叫名字，对于激发后面学生学习积极性的效果不明显

（七）实用文教学评析：以《奥斯维辛没有什么新闻》《谁是最可爱的人》为例

1. 学校及教师情况

临夏 H 回族中学执教《奥斯维辛没有什么新闻》的 M 老师，是某师范大学的免费师范生，仅有 1 年的教龄，但对教学很有热情和信心。从课后交流得知，他大学实习在某重点高中，师从当地名师。但因为他是少数民族，在外地生活，饮食方面有诸多不便，最后选择回到故乡工作。夏河 Z 藏族中学的 Z 老师是一位有着多年从教经历的汉族老师。

2.《奥斯维辛没有什么新闻》课堂实录与分析

授课教师：临夏 H 回族中学 M 老师

授课时间：2016 年 11 月 30 日

年级：高一

课堂实录整理：卢敏

一　新课导入

师：今天我们一起来学习两篇短新闻中的《奥斯维辛没有什么新闻》，首先大家一起读一下波兰诗人勃罗涅夫斯基的《我的故乡》。（学生齐读诗歌）

"我的故乡，有百万坟墓。

我的故乡，让战火烧尽。

我的故乡，是多么不幸。

我的故乡，有奥斯维辛。"

师：大家知道波兰出现过的一个名人是谁吗？

生众：居里夫人。

师：对。1939 年，德国大举进攻波兰，波兰亡国。波兰诗人写了这首诗，诗中出现了奥斯维辛，也就是今天我们所学新闻稿中的奥斯维辛。德国侵占波兰后，"二战"拉开了序幕。据历史统计，"二战"期间，德国纳粹屠杀了 600 万犹太人，其中在奥斯维辛这个地方屠杀了 500 万人。奥斯维辛是波兰南部的一个小镇，"二战"期间，

德国纳粹在这里建立了最大的集中营。接下来看一些图片,感受一下。(用电脑展示图片)

师:这就是关于奥斯维辛的一些历史照片,大家形象地感受一下。

二 学习目标

第一,了解奥斯维辛集中营,理解作者身份的内涵。第二,体味作者的情感,作者为什么写这篇新闻稿,记住历史惨痛的教训。

三 检查预习情况

师:大家已经预习了,一起看一下字词。

(生齐读生字词:婆娑、纳粹、沼泽、窒息、祷告)

师:大家要一次性记住。

四 讲解课文

师:给大家三分钟的时间,迅速地读一下这篇课文。读课文的时候一定要专注,手到、眼到、口到、心到。

(生读课文)

师:大家思考一个问题,作者在整篇新闻稿中有没有直接描写集中营是怎么残害、屠杀犹太人的,作者是以怎样的独特视角进行描写的?

生众:参观者。

师:举手回答。

生1:作者是以参观者的身份描写集中营周围的环境,反衬出奥斯维辛集中营的残酷。

师:非常棒。作为读者,我们也类同于一个参观者,同样,作者以参观者的视角写有什么好处啊?

生众:更接近现实情况。

师:对,使读者更加身临其境,感同身受,心灵上得到触动。作者没有直接描写,而是通过参观者的角度进行的,大家可以做旁注。既然确定了是以参观者的角度,大家再思考一个问题,找一找关于参观者感受的句子并画下来。请一位同学来回答一下。

生2:第七段"参观者默默地迈着步子……他们只稍用手指一

图 4-14 临夏 H 回族中学高二学生学习新闻文体

指就够了"；第八段"每一个参观者都感到有一个地方对他说来特别恐怖，使他终生难忘"。第九段"还有一些参观者注视着毒气室和焚尸炉，他们表情茫然……浑身发抖"。第十段"一个参观者惊惧万分，张大了嘴巴……因为这里没有什么值得看的"。第十一段"参观者来到一座灰砖建造的建筑物前……否则他会羞红了脸的"。

师：非常好，请坐。我们一起来看一下，首先看第八段，写的是参观毒气室，第九段是焚尸炉，他们表情茫然。看最后一句"停下脚步，浑身发抖"。第十段参观女牢房，表情惊惧万分。第十一段参观实验室，说"否则他会羞红了脸的"。第十二段，参观长廊，他们在沉思，默默地注视着。再看第十三段和第十四段，参观的是绞刑室。这样我们就把他们参观的路线找出来了。大家可以做旁注，写下线索。大家再来思考，为什么要写这些反映参观者感受的句子，目的是什么？

生 3：这些都是侧面描写，衬托德国纳粹的残酷。

师：好，请坐，我们一起来看一下。侧面描写证明了集中营的残酷，那些表情描写得非常形象，让我们感同身受，由此更加证明了德国法西斯的惨绝人寰。接下来我们一起来看一下细节描写，在作者笔下，奥斯维辛有不同的色调，"温暖光亮的东西"，他感受到的温暖光亮的东西有哪些？迅速找出来，并画出来。请同学来回答。

生 4："这里天气晴朗，树木青青，门前还有儿童在打闹、嬉戏。"

师：好，请坐。还有没有？

生众：第一段。

生 5："最可怕的事情是这里居然阳光明媚温暖，一行行白杨树婆娑起舞，在大门附近的草地上，还有儿童在追逐游戏。"

师：非常好，请坐。我们一起来讨论一下，作者本来写奥斯维辛的恐怖，却又写阳光明媚，体现了作者怎样的情感和思考呢？一分钟时间，与同桌讨论。

（生讨论）

师：哪位同学回答一下？（提问）

生6：作者是用美好的景象反衬出奥斯维辛的罪恶。

师：反衬，很好，关键词出来了。继续。

生6：孩子们追逐游戏，他们是不是已经忘了在集中营发生的事情，作者以此警醒读者。

师：提醒、铭记历史，又是一个关键点，请坐。谁还有更完整的回答？

生7：作者写这些话有讽刺的意味。

师：还有没有补充的？

生7：写这些美好的事物，是因为他心里坚信，正义必将战胜邪恶。以前的日子残酷无比，但是现在美好的事物仍在努力地生长。

师：好，请坐。还有补充的吗？

生3：第一段和最后一段都写了阳光明媚，追逐游戏，设置了悬念，是为了引出纳粹的残酷。

师：好，请坐。还有补充的吗？

生8：写阳光明媚与美好的景象，是为了与纳粹的恶行形成鲜明的对比，深化了主题。

师：好，还有吗？

生2：写这些美好的事物就是为了让我们珍惜现在。

师：珍惜现在，铭记历史。我们一起来看一下。开头通过对美好事物的描写衬托，控诉了纳粹的暴行，表达了对人们忘记历史惨痛教训的隐忧。这些同学说得都很好，都找到了关键点。

接下来看课文的第八段最后一句"在德国人撤退时炸毁的布热金卡毒气室和焚尸炉废墟上，雏菊花在怒放"。大家思考一下，作者为什么这么写？有什么用意？

生9：这是一个鲜明的对比，揭露法西斯摧残美好生命的罪行。

师：非常好。还有吗？

生4：我记得雏菊花的花语是"新"，是说希望有新的生命成长，这里有讽刺的意味。

师：非常棒。我们一起来看，一边是焚尸炉，一边是怒放的雏菊花，放在一起，形成非常鲜明的反差，揭露了法西斯摧残美好生命的罪行。大家说得都很好，说明最近旁注训练和概括能力有很大的进步。接下来看第十三段，我们一起来读一下。

（生齐读第十三段）

师：大家思考一下，一个二十多岁的姑娘，面对如此残暴的行径，她居然能笑出来，大家想一下她当时内心在想什么？这个美好而又隐秘的梦想是什么呢？作者为什么这么写？可以同桌讨论。

（生讨论）

师：哪位同学可以回答一下？

生7：通过外貌描写和神态描写，可以看出她对未来美好生活的憧憬，衬托出法西斯的暴行。

师：很好，请坐。

生3：集中营代表死亡，她微笑，说明她不畏牺牲，进一步揭示出犹太人不畏强权的精神。

师：好，下一位同学。

生9：对姑娘的描述，进一步揭露法西斯残害美好生命的暴行。

生10：写出了姑娘对美好生活的憧憬，后来被德国纳粹杀害，反衬出纳粹的暴行。

师：表现出生命的坚韧，有没有看过一部电影《美丽人生》？

生众：没有。

师：有机会让大家看一下。在《美丽人生》中，在残酷的条件下，父亲仍然对生活充满希望。前几天有个新闻，轰炸叙利亚，十几个孩子被炸死了。还有一组照片，对叙利亚一个村庄投放毒气弹，刚开始没有什么变化，后来孩子们皮肤开始变黑，慢慢心脏麻痹，无法动弹，非常残忍。在很多地方仍有战火，有各种暴行，我们应该珍惜现在的生活，珍惜当下。如果生命都无法得到保障，其他都是妄谈。所以给我们最主要的启示就是珍惜当下，感恩生活。

五　布置作业

师：接下来给大家布置一项作业。一个二十多岁的姑娘，她当时在想什么呢？她的梦想是什么呢？这次不要求文体，可以是散文，或者诗歌，大家想一想她在想什么？内心的活动是什么？100字左右，写在日记本上。

六　归纳总结

师：学完这篇课文后，大家内心有什么不同的感受与想法？哪位同学说一下？没人回答我可要找人回答了啊。（提问）

生5：铭记历史，不能忘记过去，要心怀感激，学会感恩。

生11：战争是残酷的，是不尊重生命的表现，我们要珍惜每一分每一秒。

师：好，这个问题留给大家课下继续思考。下课。

（2）弗兰德斯数据分析及结果

从"课堂结构分析表"中可以看出，整个课堂以教师的讲授为主，教师语言所用时间为28.70分钟，占整个课堂的61.85%；学生回答问题或参与的时间为17.70分钟，占整个课堂的38.15%。其中学生主动参与学习、回答问题的时间累计11.85分钟，占整个课堂的25.54%；学生进行小组讨论的时间累计5.85分钟，占整节课的12.61%。课堂上教师对学生的赞赏与鼓励时间累计2.40分钟；学生主动发言的时间累计6.55分钟。

从"教师对课堂的控制类别分析表"中可以看出，教师对学生的直接影响与间接影响的比率小于1，即教师语言中属于编码1—4的频次少于编码5—7的频次，说明这位教师的教学更倾向于对课堂做直接的控制。

从"教师对学生的强化类别分析表"中可知，教师对学生的积极强化与消极强化比率小于1，说明这堂课上教师的消极强化占主导。

表 4-26　《奥斯维辛没有什么新闻》弗兰德斯数据分析

学校	上课内容	授课教师	年级	时间	记录人
临夏 H 回族中学	《奥斯维辛没有什么新闻》	M 老师	高一	2016 年 11 月	卢敏

A. 弗兰德斯互动分析矩阵表

	1	2	3	4	5	6	7	8	9	10	合计
1	0	0	0	0	0	0	0	0	0	0	0
2	0	6	8	7	1	16	0	9	0	1	48
3	0	5	5	3	2	7	0	14	2	0	38
4	0	4	0	10	1	15	0	36	0	7	73
5	0	2	0	9	76	15	0	0	4	0	106
6	0	4	1	34	20	214	0	11	7	18	309
7	0	0	0	0	0	0	0	0	0	0	0
8	0	27	24	4	2	14	0	150	0	2	223
9	0	0	0	1	3	9	0	1	0	0	14
10	0	0	0	5	1	19	0	2	1	89	117
合计	0	48	38	73	106	309	0	223	14	117	928

B. 课堂结构分析表

项目	时间 计算方法（3 秒/次）	时间（分钟）	比率 计算方法（次数/总次数）	比率（%）
教师语言	第 1—7 列次数	28.7	第 1—7 列次数	61.85
学生有效语言	第 8—9 列次数	11.85	第 8—9 列次数	25.54
课堂小组合作	第 10 列次数	5.85	第 10 列次数	12.61
学生朗读、游戏、讨论等参与性学习	第 8—10 列次数	17.7	第 8—10 列次数	38.15

C. 教师对课堂的控制类别分析表

类别　　　项目	直接影响（第 1—4 列次数）	间接影响（第 5—7 列次数）	直接影响与间接影响的比率（%）
次数	159	415	38.31

D. 教师对学生的强化类别分析表

类别　　　项目	积极强化（第 1—3 列次数）	消极强化（第 6—7 列次数）	积极强化与消极强化的比率（%）
次数	86	309	27.83

(3) 问题与反思

第一,教师在课堂上呈现出清晰的学习目标。M 老师在讲课前展示了"学习目标",整节课的教学也是围绕目标展开的。学习目标一是了解奥斯维辛集中营,理解作者身份的内涵。二是体味作者的情感,记住历史惨痛的教训,珍惜和平,抵制暴力与罪恶。这两个目标都指向对内容的理解,由历史事实到对事实的深度理解,有较强的针对性。但没有明确指出"作者身份"对"新闻文体"的价值。

第二,创设适宜的教学情境,帮助学生走进文本。在新课讲授之前,M 老师通过播放影片、齐读诗歌《我的故乡》,给予学生最直接的感受和震撼。尤其是波兰诗人勃罗涅夫斯基的《我的故乡》:"我的故乡,有百万坟墓。我的故乡,让战火烧尽。我的故乡,是多么不幸。我的故乡,有奥斯维辛。"诗歌简洁有力的语言,表达了作者对故乡炙热的热爱和深沉的痛惜,同时,课堂上也用最短的时间,将同学们带入这段历史,直面历史,并被作者的情感所深深感染。

第三,立足文本细读,开展有效的合作探究。M 老师在教学中设计了小组合作学习的方式,值得注意的是,合作探究的任务指向了文本细读。例如,"在作者笔下,奥斯维辛有不同的色调,'温暖光亮的东西',他感受到的温暖光亮的东西有哪些?迅速找出来,并画出来"。因此,"合作探究"学习的有效开展,要引导学生"走进文本",在细读中品味作品的思想感情与内在意蕴。

第四,尊重学生的主体地位,创造民主平等的师生关系。在教学过程当中,M 老师没有一味讲授,而是创造机会让学生各抒己见,充分体现了围绕"学问魅力"的民主平等的师生关系。

第五,积极肯定学生的回答。M 老师对学生在课堂上的回答给予积极的肯定与评价,这种做法不仅在态度情感上激发了学生语文学习的兴趣,而且从评价本身来讲,为学生提出了努力的方向。

第六,教给学生"做批注"的学习方法。在教学中,M 老师总是提醒学生一边听讲一边做旁注,提示学生一边读书一边在空白处写下自己的理解,促进学生良好学习习惯的养成。

第七,紧密联系阅读教学内容设计课后作业。课后 M 老师布置的

"练笔"作业——"一个二十多岁的姑娘,她当时在想什么呢?她的梦想是什么呢?这次不要求文体,可以是散文,或者诗歌……100字左右,写在日记本上"——既锻炼了学生的写作能力,又加深了学生对课文的理解,真正做到"通过写作促进阅读"的"读写结合"。

(4)基本建议

第一,学习目标中对文体知识关注不够。教师呈现了两个内容目标,其中一个是了解作者,这指向罗森塔尔及本文获得普利策新闻奖的背景。其颁奖词提到:"突破新闻'零度写作'原则,着眼细节,以冷峻的视角,深沉地描述了今天的奥斯维辛集中营纪念馆。在恐怖与快乐、战争与和平、历史与现实的反差中,它召唤起人们关于灾难的记忆、关于生命的思考、关于人性的自省。它的发表充分地表现了一个新闻记者的使命感,更以迫人的力量震撼生者的心,成为新闻史不朽的名篇。"因此,"新闻"这一文体的基本特征是学生需要关注的第一层面的知识,而"这一篇"的特点,如"突破新闻'零度写作'",是学生需要关注的第二层面的知识。两者的关联和对比,是学生深度理解的关键性知识。

第二,在预习等环节中培养学生自学能力。教师在导入环节展示了有关奥斯维辛集中营的照片以及波兰诗人的《我的故乡》,奠定了学生理解的情感态度的基调并使之贯穿整个课堂。这种做法比空洞的说教要有效得多。但这一活动还可以设计成学生参与的探究活动,让学生在搜集、整理、呈现以及表达中历练学习能力。

3.《谁是最可爱的人》课堂实录与分析

(1)课堂实录

授课教师:夏河Z藏族中学Z老师

授课时间:2016年11月29日

年级:高一

课堂实录整理:卢敏

一 新课导入

总结消息的特点。

学习新课：通讯《谁是最可爱的人》。

师：通讯和消息有什么不同点或相似点？看完这篇课文后，试比较和 17 课最大的不同是什么？（板书：不同点）（老师启发学生，以《世界女排勇夺世界冠军》《那网那一刻》为例）

二 学习目标

师：消息主要是以报道事件为主；通讯一般以写人为主。（通过对比）还有什么不同？我们看 18 课第一段，用了很多排比句。由此可见，消息不需要那么多的修饰。（板书：消息记述单纯；通讯可采用描写方法，如议论、记叙、抒情）相同点：都是写真人真事。以后我们要根据特点区分消息和通讯。

师：写人，只单纯地写一个人，还是写了很多人？这篇课文写了几个例子？

生 1：……

三 理清文章结构

师：我们可以看出，这篇文章是按照总分总的顺序来写的。第一句，"感动着"，带着这个好奇心往下读，作者一步一步地把我们引向话题。所以我们以后写作文也不要开门见山，这是一个很好地借鉴。

师：从第四段开始，我们去找三种不同的革命精神。把这种精神加一个小标题，用 4 个或 5 个字概括出来。（学生默读课文，思考）

师：以反问的形式表示肯定。大家再看第九段，这样的句子我们前面也学到过，对敌人……对朝鲜人民……这样的结果起到了什么样的作用？

生众：承上启下。

师：第二个事例和第三个事例也存在这样的段落和结构，我们在读的时候画出来。

师（提示）：我们把三个故事搞清楚之后，再来了解背景，抗美援朝到底是怎么一回事。

师：请一位同学给我们介绍第一个故事，不是让你通读全文，而是找到那些概括的句子，说明志愿军战士的英勇无畏。

生2：（沉默）

师：第一个故事讲的是松骨峰战斗，但是从哪些细节可以看得出战士的英勇无畏？

生3：（沉默）

师：中吉，你来说。

（板书：一、战斗）

中吉：……不会。

师：（下课铃响起，老师拖堂）我只是让你读出来就行了，又不是让你概括什么。坐下。

师（总结）：他们吃雪，为了不让祖国人民吃雪。你找出来，读一下，又不是什么。下节课你要是找不出来，一点激情都没有，你要小心。下去以后，课文要好好读。

师：结尾，使用排比的形式。写作文的时候，我们一定要……我们在结尾一定要安排得当。下次写作时，开头结尾要写好。

（2）问题与反思

第一，背景知识的拓展。《谁是最可爱的人》是作者魏巍从朝鲜战场归来后所写，最先于1951年发表在《人民日报》上，后入选中学课本。是新中国成立后一篇影响很大、传诵广泛的通讯，报道抗美援朝战争最艰苦阶段，志愿军战士英勇反击的英雄事迹。对于学生来讲，对这段历史背景的了解是不充分的，因此，有必要通过活动设计，让学生拓展相关背景知识。

第二，明确通讯与消息文体的异同。Z老师一开始就抛出了这一问题，并联系学生刚刚学习过的"消息"进行对比，从而使得学生明确了文体知识，有助于文章的深入学习。如相同点是，都必须遵循材料真实、报道及时的新闻原则。其不同点，一是在形式上，消息的写作程式性较强，一般都是由多行标题、导语、主体和结尾几个部分组成，通讯则比较灵活，不太拘泥于上述固定格式。二是在内容上，消息通常只要求准确、概括地叙述一件事，通讯可以详尽地叙述新闻事件的全过程，关注事件中具体的人和事。三是在表现手法上，消息一般只采用概括叙述加举例的方法介绍所要报道的内容；通讯则可采用多种方法，在叙述的基础上，灵活地运用描写，兼及抒情、议论，并可适当运用比喻、拟人、象征等修辞手法，渲染气氛，刻画细节，描绘场面，摹写人物对话，以增强报道效果。四是在时效上，通讯不像消息那样严格，同一新闻事件，常常是消息先见报。

第三，教师设计了一定的学习活动，但学生参与度较低。整堂课以教师的讲授为主，学生的参与较少。教师也创设了一定的学习活动，力图调动学生的学习主动性，但实际效果不佳。表现在提问上，很多学生都以"沉默"应对。

（3）基本建议

第一，改进教学活动，增加师生互动环节，提高学生参与度。藏族学生在学习汉语方面存在一定的难度，尤其是当教师提问个别学生时，很多学生一时难以应对。针对这一状况，教师可以通过降低问题的难度、搭建学习支架等方式，增加学习参与度。如关于"概括故事内容"的活动，学生的回答很不理想，那么，教师是否可以给予一定的示例或提示，或通过小组讨论等手段，帮助学生更好地完成"概括故事"的任务，从而调动学生学习的主动性和积极性。

第二，学生没有胆量说出自己的不会，需要培养学生的自信心。课堂上学生发言很少，这也反映出藏族学生在课堂上表达观点的自信心不足。如Z老师讲到"承上启下"的段落知识，研究者在课后追问学生桑吉："哪一个段落跟第8自然段承上启下相似？"桑吉表示"不知道"。从中可以看到，这个问题学生不会，却"不敢"在课堂上提出来，这是值得深思的。教师在日常的教学中，可以适当举办一些朗读比赛、读书分享活动等，激发学生学习语文的兴趣，培养学生表达观点的自信心，通过"赏识"促进学生进步。

4. 比较与分析

从内容来看，两篇文章都属于实用文体范畴。《奥斯维辛没有什么新闻》是以第一人称的参观者视角展开叙述的，不同于一般的新闻通讯；《谁是最可爱的人》则是一篇优秀的通讯稿。

（1）实用文教学课堂实录比较

表 4-27　　　　　实用文教学目标与内容观察

目标和内容	《奥斯维辛没有什么新闻》	《谁是最可爱的人》
a. 是否呈现教学目标	教师在上课之初呈现了本堂课的教学目标：一是了解奥斯维辛集中营，理解作者身份的内涵。二是体味作者情感，作者写这篇新闻稿的原因	未呈现
b. 目标呈现与实际的教学关系	在实际教学中，教师始终围绕这两个教学目标展开。如对第一个目标，教师引导学生了解作者是以参观者的身份来描写的，这样独特的叙述视角，给人身临其境之感，进而引导学生对主题进行分析。对第二个目标，教师提出一个问题"作者本来写奥斯维辛的恐怖，却又写阳光明媚，体现了作者怎样的情感和思考呢？"教师在学生回答的基础上做了总结。总体来看，较好地达成了教学目标	
c. 教学内容是否贴切（文本特点、学生学情等）	第一，教师的教学内容是围绕教学目标进行的。第二，这是一篇新闻稿，对于高一年级的学生来说，对新闻的基本要素已经有了基础性的了解。基于这是一篇不同于以往报道的新闻稿，教师也是引导学生以独特的视角进行解读。第三，在讲授课文的过程中，教师时刻提醒学生做好旁注，注重对阅读习惯的培养。此外，课后进行写作练习，注重对学生基本能力的训练	从教学内容来看，教师的教学内容主要有：第一，通讯与消息的异同；第二，文章的结构；第三，故事的背景；第四，文中所讲的三个故事。总体来看，讲授内容比较有逻辑性，但在提高学生学习兴趣方面并没有产生什么效果

（2）教学方式观察

表 4-28　　　　　实用文教学方式观察

		《奥斯维辛没有什么新闻》	《谁是最可爱的人》
讲授法	是否使用；讲授内容	教师使用了"讲授法"，主要讲授了创作的背景、字词字音的纠正以及整篇课文的内容	教师使用了"讲授法"，主要讲授了通讯与消息的异同点、文章的结构
	学生反应和表现	在讲授过程中，学生表现为认真听讲，并做好旁注。大部分同学将讲授的内容写在了课文的空白处	在讲授过程中，学生表现为认真听讲或者沉默

续表

		《奥斯维辛没有什么新闻》	《谁是最可爱的人》
问答法	a. 是否采用；形式	大量使用问答法，主要形式是师生问答	大量使用问答法，主要形式是师生问答
	b. 提问内容	1. 作者是以怎样的独特视角描写集中营的？2. 关于参观者感受的句子有哪些？3. 写焚尸炉废墟上的雏菊花的用意是什么？	1. 通讯与消息的异同点是什么？2. 志愿军战士的胸怀和品质是通过什么来表现的？3. 第九段所起的作用是什么？4. 全文写了哪几个故事？
	c. 学生表现	学生在老师提问后随声附和，有个别学生站起来积极回答问题，在教师的引导帮助下进一步完善问题的答案	学生在老师提问后保持沉默，不知道该做什么。对于第三个问题，学生回答为"承前启后"
	d. 结果呈现	学生在老师提问后随声附和，个别学生站起来回答老师提问，学生的回答基本上比较全面具体	学生在老师提问后基本保持沉默
	e. 评价状况	以教师评价为主，对学生的回答给予肯定与指导	教师评价很少，对于第四个问题的评价为："我只是让你读出来就行了，又不是让你概括什么。"
小组合作学习	a. 是否；形式	开展小组合作；前后左右合作讨论	无小组合作
	b. 探究内容	1. 作者本来写奥斯维辛的恐怖，却又写阳光明媚，体现了作者怎样的情感和思考？2. 一个二十多岁的姑娘，面对如此残暴的罪行，居然能笑出来，她当时内心在想什么？这个美好而又隐秘的梦想是什么？作者为什么这么写？	
	c. 成员表现	前后左右同学讨论	
	d. 结果呈现	相继有学生积极回答老师的提问	
	e. 评价状况	老师对学生的回答给予积极的肯定与评价	
诵读法	a. 诵读内容	学生齐读诗歌《我的故乡》；学生齐读第十三段	
	b. 是否有教师指导		
	c. 学生诵读的基本状况	齐读诗歌和第十三段	

(3) 教学评价观察

表 4-29　　　　　　　实用文教学评价观察

	《奥斯维辛没有什么新闻》	《谁是最可爱的人》
a. 评价的内容和方式	1. 教师对回答问题的学生进行了表扬，并对学生的回答给予积极的肯定；2. 教师对电脑上展示的字音进行了纠正	整堂课以教师的讲授为主，学生总体上以沉默为主，教师评价很少
b. 评价的效果	1. 总体上，部分学生积极回答问题；2. 学生纠正了字音，并记下	（对激发学生学习的效果）不明显

（八）高三复习课教学评析：以《文言虚词》为例

1. 学校及教师情况

关于和政 H 中学，前文已作介绍。执教高三复习课的 M 老师是一位有着 5 年教龄的年轻教师。

2. 《文言虚词》课堂实录与分析

（1）课堂实录

授课教师：和政 H 中学 M 老师

授课时间：2016 年 12 月 1 日

年级：高三

课堂实录整理：陈昕

（注：教师将高考大纲必须掌握的 18 个文言虚词定为学习内容）

一　知识回顾

回顾上节课学习过的第一个文言虚词"而"，请一位学生回忆"而"的用法。（细分了九种用法，总体分为两种：连词与代词）

二　虚词学习

1. 继续学习其他文言虚词

（1）学习"其"（学生已经提前预习，教师直接结合习题讲解）

● "其"共有四种用法：第一种代词；第二种副词；第三种连词；第四种助词。

- 教师强调助词的用法：用在句中，不翻译，只起音节辅助的作用，无实意。教师结合具体实例，巩固知识点。（学生提问不懂之处，集体解答）

师：哪个不会？我们一起来讲一下。

生众：第四个，第八个，第七个。

师：先看第四个（选自《石钟山记》，学生之前未学习）。"于乱石间择其一二扣之"，哪个字不会？

生1："扣"，敲打。

师：还有哪个不会？

生2："于乱石"。

生众：在乱石中。

师：既然大家再没有不会的词，就请一位同学来翻译。

生3：在乱石中挑出其中的一两个相互敲打。

师：挑选其中的一两个石头相互敲打，以判定石钟山如何得名，所以"其"翻译成"其中"。大家还有哪个不会？

生4：第七个，"其若是孰能御之"。

师：仍是新内容，里面哪个词不会？

生4："孰"。

师：这个词学过。（用已学课文中"吾与徐公孰美"和"人非生而知之者，孰能无惑"启发学生）

生众：谁。

师：继续提问。

生5："御"。

师：抵御（没有上下文，教师直接解释），请同学翻译。

生6：如果是这样，谁能抵御得了呢？

师：继续提问。

生7：第八个。

师：这一句哪个字不会？

生7："从"。

生众：听从。

师：翻译得很到位。"极"意思是"尽"，理解为他们尽情地享受游玩的乐趣。请坐，继续翻译第二个。

生8：纵然死很多次，我也不后悔。

师："犹"翻译为"纵然、仍然"；"九死"翻译得非常好，是泛数，意为多次。三人行必有我师焉，里面的三人就是泛数；"其"为助词，不做翻译，只起一个音节辅助的作用。接着看第三个"其皆诸如此乎"。

生8：原因大概都是出自这个道理吧。

师："大概"表示推测的语气。圣人之所以为圣，愚人之所以为愚，其皆出于此乎。很好，坐，看下一个。

生9：病人责怪他要求退出来的人。

师：可以，请坐。"或"是重点词：有的人，有时候。"其"翻译为指示代词，"那"：那个。继续。

生10：他懂得的道理早于我。

师："固"没有翻译出来。

生众：本来。

师：对，他懂得的道理本来就比我早、比我多。"其"，第三人称代词，代"他"；看黑板，"相乎吾"是什么句式？

生众：（沉默）

师："乎"是一个介词"于"，即"比我早"，根据语境翻译为"懂得的比我多"比较好。这个句式是介词短语后置。我们还学过一句"青，取之于蓝而青于蓝"，"青于蓝"就是一个介词短语后置句，还原为"于蓝青"。"于"翻译为"比"，比蓝这种颜色更深，所以这两个句式是一样的，再看下一个"从其计，大王亦幸赦臣"。

生2：听从他的意见，大王也赦免了我。

师：请坐。"其"翻译为"他的"。这句话的出处是《廉颇蔺相如列传》，蔺相如作为赵国舍人的门客，这个句子是舍人向皇帝推荐蔺相如所说的一句话，意思是我听从了蔺相如的策略，大王也有幸赦免了我。

师：我们从八个例句中总结"其"的用法。第一种是代词，第二种是副词，稍做强调。看例7，是"反问"语气，翻译为"岂，难道"。在《烛之武退秦师》中举个例子。

生众：（沉默、思考）

师：这是假期中大家一起复习过的，里面有一句"吾其还也"，商量的语气，意思是我们还是回去吧。反问语气，在《师说》里面有一句"今其智乃反不能及，其可怪也与"，翻译为：这难道不是一件很奇怪的事情吗？你们在旁边标注一下，表示反问的语气。好记性不如烂笔头，大家一起再总结一下，加深印象。

（2）学习"为"

（以前复习过，大家自己总结）

（略）

（3）学习"以"

（略）

师：剩下的时间同学们自己再总结一下。看有没有疑问之处，用不褪颜色的笔在旁边标记一下，下节课再为大家讲解。

三 结语

师：文言虚词必须夯实基础，才能在高考中更好地得分，下节课我们对五到八这几个进行重点讲解，下课！

（2）弗兰德斯数据分析与结果

这是一节高三文言虚词复习课，教师通过大量例句讲解了虚词"其""为""以"的用法，教学内容容量大，以学生提问、师生共同解答为课堂主要教学方式，是一节高三备考课。通过"课堂结构分析表"可以看出，整个课堂上学生活动共 15.85 分钟，占整堂课的 28.35%；教师语言共 40.05 分钟，占整堂课的 71.64%；课堂小组合作的时间为 2.55 分钟，占整个课堂的 4.56%。第 10 类语言行为是对学生当堂完成练习和沉默两种学生行为的记录。学生有效语言时间为 13.30 分钟，占整节课的 23.79%。学生语言以回答教师问题为主。但本节课值得关注的是，因为是高三年级复习课，学生已经储备了一定的知识，对教师讲的内容可以自发回答，因此，第 9 类语言行为在本节课中出现较多，累计 243 秒。教师对课堂控制力强，教师语言贯穿课堂始终。

表 4-30　　　　　　《文言虚词》弗兰德斯数据分析

学校	上课内容	授课教师	年级	时间	记录人
和政 H 中学	《文言虚词》复习	M 老师	高三	2016.12	陈昕

A. 弗兰德斯互动分析矩阵表

	1	2	3	4	5	6	7	8	9	10	合计
1	2	0	2	0	0	0	0	1	0	0	5
2	0	1	1	0	2	0	0	15	5	0	24
3	1	4	1	0	0	3	0	23	0	0	32
4	0	2	9	9	72	10	0	25	14	4	145
5	1	6	10	8	296	28	0	66	57	11	483
6	1	11	5	8	28	30	0	19	4	6	112
7	0	0	0	0	0	0	0	0	0	0	0
8	0	0	2	111	4	23	0	36	0	9	185
9	0	0	1	0	78	2	0	0	0	0	81
10	0	0	1	9	3	16	0	0	1	21	51
合计	5	24	32	145	483	112	0	185	81	51	1118

B. 课堂结构分析表

项目＼类别	时间 计算方法（3 秒/次）	时间（分钟）	比率 计算方法（次数/总次数）	比率（%）
教师语言	第 1—7 列次数	40.05	第 1—7 列次数	71.64
学生有效语言	第 8—9 列次数	13.30	第 8—9 列次数	23.79
课堂小组合作	第 10 列次数	2.55	第 10 列次数	4.56
学生朗读、游戏、讨论等参与性学习	第 8—10 列次数	15.85	第 8—10 列次数	28.35

C. 教师对课堂的控制类别分析表

项目＼次数	直接影响（第 1—4 列次数）	间接影响（第 5—7 列次数）	直接影响与间接影响的比率（%）
次数	206	595	34.62

D. 教师对学生的强化类别分析表

项目＼类别	积极强化（第 1—3 列次数）	消极强化（第 6—7 列次数）	积极强化与消极强化的比率（%）
次数	61	112	54.46

从"教师对课堂的控制类别分析表"中可以看出，教师对学生的直接影响与间接影响的比率小于 1，且数值偏小，即教师语言中属于

编码1—4的频次少于编码5—7的频次，说明这位教师的教学更倾向于对课堂和学生做间接的控制。值得肯定的是，在这堂课的教学中，教师有第1类语言行为的涉及，虽仅有5次，累计15秒，但依旧值得关注。

从"教师对学生的强化类别分析表"中可知，教师对学生的积极强化与消极强化的比率小于1，说明教师的消极强化占主导。在整堂课上，教师没有出现第7类语言行为。

（3）问题与反思

第一，用西方语法系统讲解文言文词义，是否有效。因为文言文与现代汉语在语法结构产生了一定的变化，因此，为了更好地说明这种"变化"，语文老师常用的方法是借助西方语法系统来说明。如《鸿门宴》中"沛公安在"，意思是"沛公在哪里？"宾语是代词"安"，放在谓语"在"的前面，因此，称之为"宾语前置"。这是文言文表达的基本特点，如《石钟山记》中"古之人不余欺也"。人称代词"余"在谓语"欺"的前面，也是"宾语前置"。"宾语前置"是比较容易理解的句型，因为学生容易分清楚句子中的"主谓宾"语，但还有"定语后置"句、"状语后置"等句型。此外，还有虚词用法等，如"结构助词""语气助词"等。这就需要学生对西方语法系统非常了解和熟悉，否则，就难以进行区分。

第二，习题的内容部分来自课外，需要进行课堂内外知识的迁移。高考强调学生学习的运用能力，因此，教师在复习备考时，需要强化课内外的知识迁移。从具体的文言句子到引导学生归纳总结语言规律，再到新句子的迁移运用，是有效的高考文言文复习方法。在教学当中，M老师还注重教给学生学习方法，如"好记性不如烂笔头"等，强调以写促记等。

（4）基本建议

第一，回到语境中理解，是文言文学习的不二法门。王宁特别强调学习文言文要注重积累，这里的"积累"即是在语境中理解文言。例如，学生在《劝学》中学习了"青，取之于蓝而青于蓝"，按照西方语法的讲解，即"青于蓝"是一个介词短语后置句，应该还原为

"于蓝青";这种讲法其实是很别扭的,因为学生完全可以理解"青于蓝"的意思是"比蓝青",这样的方法不但"化简为繁",而且意思不那么准确。所以,古代汉语与现代汉语之间,尽管有一些"变化",但是这些变化不需要特别用西方语法体系进行"纠正"。学生在积累当中,自然就会形成一定的"文言语感",因为古文与现代文毕竟有着深刻的联系。如"何陋之有""则何如"等,学生其实在语境当中就能够理解清楚含义,在理解的基础上,更便于学生掌握古汉语的基本特点。

第二,"高速度、大容量"是否等于"高效率"?我们看到,高三复习课基本上都会陷入"题海战术",但问题往往是,会的同学依然是会的,不会的同学依然对应该掌握的知识理解不到位。这就导致大部分学生的学习效率不高。因此,不能因为备考紧张而一味追求进度,就忽略了学生的学情和困难,反而会"欲速则不达"。

五 课堂研究结论与讨论

纵观八组课堂观察后的弗兰德斯数据及其分析,我们可以看到,少数民族地区汉语文课堂上存在以下特点。

表4-31　　　课堂观察弗兰德斯数据分析汇总表

项目	类别	课堂结构分析				教师直接影响与间接影响比率(%)	积极强化与消极强化比率(%)
		教师语言比率(%)	学生有效语言比率(%)	课堂小组合作比率(%)	学生参与性学习比率(%)		
1	《威尼斯小艇》	59.83	21.28	18.89	40.17	59.45	50.03
	《识字课》	36.84	35.88	27.27	63.16	46.38	21.31
2	《涉江采芙蓉》	55.77	23.76	20.48	44.23	46.29	116.36
	《蜀相》	57.78	31.23	10.98	42.22	60.48	124.19
	《一剪梅》	65.55	20.04	14.41	34.45	26.48	5.88
3	《离骚》L老师	72.47	20.33	7.19	27.52	18.60	18.64
	《离骚》M老师	59.78	38.64	7.41	46.05	18.40	12.54

续表

项目	类别	教师语言比率（%）	学生有效语言比率（%）	课堂小组合作比率（%）	学生参与性学习比率（%）	教师直接影响与间接影响比率（%）	积极强化与消极强化比率（%）
4	《马说》	57.78	19.37	22.85	42.22	16.48	9.09
	《〈论语〉五则》	39.04	43.03	17.93	60.96	19.81	15.56
	《生于忧患，死于安乐》	44.50	26.32	29.18	55.50	34.50	14.49
5	《自相矛盾》	73.65	26.23	18.89	49.63	26.68	8.97
	《上帝发的答卷》	70.10	29.90	9.67	36.61	77.92	53.37
6	《鸟》	64.22	29.80	5.98	35.78	65.65	23.97
	《论友谊》	58.15	21.99	19.86	41.85	35.78	8.97
7	《奥斯维辛没有什么新闻》	61.85	25.54	12.61	38.15	38.31	27.83
	《谁是最可爱的人》	59.78	38.64	7.41	7.41	18.40	12.54
8	《文言虚词》	71.64	23.79	4.56	28.35	34.62	54.46

（一）识字写字教学，教学形式较为单一

表4-32　识字写字教学课堂观察弗兰德斯数据比较分析

项目	类别	教师语言比率（%）	学生有效语言比率（%）	课堂小组合作比率（%）	学生参与性学习比率（%）	教师直接影响与间接影响比率（%）	积极强化与消极强化比率（%）
《威尼斯小艇》		59.74	21.37	18.89	40.26	58.86	50.00
《识字课》		36.82	35.76	27.42	63.18	46.01	21.31

通过对夏河县 S 藏族小学两位老师教授的《威尼斯小艇》与《识字课》的分析、比较，我们发现，课堂教学活动是以教师的讲解为主，在时间上分别占课堂时间的 59.83%、36.84%。虽然在《识字课》中，教师语言所占比例较少，但是记录下来的学生活动的主要内容为沉默

与读字词，并非主动发言，可见，这节字词课学生主动发言较少，课堂主要由教师主导，教师对课堂的控制力较强。在这两节课上学生的有效语言分别是 21.37%、35.76%。尽管 Z 老师课堂"学生参与时间比率"达到了 63.18%，但更多的是"师问生答"和"反复拼读词语"的时间。因此，学生在课堂上主动性较弱，主要由教师直接或间接影响学生的课堂行为。

1. 识字教学与阅读教学结合不紧密，关注"词典意"，忽略"语境意"

以《威尼斯小艇》为例，教师首先听写生字词，在听写结果不理想的情况下，教师花时间逐一订正字形和拼音。对藏区六年级学生来讲，拼音仍然是学生学习的困难点，这是值得关注的。教师用半节课的时间讲完字词，后半节课开始做"同步练习"的字词训练，包括在"田字格"中写生字、比较近义词和做选词填空练习等。因此，本堂课属于识字写字课，《威尼斯小艇》这篇课文是识字写字内容的出处和背景。如在"体会加点字含义"中，涉及课文中的句子："静寂笼罩着这座水上城市，古老的威尼斯又沉沉地入睡了。"

师：这是一个什么句子？
生众：拟人句。
师：把什么比成了什么？
生众：把威尼斯比成人。
师：把威尼斯的夜晚比成了入睡的人。如果没有这个"笼罩"和"沉沉"，这个句子会怎么样？
生众：……
师：它是一个不完美的句子。这里的"笼罩"和"沉沉"起到了修饰的作用。

从中我们分析教师教学的重点是什么？是教授学生"拟人句"的语文知识，还是借助拟人的语文知识理解该句在《威尼斯小艇》中的含义和作用？从教学结果来看，显然，后者没有受到老师的关注。

如果仅仅是为了理解"拟人句",那为什么要放在《威尼斯小艇》中来教授?所以,从以上教学案例来看,S老师的识字写字教学与阅读教学之间基本上是脱节的。

王宁强调,如果只是关注字词的"字典意",而不关注字词的"语境意",学生的阅读水平是难以提升的。因为离开语境讲授字词,学生难以将"孤立的语文知识"转化为自己理解和运用语言的能力。

2. 教师识字写字教学方法单一

单就两堂识字写字课来看,教师的教学方法是雷同的:首先是听写词语(请个别学生上黑板写);然后教师纠正字形、字音、拼音,组词造句等;最后是学生齐读字词,布置课后作业。通过课堂观察,两堂藏族学校的识字写字课,教师采用的识字方法仅是"反复练习"。很少见到教师采用从汉字字理识字、偏旁部首识字、归类识字、编儿歌识字等其他的方法。例如,S藏族小学Z老师的识字写字课,基本上是同一模式的不断重复。

(1) 学习"骄"。(先由学生拼读两遍,教师纠正,学生再次拼读两遍)

师:什么结构?

生众:左右结构马字旁。

师:课文中组了一个什么词?

生众:骄傲。

师:还能组什么词?再想一下。

生众:(静默)

师:"骄傲"的意思大家知道不知道?

生众:知道/不知道。

师:前面我们学过一篇课文,课文题目叫什么?

生众:《骄傲的孔雀》。

师:那么给这个"骄"字再组一个词,还能组什么?

生:(静默)

师:骄躁、骄横。(教师板书)

生众：（在生字本上抄写）……

师：骄傲就是自高自大的意思。我以前说过，你们记一下。

生众：写完了。

师：再来拼读一遍，"j－i－āo－jiāo"。

生众：（拼读两遍）j－i－āo－jiāo。

师：左右结构马字旁。

生众：（齐读两遍）左右结构马字旁。

师：骄躁、骄横。

生：（各读两遍）

（2）学习"傲"：左中右结构单人旁，骄傲、傲气……

从中我们可以看出教师识字教学有这样一个固定的结构：字音、字形、组词、造句。在一节课上一共重复了8次，分别学习了"骄""傲""检""查""扣""判""置""瞧"。以这种机械重复训练的方法识字，能否帮助学生有效学习汉字，掌握汉字的字形、字音和字义，有待反思。

（二）古诗词教学：城乡教学水平差距大，"教学转化"能力不同

表4－33　　古诗词课堂观察弗兰德斯数据比较与分析

类别 项目	教师语言比率（%）	学生有效语言比率（%）	课堂小组合作比率（%）	学生参与性学习比率（%）	教师直接影响与间接影响比率（%）	积极强化与消极强化的比率（%）
《涉江采芙蓉》	55.77	23.76	20.48	44.23	46.29	116.36
《蜀相》	57.78	31.23	10.98	42.22	60.48	124.19
《一剪梅》	65.55	20.04	14.41	34.45	26.48	5.88

古诗词教学《涉江采芙蓉》《蜀相》《一剪梅》三堂课，出自临夏回族自治州的临夏H回族中学、和政H中学和东乡县D中学，三位执教教师都有着丰富的教学经验，能够游刃有余地把握课堂教学状

况。总体来看，教师语言仍然占了较大的比重，分别是55.77%、57.78%、65.55%。在《涉江采芙蓉》的教学中，学生的语言、主动参与的时间是较多的，但学生主动发言的时间却只有42秒，可见教师对课堂的驾驭能力比较强；从"教师对学生的强化类别分析表"中可知，教师对学生的积极强化与消极强化的比率为124.19%，是大于1的，说明教师的积极强化占主导。在其他两节课上，也是教师占主导的课堂，而学生的主动性较差，说明学生学习的积极性还没有被充分地调动起来。

1. 教师诗词理解素养高，但"教学转化"能力差异大

三位教师个人对于诗词的理解和解读的能力，都是非常专业而且到位的。但具体到课堂教学中，我们却发现，三位教师的教学转化能力是三种不同的境界。例如在东乡D中学G老师的课堂上，我们看到"解读诗歌内涵"时，完全是以"教师讲授"替代了学生的探究。对每一句诗词，G老师都会做大段解释，然后向学生发问。

师：（讲解"红藕香残"……）那作者是以什么方式消愁的呢？

生众：轻解罗裳，独上兰舟。

师：（讲解"轻解罗裳"）……眼前的景象使词人更加思念远方的丈夫，于是写到了什么？

生众：云中谁寄锦书来。……

师：（大段讲授"月满西楼"）……与心爱之人的离别，而是由此想到了远方的丈夫也在想念自己，于是有了……

生众：一种相思，两处闲愁。

从中我们可以看到，看似"师生对话"，实际上完全是学生"配合"教师的"讲授"。讲授本身无可指摘，但教师的"讲授"不能替代学生的思考和理解。换言之，学生仅仅靠"倾听"，是否能够学会"鉴赏诗词"的方法？由此推断，教师缺乏将教学内容"转换"为学生学习活动的能力。

又如和政 H 中学 M 老师，也是一位有着良好语文素养的教师。他对《蜀相》的解读和把握可谓深刻。从解题入手，引导学生知人论世，走进杜甫和诸葛亮的时代，并试图引导学生抓住"映阶碧草自春色，隔叶黄鹂空好音"的"自"和"空"字，来理解文章所传达的人生况味。但是，我们发现，学生很难"跟上"老师的思路，课堂上常常是"启而不发"。从深层的原因来看，一是学生的生活经验不够，学生难以体会作者的思想情感，这是客观存在的教学困难；二是教师不能紧贴学情设计教学活动。既然学生生活经验不足，就应该通过教学活动补充生活经验，进而理解诗歌关键字句的妙处。说到底，这些都是需要教师对内容进行"教学转化"的，也就是要发展教师在具体语境下的学科教学法知识（PCK）。

2. 教师"下水"，培养学生的诗词阅读和鉴赏兴趣、激发潜能

叶圣陶曾提出"教师下水"的说法。在诗词教学中，教师好的范读、示范写作等，都将激发学生对诗词学习的兴趣和热爱。例如临夏 H 回族中学的 W 老师，为了唤起学生对《涉江采芙蓉》的深度理解，布置了"续写"的课后作业："按照自己的理解，发挥想象，用优美的、散文化的语言，将诗中两个主人公的爱情故事补充完整。"但为了激发学生"续写"的兴趣，W 老师配乐朗诵了自己改写的"现代散文诗版'涉江采芙蓉'"：

（配乐诵读）纵使江水溅湿了衣衫，我依然要采到这江中最美的莲。这淡雅的莲花、挺拔的枝叶，像极了你——我远在天涯的爱人。我对你的思念一天又一天，随着莲花的开落，我那等在季节里的容颜日渐凋零，却依然寻不见你那熟悉的面庞。我想，此刻的你一定也在回望故乡，朦胧中，仿佛看到你噙满了泪水的双眼。家在心间，路在眼前，隔着山山水水，遥遥无尽。我日日思念的人儿啊，怎样才能飞到你身旁，曾经沧海，蜡炬成灰，此生，若是无法执子之手，我便再也无法琴瑟和谐，只能孑然一身，孤独到老了。

这样的教学示范需要教师具备扎实的语文素养和阅读写作功底，教师需要对本篇作品做深入的涵泳体察，从而形成独到的阅读审美体验，为学生的诗词阅读和鉴赏开阔视野、树立信心、培养兴趣、激发潜能。

（三）《离骚》教学，教师教学内容选择和着眼点各异

表 4-34　《离骚》课堂观察弗兰德斯数据比较与分析

项目＼类别	课堂结构分析				教师直接影响与间接影响比率（%）	积极强化与消极强化的比率（%）
	教师语言比率（%）	学生有效语言比率（%）	课堂小组合作比率（%）	学生参与性学习比率（%）		
《离骚》L 老师	72.47	20.33	7.19	27.52	18.60	18.64
《离骚》M 老师	59.78	38.64	7.41	40.05	18.40	12.54

《离骚》是高中古诗文中比较难教难学的课文之一，授课老师一是和政 H 中学有着 20 余年教学经验的 L 老师，一是合作 Z 藏族中学懂得藏汉双语的 M 老师。从弗兰德斯数据分析中教师的语言来看，两堂课分别占到 72.47%、59.78%，主要是以教师的讲解为主，学生的有效语言很少，参与度较低，分别是 20.33%、38.64%。而且学生活动、讨论的时间都很少。L 老师的课堂多表现为"是不是""对不对"等"接话式"提问，不大具有启发性。因此，学生的参与很多都是对教师"接话式"提问的回应，不具有自主学习的特征。总体来看，两位教师的语言以提问、讲解和指令为主，所占时间较多，说明教师对课堂的主导性强，对学生的直接回应少。实际上，L 老师和 M 老师课堂上的第 10 类语言行为都不是学生讨论，而是学生在教师要求下读课文。

1. 教师能够立足学生的学情，激发学生学习的兴趣

在访谈中，合作 Z 藏族中学的 M 老师谈到：之所以在每堂课前都让学生们进行"才艺表演"，或唱藏语歌，或朗诵，是为了调动学生学习的积极性，他希望学生能够喜欢上汉语课，由喜欢这门课再到喜

欢汉语学习。

在《离骚》的教学中，M老师为了激发学生学习本课的热情，一开始就告知学生：学习《离骚》，主要是在朗读中有些困难，其实，它的内容并不难理解。对于这样"难"的经典，"化难为易"即是教师对内容的理解与教学处理。在教学中，M老师为学生介绍了相关的知识，让学生能够总体把握，消除"畏难"的情绪。这说明M老师对学生的学情有充分关注。

在具体的教学中，教师也善于调动学生的"经验"，通过想象、联想等方法推测作者的情感。如老师问学生，"作者'以掩涕兮'是怎样的一个样子？"有利于学生体认作者屈原的状态，体验《离骚》所寄托、表达的情感。

藏族学生学习"国家通用语言"汉语的水平，与其母语藏语的水平差距较大。很多学生连熟练运用汉语交际都有困难，在这样的学情下，M老师的教学处理可谓是切实而且智慧的。

2. 教师学养深厚，但学生表达参与不足，建议适度"放权"

在和政H中学L老师的课堂上，主要以教师"讲授"为主，很少给学生自主表达和参与的机会，学生一般是跟随老师的讲解，或随声附和，或被要求朗读课文。这样一来，老师无法了解学生接受和实际的学习状况。课堂上教师提了几个问题，学生回答都差强人意。如对"'制芰荷以为衣兮，集芙蓉以为裳'到'芳与泽其杂糅兮，唯昭质其犹未亏'这几句话表现屈原的什么感情"这个问题，一个学生没有回答出来，另一个学生的回答也十分浅显，可见，学生在课堂上与教师互动的能力和水平都有限。

因此，教师应该抓住重点问题进行讲授，并适度"放权"。对于课文中一些有注释或学生可以自己解决的问题，适度放手让学生自主学习，多给学生创造参与学习的机会，让学生在参与和建构中把握文章的基本情感和内容。对于《离骚》这样的经典篇目，教师应考虑如何开展教学设计，从而将参与权交给学生，让教师成为学生学习的帮助者，成为学生阅读困难时的点拨者。

（四）文言文教学：立足中华传统文化的传承与发展

表 4-35　　文言文课堂观察弗兰德斯数据比较与分析

项目 \ 类别	课堂结构分析				教师直接影响与间接影响比率（%）	积极强化与消极强化的比率（%）
	教师语言比率（%）	学生有效语言比率（%）	课堂小组合作比率（%）	学生参与性学习比率（%）		
《马说》	57.78	19.37	22.85	42.22	16.48	9.09
《〈论语〉五则》	39.04	43.03	17.93	60.96	19.81	15.56
《生于忧患，死于安乐》	44.50	26.32	29.18	55.50	34.5	14.49

文言文《〈论语〉五则》、《马说》、《生于忧患，死于安乐》，执教的三位老师都是夏河 Z 藏族中学的骨干教师，都有着丰富的教学经验。从弗兰德斯数据的分析看，在这三节文言文的教学中，教师语言与学生语言所占时间比率都较高，特别是《〈论语〉五则》这节课，教师的语言只有 19.05 分钟，占整堂课的 39.04%，学生的参与时间占整堂课的 60.96%，可见学生的参与度较高，主动性强。学生的语言主要是在教师指导下的朗读课文，学生主动发言或者讨论的时间不多。另外两节课也存在类似的情况，在弗兰德斯数据分析中，学生的参与度较高，但学生参与主要是以在教师引导下的朗读或者练习等为主，学生主动发言、讨论的时间较少。

1. 立足于文言字词，理解中华传统文化

中学生学习文言文本身就具有一定的困难，因此对于母语为藏语的藏族学生来讲，文言文学习的困难更大。在访谈中，多位教师谈到：尽管学生学习文言文有困难，而且高考也不考，但老师们还是坚持教授文言文。他们认为，学习文言文一是可以帮助学生了解中华传统的优良文化，加深对国家的认同感；二是可以通过文言文学习，促进学生对现代汉语的理解。

在"文言文"教学中，教师加入了相关中华传统文化知识的讲授，并且能够立足于对"文言"的理解走进传统文化。这非常符合"文言文学习"的基本方法要求。例如，夏河 Z 藏族中学 Y 老师的《〈论语〉五则》教学中，立足于古汉语"字词"，引领学生通过"字词"走进中华传统文化。

师：对，在这里指孔子。"子曰"就是孔子说。"学而时习之不亦说乎"中"学"是什么意思？看书上如何说的？

生众：学习知识。

师：在古代，作为一名学生要学哪些知识呢？看黑板（出示PPT），要学的有很多，今天也是如此，我们学习了七八门课，古代的学生要学习六门课：礼——孔子讲求礼，我们见了长辈也要行礼，在古代有一套要学习的礼，这比我们平常学习的礼要复杂得多；乐——还要学习音乐，《孔子学琴》就是在学习音乐；射——在古代男子一定要学习射箭，一是要防身，二是要保家卫国；御——指的是驾车，古代主要的交通工具就是马与马车；书——就是要学习的文章等；数——就是要会算数，在电视中也见过古代文人要会算数。所以在这里"学"指的是这六门课。"有朋自远方来"中的"自"翻译成今天的语言就是从，也就是从远方来；把"朋"字画上，古代的朋友是分开的，与现代不同，古代"同门曰朋，同志曰友"，就是在一个老师门下的同学叫"朋"，有共同志向、志同道合的人叫"友"。画下来。对于我们刚才学过的做一下笔记，注意把拼音抄上。

从中我们可以看到，Y 老师主要讲了"子""学""朋"等文言字词的含义。"学而时习之"，教科书的注释只有"学习知识"，这显然是比较含糊的。Y 老师就补充了古代"六艺"的知识，通过对"六艺"的介绍，让学生充分了解古人的课程。讲到"有朋自远方来"，特别指出了"朋""友"古今义的不同。

我们知道，语言是文化的载体，学习语言的过程本身就是学习文化。Y 老师没有"抛开"语文去讲"文化"，而是在"文言字词教学"中，渗透中华传统文化，这是非常值得推广的语文学习方法。

2."翻译"是文言文教学中"小组合作学习"的主要形式

我们看到，在文言文教学当中，教师也会设计"小组合作学习"的形式。但合作内容主要是"文言翻译"。例如讲授《马说》的 H 老师，在介绍完作者后，便用小组合作"翻译课文"：

师：翻译交给你们，我对重点字词进行讲解，你们把语句翻译通顺即可。看第一段，结合注释进行翻译，不懂的可以提出来。（学生翻译课文）

师：翻译完了吗？好，我们来看第一段，有没有不清楚的地方？

生众：没有。

……

师：看一下第二段"马之千里者……"这一段有点长，前后桌讨论进行翻译。（生讨论翻译课文）（3 分钟）

师：讨论得怎么样，好了吗？

生众：没有。

师：哪一句有问题？

生众："一食或尽粟一石"……

从中我们看到，H 老师在为学生疏通"重点词汇"的基础上，组织学生以小组合作形式逐段翻译。H 教师关注到了学生的学情，这主要来自老师的预估。如老师认为，"策之不以其道，食之不能尽其材，鸣之而不能通其意，执策而临之"中，"策"是一个难点，在学生翻译之前，就告诉学生文章中"两个策"的词性和含义的不同。然后将主动权还给学生。

但是笔者反思，如果老师不先讲授"策"的两种含义，学生能否通过上下文推测其含义呢？因此，是"先讲后学"还是"先学后教"，是根据具体内容而定的。从教学目的来讲，"翻译"不是文言文的主要目的，而是学生能够结合语境理解文言含义，才是更深层的目的。

3. 文言文教学"背诵"是坦途，在背诵中加强语感、体悟文化

学习文言文，"背诵"是坦途。因为只有先牢记于心，才能内化为个人的言语，在适当的语境中借文言文表达自己的情感。在教学当中，很多教师关注到"背诵"，但落实不够。例如夏河Z藏族中学的Y老师讲授《〈论语〉五则》，是十分关注朗读与背诵的，但课堂上留给学生背诵的时间不够，也没有明确课后背诵的要求。在课后访谈中发现，有的学生不但不能背诵课文，而且有些学生不能流利朗读课文，可见对于朗读与背诵环节，教学目标并没有真正达成。我们认为，倘若设计了"当堂背诵"的学习任务，就应当设计相应的检测和评价环节，从而提高课堂教学的效果。

（五）寓言教学：允许"冷场"和遵循"小步子"原则

表4-36　　寓言课堂观察弗兰德斯数据比较与分析

项目 \ 类别	课堂结构分析				教师直接影响与间接影响比率（%）	积极强化与消极强化的比率（%）
	教师语言比率（%）	学生有效语言比率（%）	课堂小组合作比率（%）	学生参与性学习比率（%）		
《自相矛盾》	73.65	26.23	18.89	49.63	26.68	8.97
《上帝发的答卷》	70.10	29.90	9.67	36.61	77.92	53.37

从弗兰德斯的数据分析中我们可以看到，夏河Z藏族中学教师执教的两堂课在教师、学生的语言比例上数据较为接近。教师语言比率分别是73.65%、70.1%，学生有效语言比率为26.23%、29.9%。可以看到在这两堂课上，教师与学生的主动性都较强，学生在教师引导下有一定的参与。但从具体学生语言的特征来看，学生自主发言、讨论的时间较少，其语言基本都是对老师的回应。在《上帝发的答卷》中，较多的时间是学生在做练习、讨论练习，真正的自主发言和讨论的时间不多。在《自相矛盾》中，从弗兰德斯数据中可以看出，学生的语言基本都是在教师引导下的回答，学生的有效语言只占26.23%。

1. 教师应对自主合作学习多些耐心，留出充分的讨论和分享时间

在《上帝发的答卷》中，教师设计以"温室的花和旷野中的树"为题进行仿写，该活动能够进一步帮助学生理解"换位思考"，促进学生的汉语表达能力。但教学中存在不足。由于学生的汉语言表达能力弱，在讨论时，学生就没有形成讨论的结论。因此，没有学生站起来发言，仿写目标并没有很好地达成。

当教师发现学习"换位思考"有困难时，马上将话语权收回。于是课堂就又变成教师讲授、学生附和了。我们明显感受到教师对于课堂"冷场"的焦急。但我们认为，教师大可以给学生留下更多的思考时间。因为课堂上适当的"冷场"是非常有必要的。"冷场"，是教师对学生的期待，包含着学生努力完成任务的思考过程。

2. 教师遵循"小步子"原则，并以支架范式取代面面俱到的讲授

《上帝发的答卷》是一篇具有典型性的文章，对于五组动物的刻画几乎都是一种模式。但ZM老师通篇以讲授方式展开，完全没有尝试学生自主学习。从教学设计的基本原理来看，教师大可不必进行面面俱到地讲授，而可以尝试采取支架范式。如教师讲解第一组或第一、二组动物故事，为学生树立一个理解分析的"框架"，然后逐步"放手"，让学生借助"支架"自行完成对其余动物故事的理解分析。从而改变教师"一讲到底"的课堂教学组织方式。

教师留给学生自主学习的空间，但具体操作时一定要争取"小步子"原则。所谓"小步子"原则，是斯金纳提出的一种教学原则，即将较大较难的学习目标，分解为若干较小、较容易实现的目标，让学生能够一步一步完成力所能及的任务，获得学习的成功。但我们看到ZM老师讲完五组动物的内容后，就直接让学生"仿写"，创作另外两组对比故事。学生因为缺乏训练和铺垫，面对猛然提高难度的学习任务，势必难以在课堂上完成。因此，教师应该遵循"小步子"原则，为学生提供更多的学习支架。如给出一定的写作提示语："温室里的花想做……，旷野中的树想做……；因为花觉得……，树觉得……"等。这样半开放的句型结构能够降低难度。因此，分解任务，逐步深入，才是教学有效开展的必由之路。

（六）散文教学：反思是否抓住了"这一篇"的教学特点

表 4-37　　　　散文课堂观察弗兰德斯数据比较与分析

类别 项目	课堂结构分析				教师直接 影响与间接 影响比率 （%）	积极强化 与消极 强化的比率 （%）
	教师语言 比率（%）	学生有效 语言比率 （%）	课堂小组 合作比率 （%）	学生参与性 学习比率 （%）		
《鸟》	64.22	29.80	5.98	35.78	65.65	23.97
《论友谊》	58.15	21.99	19.86	41.85	26.68	8.97

两堂散文教学《鸟》与《论友谊》，分别是由东乡 D 中学、合作 Z 藏族中学的教师执教。在弗兰德斯数据比较中可以看到，教师语言分别占到 64.22%、58.15%，而学生的有效语言较少，主动发言的时间仅为 4.25 分钟、1.1 分钟。在《论友谊》中，虽然学生参与性学习占比为 41.85%，但基本都是在教师引导下的回答问题，而学生真正自主发言与讨论的时间很少。在《鸟》教学中，这一现象则更加明显，学生的参与性学习更低。

1. 教师尝试"分层作业"，但其科学性有待探究

分层作业的教学设计创新，是对教师教育教学能力的一大挑战。这不仅需要教师充分了解学情，从而做到"合理分配"，而且涉及教育伦理的问题。东乡 D 中学的 C 老师，用分层作业的形式布置家庭作业。她将学生分为 A、B 两组。据调查，其分类标准主要是根据学习成绩和平时表现。如《鸟》这篇散文的分层作业分别是：

　　A 组完成一个小练笔，仔细观察你喜欢的鸟，抓住特点进行写作。
　　B 组背诵课文第三段，把课文中优美的句子摘录出来。

从 C 老师分层作业的内容来看，A 组的难度显然较高，B 组则主要是基础性的语言训练。但我们也看到，A 组所要完成的作业需以 B 组作

业为基础,倘若仅仅是"观察—写作",与课文《鸟》的关系何在呢?所以,在作业的难度层次上要做更为精细的考量。此外,对于 B 组学生,其学习的主动性和自信心是否会因为"分层"而受到一定的打击?中学生正处于成长变化剧烈的时期,如果过早为一部分学生打上了"B类"的标签,是否符合教育伦理呢?这是值得深思的。

2. 教师对于散文教学"这一篇"的理解不到位,将"积累词句"看作教学核心

例如,我们看到东乡 D 中学 C 老师的《鸟》的课堂,是从复习旧课,引领学生学习《狼》的文言实词、虚词,到导入新课,学生回顾并积累有关鸟的诗句。

师:上节课让大家积累了有关鸟的诗句,找同学说一下。
生:留连戏蝶时时舞,自在娇莺恰恰啼。
师:请坐,这是杜甫的诗句,还有吗?
生:两只黄鹂鸣翠柳,一行白鹭上青天。
生:枯藤 老树 昏鸦,小桥 流水 人家。
师:非常好,这是我们刚学的诗句。在小学我们还学过《春晓》,还有"山光悦鸟性,潭影空人心""无可奈何花落去,似曾相识燕归来"。辛弃疾的"明月别枝惊鹊,清风半夜鸣蝉"。除了刚才说的几句外,还有这几句(电脑展示),同学们一起读一下。(生齐读有关鸟的诗句)

这段内容看似在"导入新课",却与梁实秋的《鸟》没有什么关系。具体到文本阅读,师生像是在阅读"说明文",而不是"散文"。

师:这是一篇写鸟的散文。大家思考一下,哪句话点明了作者对鸟的情结?
生1:我爱鸟的声音,鸟的形体,这爱好是很单纯的,我对鸟并不存任何幻想。
师:好,请坐。还有一句,哪一句更能点明作者的情感态度呢?

生4：我爱鸟。

师：说得非常准确，点明了作者对鸟的情感。那文中还有哪些可以表现出作者对鸟的喜爱呢？

生3：黎明时，窗外是一片鸟啭，不是叽叽喳喳的麻雀，不是呱呱噪啼的乌鸦，那一片声音是清脆的，是嘹亮的。

师：这一句写的是鸟的声音，形成了对比，突出作者对鸟的声音的喜爱，还有其他句子吗？

生5：多少样不知名的小鸟，在枝头跳跃，有的曳着长长的尾巴，有的翘着尖尖的长喙，有的是胸襟上带着一块照眼的颜色，有的是飞起来的时候才闪露一下斑斓的色彩。

师：这一句也写出了作者对鸟的喜爱，选择了很多只鸟去描写。描写鸟的声音、形体，表现喜爱之情。如果只是简单地说喜欢，会不会打动读者？

生众：不会。

师：所以要进行细节描写。"有的一声长叫，包括着六七个音阶，有的只是一个声音，圆润而不觉其单调，有时是独奏，有时是合唱，简直是一派和谐的交响乐。"这里用了什么修辞？

生众：排比。

师：这是排比吗？排比至少有三个句子。

生众：比喻。

师：把声音比作独奏、交响乐。这是比喻，既生动又形象。还有对鸟的形体写得非常美妙，104页上面，"几乎没有例外的"，大家齐声读一下。（生齐读）

师：这句话用了什么手法？

生众：比喻。

师：还有动静结合。……

从这一段阅读教学片段来看，教师引导学生抓住"作者的情感"：我爱鸟。然后引导学生去寻找"如何爱鸟"的描写——从声音、形态、动作等细节来说明"作者如何爱鸟"。最后总结为"细节描写"

和"动静结合"的手法。师生就如拿着一把解剖刀,对梁实秋的《鸟》进行了肢解,全然丧失了散文作品表达作者主观情感的"趣味性",而是将"鸟"看作一个被刻画的客观对象,引导学生解剖应该从哪些方面去刻画鸟。

语文课堂上积累"好词好句",联系主题回顾学过的"诗词",这些活动看上去都是语文活动,但是从根本上讲,却忽略了"这一篇"散文的文本特点和学生学习语文的基本规律。《鸟》是一篇托物言志的散文,是作者梁实秋独一无二的言说与表达。因此,写鸟不仅仅是为了刻画鸟,而是要表达作者对"鸟"的情感态度,借"鸟"来表达作者对自由的向往。

因此,C老师的语文课,看上去教授的是语文知识,但都是"碎片化"的"零散"的语文知识。复习《狼》,主要目的是让学生"积累"文言词汇,学习《鸟》,则是为了"积累"跟"鸟"相关的诗词佳句,完全忽略了不同文体的功用,忽略了在具体语境中学生阅读能力的培养问题。教师对于语文阅读教学"这一篇"理解不到位,一是老师自己就没有"读懂"梁实秋的《鸟》,二是在教学中教师未能选择恰切的材料作为教学内容,反而是将"积累词句"看作阅读教学的核心。

(七)实用文教学:教师素养是提升教学有效性的关键

表4-38　　实用文课堂观察弗兰德斯数据比较与分析

类别 项目	课堂结构分析				教师直接影响与间接影响比率(%)	积极强化与消极强化的比率(%)
	教师语言比率(%)	学生有效语言比率(%)	课堂小组合作比率(%)	学生参与性学习比率(%)		
《奥斯维辛没有什么新闻》	61.85	25.54	12.61	38.15	38.31	27.83
《谁是最可爱的人》	59.78	38.64	7.41	7.41	18.40	12.54

两篇实用文教学《奥斯维辛没有什么新闻》和《谁是最可爱的人》,分别来自临夏H回族中学M老师和夏河Z藏族中学Z老师。从

弗兰德斯数据分析中可以看出，两堂课上教师的讲授时间所占比率较大，教师的有效语言分别占到 61.85% 和 59.78%；学生的有效语言分别为 25.54% 和 38.64%。在《奥斯维辛没有什么新闻》一课中，学生回答问题或参与的时间为 17.7 分钟，占整个课堂的 38.15%；学生进行小组讨论的时间仅占整节课的 12.61%。在《谁是最可爱的人》一课中，学生的参与性学习比率仅为 7.41%。

1. 免费师范生显示了出众的教学能力

临夏 H 回族中学的 M 老师，是某师范大学的免费师范生，作为新入职的教师，他不但对教育教学充满自信和热忱，而且具有出众的教学素养和水平。这堂《奥斯维辛没有什么新闻》也是一堂可圈可点的优秀语文课。

第一，情境导入，独具匠心。

他以波兰诗人勃罗涅夫斯基的诗《我的故乡》导入：

我的故乡，有百万坟墓。
我的故乡，让战火烧尽。
我的故乡，是多么不幸。
我的故乡，有奥斯维辛。

然后以诗人笔下的"奥斯维辛"为引子，结合历史照片带学生"走进"奥斯维辛这段历史。这是独具匠心的导入：什么样的故乡，坐落百万坟墓、让战火烧尽？而比这更不幸的是有"奥斯维辛"。诗歌给予学生以情感的震撼，这比图片更能够引发心灵的理解和共鸣。

第二，出示目标，明确方向。

（1）了解奥斯维辛集中营，理解作品深刻的内容；（2）体味作者的情感，了解作者的崇高使命感，记住历史惨痛的教训，珍惜和平，抵制暴力与罪恶。

第三，速读课文，整体感知。

M 老师用问题设计串起整篇文章内容：

（1）"作者是以什么独特的视角来写集中营的罪行的？"（2）"找

一找关于参观者感受的句子,说一说写的目的?"

第四,合作探究,品析细节。

为学生提供不同的角度,回到文本,进行深入而有效的语文探究活动。例如"奥斯维辛有不同的色调,'温暖光亮的东西'"。那么,(1)作者"感受到的温暖光亮的东西有哪些"?(2)"作者本来写奥斯维辛的恐怖,却又写阳光明媚,体现了作者怎样的情感和思考呢?"

学生自然找到了阳光明媚、树影婆娑、儿童嬉戏等描写,进而将学生带入对此写法的思考上来。

第五,作业布置,拓展反思。

"如果你是这个姑娘,请写100字左右的文字,描述一下她的内心活动。"

从教学效果来看,课堂上不是空洞的"反战""和平"的口号,而是立足于文本,立足于学生的言语实践,水到渠成、逐层深入地将语文课的思想性与言语活动结合起来。因此,语文课不是要靠"激情"的渲染打动学生,而往往需要将理性落实到言语品味中来。据同事讲,M老师平素为人谦逊、好读书。笔者评价M老师的课堂"有一种安静的力量"。

2. 从"言语产品"的分享时间来看语文课的有效性和创造性

认为M老师的课堂是好课堂,一个重要的观测角度就是看课堂上"是否有言语产品的分享时间"。这就意味着,教师不但要创设活动,促进学生创造性言语的生成,同时还要创设活动,为学生提供言语产品分享的平台。我们看到,M老师课堂上的精彩,是学生发现、创造、生成的精彩。

根据观测所得,学生产生创造性、生成性的言语产品,与教师对文章的理解和深入研读是紧密结合在一起的。而难能可贵的是如何将老师"想到的"转化为学生"发现的";如何将作者"想表达的",转化为学生"所理解的"。M老师给学生以明确的"学习任务"驱动,学生带着"任务"发现问题、解决问题、生成理解性阅读,正是语文课的精彩之处。

表 4-39　　临夏 H 回族中学 M 老师课堂学生"言语产品"统计

	学习任务	学生言语产品
导入	诵读《我的故乡》	学生齐声诵读
整体感知	作者以什么视角写？	（略）
	找一找描写参观者感受的句子，说一说目的？	（略）
	作者感受到哪些温暖的东西？	（略）
合作探究	作者本来写奥斯维辛的恐怖，却又写阳光明媚，体现了作者怎样的情感和思考？	生：作者是用美好的景象反衬出奥斯维辛的罪恶。 生：孩子们追逐游戏，他们是不是已经忘了在集中营发生的事情，作者以此警醒读者。 生：第一段和最后一段都写了阳光明媚，追逐游戏，设置了悬念，是为了引出纳粹的残酷。 生：我记得雏菊花的花语是"新"，是说希望有新的生命成长，这里有讽刺的意味。
	大家想象一下姑娘内心在想什么？作者为什么这么写？	生：通过外貌描写和神态描写，可以看出她对未来美好生活的憧憬，衬托出法西斯的暴行。 生：集中营代表死亡，她微笑，说明她不畏牺牲，进一步揭示出犹太人不畏强权的精神。 生：写出了姑娘对美好生活的憧憬，后来被德国纳粹杀害，反衬出纳粹的暴行。
作业	姑娘当时在想什么呢？文体不限，100 字左右的内心活动	（学生作业）

（八）高三复习课教学："高速度、大容量"不等于"高效率"

表 4-40　　复习课课堂观察弗兰德斯数据分析

类别 项目	课堂结构分析				教师直接影响与间接影响比率（%）	积极强化与消极强化比率（%）
	教师语言比率（%）	学生有效语言比率（%）	课堂小组合作比率（%）	学生参与性学习比率（%）		
高三复习课	71.64	23.79	4.56	28.35	34.62	54.46

　　文言文教学以和政 H 中学 M 老师的"文言虚词"高三复习课为例。在整堂课上，教学内容主要采用国内某中学高三文言文复习资料中的"文言虚词"部分。弗兰德斯数据分析显示，教师的有效语言占整堂课的 71.64%，学生有效语言的时间占整节课的 23.79%。学

生语言不仅少,以回答教师问题为主,而且学生课堂活动多是练习和沉默两种行为。

1. 复习课不仅要关注"反馈"和"强化",更要关注知识的"内化"

据统计,在本堂课上,讲授的内容是 18 个文言虚词中的 3 个:"其",包括 4 种用法,12 种含义;"为"包括 3 种用法,5 种含义;"与"包括 3 种用法,13 种含义。仅仅一节课 45 分钟的时间,师生共涉及 10 个主要知识点,50 多个具体的小知识点。教师讲授的课堂结构是:首先指出在某个虚词的 N 种用法当中,哪些例句不会?其次,老师针对每一例句,提问哪些字不会?最后,请学生来翻译一句话的意思。教师总结虚词的含义。

对于这样的高三复习课,我们可以称之为"题海战术",以大量的"刷题"为主要教学方法。对于应考来讲,必要的"刷题"和掌握应试技巧都是可行的,但问题是,教师如何提高"复习课"的效率,这才是语文教学改革的关键和根本。我们从 M 老师课堂结构来看,其基本学习模式是"反馈—强化",但学生是否得到有效的"反馈""强化",要看学生是否对所复习的文言知识进行了"内化"。如果没有"内化"的知识学习过程,只会导致"低效"甚至"无效"的机械重复。这是值得深思的。

2. 为学生创设语言理解、分析、迁移、运用的语境,是提高有效性的关键

从 M 老师的课堂来看,往往没有学生思考、分析、发言的时间,而是一味追求进度。从外在形式上看,显得非常"紧张",但如果没有为学生创设文言文理解、分析、运用的语境,那么,师生所追求的与实际的教学往往南辕北辙。如果学生在课堂上仅仅靠机械记忆语文知识,持续的时间往往是较短的,而且,在高考越来越重视思维发展、迁移运用能力的背景下,这些机械记忆的文言文知识往往难以应对。

因此,与其临渊羡鱼,不如退而结网,在教学中,教师应尽量为学生创设语言理解、分析、迁移、运用的语境,通过深入"理解"

例句，到"分析"语言规律，再到"迁移"理解其他例句，最后尝试"运用"文言，才能真正提高学习复习的效率。

　　总之，通过对八种不同类型课例的弗兰德斯数据分析，可以看出，在大多数课堂上教师的主导性较强，一般教师主导的时间占到课堂的50%以上。学生的有效语言大多表现为在教师引导下对问题的回应，学生主动发言与讨论的时间较少，基本上是在整堂课时间的10%以下。纵观17堂课例，有6堂出现了小组讨论，对于小组讨论的效果，上文进行了深入分析；有4堂课出示了教学目标，在其他课堂上，教师都没有出示教学目标。教学评价大都以教师评价为主；课堂上对学生言语产品的生成和分享关注不够。教师自身的语文专业知识水平差异大；而且对同样具有较强语文专业素养的教师来讲，"教学转化"能力差距大。此外，学生汉语水平的地区差距大。从这17堂课例的弗兰德斯数据分析中可以看出，在民族地区，大都还是教师主导下的以"讲授"为主要学习方式的课堂，能够积极开展新课程所倡导的"参与式"的课堂仅占20%左右，学生的主动性和积极性未被充分发挥出来，并未真正体现出"适教"课堂到"适学"课堂的转变。课堂教学方式变革还有很长的路要走。

第五章　结论与展望

一　西北地区语文课堂变革研究结论

（一）教师对语文参与式课堂的理解存在"宣称"与实际的差距

从教学理念来看，参与式课堂是要打破传统教学以"教"为中心，而创建以"学"为中心、平等参与的课堂。从问卷调查结果来看，教师对课程改革所倡导的"自主、合作、探究"的理念，其中"基本赞同"和"完全赞同"的比例达94.3%。由此可见，绝大部分教师是宣称赞同教学方式变革的。但具体到赞同的原因，有70%多的教师认为"自主、合作、探究"理念符合教育基本规律，或与其个人教育教学观念一致，或能够更好地促进学生语文素养的提升。数据差距说明，教师笼统地表示"认可"新课程教学方式变革，但当追问具体的落实原因时，教师的认可度从九成下降到七成。

此外，有近30%的教师认为，"自主、合作、探究"模式能够提高学生考试成绩，这又一次暴露出教师"宣称"的观念与实际认同程度的差异。其背后的矛盾在于，如果有70%多的教师认为新课程"自主、合作、探究"理念符合教育规律，与其个人的教育观念一致，并能够提升学生的语文素养，那么，新课程的教育思想和模式，何以不能取得良好的考试成绩呢？其背后的原因，要么是教师认为考试不能完全反映学生语文素养的高低，要么是教师所宣称的对新课程改革理念的"认可度"与实际的认可度存在差距。如果是前者，"考试"便有可能成为制约教育教学变革的瓶颈，因此，"评价体制"改革应当成为教育变革深化与发展的重要一环；如果是后者，则说明七成左右的教师对新课程教学方式变革缺乏信心，不大相信新课程改革能够真正提升学生的语文素养，进而提高学生的考试成绩，这是值得我们深入反思之处。

如果将教师对课程理念的认同度与课堂教学实践情况进行对比，会发现：在90%以上"完全赞同"或"基本赞同"新课程理念的教师当中，在课堂上"经常"实践"自主、合作、探究"模式的只有47.2%的教师，"偶尔"实践的占41.5%；有11.3%的教师宣称"极少"在课堂上实践新课程理念。可见，教师的"赞同"，并不代表其"愿意"或"能够"将这种平等参与的模式贯彻到教学实践当中。

由此可见，教师们"赞同"新课程的理念，并不代表会经常将其贯彻到教学实践当中，因此，在"基本赞同"的教师中，其实对新课程改革还是持有保守意见的。至少在教师宣称的"课堂实施"环节，有一半以上的教师并不是经常实践新课程教学方式的。这也反映了新课程教学方式在教学实施中的基本状况。

1. 师生关系忽略课堂平等对话的"学问"基础

总体来看，民族地区教师对于课堂纪律的严格要求是一种常态，这是教学有序开展的重要保障，但有些课堂却明显让人感到教师的"话语霸权"。从某藏族地区小学Z老师的课堂来看，其口头禅为"别给我乱喊了！""别写错了，小心！"每当他提出一个问题，用的也是命令的口吻："写完的看看下一个字怎么读，不要出声！"这样的命令口吻，可能源于教师教学管理的风格，但如果导致学生在课堂上不敢"提问"，或不敢"出声"，便会影响教学活动的平等交流和对话沟通了。这背后反映的是教师对于师生关系的观念和理解，如果教师将学生看作一种"容器"，只能由教师"灌输"知识，那么学生就只能在课堂上"接受"知识。

从参与式课堂的内核上看，所谓"道之所存，师之所存"，要在课堂上真正达成师生"平等对话与交流"，须以师生探索"学问""知识"之"道"为基础。因此，课堂上学生"尊师守纪"或"关系融洽"都不是评判语文参与式课堂有效性的核心标准，而要看师生是否以"语文知识问题情境"为基础,促进学生的言语能力、思维能力、审美能力的提升和发展。调研情况总体反映出,民族地区语文课堂呈现出纪律严明、尊师守纪的特点。相比而言,藏族学生在尊敬老师方面表现得更为明显。但从语文参与式的内核来看,这种表面上的"听话服从",忽略了课堂上师生是否真正基于"语文知识的问题情境"而展开合作、探究的实质性对话,也暴露出课堂教师话语霸权的特点。因此,课堂上良好的师生关系,一定是建立在"学问魅力"的"赋权增能"之上的。

2. 教学方式以教师讲授为主,合作学习效果不佳

"教师中心观"带来的是教师对于学生"学"的忽视。从课堂观察弗兰德斯分析数据来看,教师的语言授课时间占比大都在50%以上,平均为63.85%。调研课例中学生的语言更多的是针对教师提问的回应,主动发言与讨论的时间较少,其中,学生的有效语言比率平均仅为23.29%,课堂小组合作比率平均为13.71%,学生参与性学习比率为35.22%。

问卷调查结果显示,教师最为喜欢或认为有帮助的方法是"讲授法""诵读法"和"讨论法"。课堂观察也印证了这一结果。如回族地区 L 教师的课堂上,学生仅以"是""对"等"接话式"对话与教师互动,完全是以教师"教"为中心的课堂。说到底,这是教师关注了"教",而忽略了学生的"学"。又如在东乡族 M 教师的课堂上,完全以"教师讲授诗词内涵"替代学生"参与探究活动";如某藏族中学教师设计了小组合作学习,但因为任务难度较大,学生未能完成,最后导致"小组合作学习"有形无实。

(二) 语文参与式课堂教学目标与内容选择模糊不清

我国著名语文教育专家王荣生指出,当下我国语文教育面临着教学目标确定和内容选择的困境。他指出,有三个方面的原因尤其需要辨别清楚。一是"语文课程内容"骤变为"语文教学内容"。我们的语文课程标准属于"能力标准"或"素养标准",即学生在某个学段中应该具有的语文能力或语文素养。但对"如何具有",即教学当中语文应该

"教什么""学什么",却没有清晰地表达。换言之,它的"内容标准"是缺失的。二是"语文材料"顶替了"语文教学内容"。我们的语文教科书大都是"文选型"教科书,是由一篇篇课文选编而成的。因此,选文是"语文材料",在语文教学中,往往由教师决定这些文章是否变成"教学内容"。对此,王荣生提出了"定篇""例文""样本"和"用件"的概念,帮助我们甄别课文的类型。三是"语文活动"遮蔽了"语文教学内容"。在写作、口语交际和语文综合性学习中,语文活动往往充当了语文教学内容。如一学期开展了 8 次写作活动,但在写作过程中,从布置写作任务到学生完成写作任务,教师在这中间的写作知识、策略、技能的指导是否到位呢?因此,要对"语文活动"和"语文学习"加以区分。"活动"只是做了某一件事,"学习"也要通过"活动"展开,但它是一种学生习得新知识、新技能、新策略的活动,这才让"活动"有了教学的价值。[①]

在调研观摩的案例中,仅有 20% 的课堂呈现了明确的教学目标。这说明教师对语文课"教什么""达到什么目的""选择什么教学内容"等问题缺乏清晰的理解和认识。在呈现了明晰的教学目标的课例中,有 75% 都是非常精彩的语文课。这也从另一个角度说明,教师是否具有良好的课程理解和教学理解,可以从教学目标的确定和呈现中部分地反映出来。倘若教师连对这节课的目标和内容都没有清晰地理解和思考的话,那么课堂的成效就无从保障了。从调研的课例来看,大部分民族地区教师对语文课"教什么""达到什么目的""选择什么教学内容"等问题缺乏清晰的认识,这是民族地区实施语文参与式教学的突出难题。

1. 教师对参与式课堂目标与内容的"转化"能力不足

语文教师所面临的目标确定、内容选择的困境和挑战,与其教学内容目标缺失、教材开发编写中教学目标和内容不明确等有着直接的关系。具体到教学层面,教师需要对内容进行"教学转化",在转化的过程中,还需进一步明确教学内容和教学目标的匹配性。例如东乡

[①] 王荣生:《语文课程与教学内容》,教育科学出版社 2015 年版,第 238—242 页。

族某中学 G 老师，一开始就呈现了教学目标。但在实施中，教学目标与实际教学活动匹配不够。G 老师的教学目标为：根据高考大纲对诗词鉴赏的考点规定，将本节课的学习目标制定如下：第一，知人论世，诵读品味；第二，学习诗歌通过意象、炼字等表现情感的写法；第三，把握并运用鉴赏诗歌的方法。

这三个目标之间各有侧重，而且层层递进。在教学过程中，教师也是按照教学目标的引领开展学习活动的，从介绍作者、知人论世，到引导诵读、品味诗情，再到逐句体会理解诗歌内涵，最后落实到"直抒胸臆"和"情景交融"两种诗歌鉴赏方法的点拨上。但具体来看，学生朗读《一剪梅》和学生学唱邓丽君歌曲的活动，与诵读目标达成的匹配度不够；体会"直抒胸臆"和"情景交融"的写作特点的学习活动与"鉴赏方法"目标相比，失之宽泛，难以在教学中取得实质性的效果。因此，语文参与式教学的目标与内容的选择及确定一定要与"这一篇"的特点相适切。调研结果反映出民族地区语文教师对目标和教学内容选择与确定的理解含混，其"教学转化"能力相对欠缺。

2. 教师对"这一篇"的教学目标和内容确定的意识淡薄

对语文参与式课堂的目标和内容确定，教师需着眼于"这一篇"，这是由语文知识"随文而教"的特点所决定的。问卷调查结果显示，教师对一类文体的辨识明晰，但对具体"这一篇"的教学内容与方法的匹配关注度不够。结果显示，有 61.5% 的教师选择了"教学内容不同时，教学模式略有不同"这一选项，且有 28.8% 的教师选择了"教学内容不同时，教学模式相同"选项。可见，教师对于教学模式与内容的契合方面，总体上关注不够，也就是说，很多教师对"文本"特点以及相应教学内容提炼的关注度并不高，依靠"教学惯性知识和经验"开展教学的状况并不少见，这值得深思。

具体来看，对于不同内容的教学，教师在教学方法上是存在差异的。其中关于"诗歌教学"，教师最常使用的方法排名前三的是"诵读法""情境法"和"讲授法"。"散文教学"是"诵读法""讲授法""讨论法"和"小组合作学习"。"小说教学"是"讨论法""自读法"

"讲授法"和"小组合作学习"。"戏剧教学"是"情境法""讲授法"和"小组合作学习"。"实用文教学"是"讲授法""问答法","练习法"和"讨论法"并列第三位。"文言文教学"常用方法是"讲授法""诵读法"和"练习法"。从中我们可以看出,语文教师对不同文体的教学方式是存在差异的。例如,诗歌教学和散文教学都是以"诵读法"为首要的方法;小说教学则开展"自读法";戏剧教学以"情境法"为主。这些都体现了教师对一类文体的辨识还是比较分明的。

按照语文参与式课堂一堂好课的"最低标准"——教学内容正确,结合课堂观察结果来看,显然,很多课堂是难以达到的,很多教师不能够恰切地提炼和选择"这一篇"的教学内容。

例如东乡族地区某教师在教授梁实秋的《鸟》时,从复习旧课的文言词汇,到导入新课,积累有关鸟的诗句,再到学习本课的描写方法,完全忽略了"散文"这种"个性化言说方式"的文体特性,也忽略了梁实秋"这一篇"散文的特征,把积累"好词好句"当作"这一篇"的教学内容,这与参与式课堂目标内容的确定背道而驰。看上去都是语文活动,但却把"这一篇"阅读教学的内容"架空",变成了"碎片化"的语文知识教学。既不能帮助学生提高具体语境下的阅读能力,也忽略了对"这一篇"中所蕴含的具体语文知识的学习。按照王荣生提出的一堂好课的"最低标准"——教学内容正确——显然,这节课是难以达到好课标准的。

又如藏族地区某教师讲授《威尼斯小艇》,有一道课外补充阅读题:"读一读,进一步了解水城威尼斯。"S老师设定了这样的教学内容:(1)同学们自己阅读给出的材料;(2)提问:威尼斯在哪个国家?历史有多长?这座城市漂不漂亮?(3)要求学生在书上把考点记下来。

从中我们可以看到,"拓展阅读"是用"浏览"的方式完成的。阅读后所思考的问题与《威尼斯小艇》原文几乎没有关系。这实际上是把"这一篇"阅读教学"架空"了,变成了纯粹的识字写字、积累词句、学习修辞等零散知识的教学。在这样的教学内容选择和处理下,学生获得的是"碎片化"的语文知识,并且难以在具体的语境中"举一反三"。教师通过让学生反复"朗读""抄写""做笔记"

的方式学习语文，说到底是一种"机械重复"的学习方法，更是难以转化为学生的语文能力。这都是教师忽略"这一篇"教学内容选择所导致的。

3."到学生中去"关注不够是参与式课堂值得反思的关键

从问卷调查结果来看，学生认为，"在课堂上老师为了更好地促进学生参与"而经常采取的措施中，最为普遍的是"教师提问，请学生回答"，可见，教师是课堂的主导者。那么，教师如何确立课堂上正确、合理的教学目标呢？这需要做到"从文本中来""到学生中去"。教师在面对具体的语篇时，除了深入理解"这一篇"的特点外，还要结合不同的学情特点，从学生现有的情况出发，确定教学"到哪里去"，从而确定目标和选择"用什么内容"来教。西北少数民族地区汉语文教学水平的差异是很大的，因此，"依据学情"是我们教学目标确定和内容选择的重要依据。

例如，同样是高中语文必修课篇目《离骚》，藏族地区学生和回族地区学生的学情差异大，因此，在教学目标确定和教学内容选择上就有很大的差异。对于经典文本，我们应该如何选择目标和内容，这是摆在教师面前的一大挑战。对藏族地区 M 老师和回族地区 L 老师的课堂观察发现，L 老师明显侧重于"文本细读"，而 M 老师则侧重于"总体了解"。

（1）在 L 老师的课堂上，老师引导学生逐句串讲诗歌：

师："我"怎么做的？

师："宁溘死以流亡兮，余不忍为此态也。"是的，我宁愿被流亡也不同流合污。在写他的态度。（板书）

文中有一句话突出了他的坚守："鸷鸟之不群兮，自前世而固然"，鲲鹏可展翅几万里，鸷鸟在这指屈原，"群"鸟指群臣，就如"燕雀安知鸿鹄之志"，你们想自己的蝇头小利，而屈原一直在坚守自己。

……

师：中国历史上诗人很多，但屈原被称为"屈子"。（板书）

我们知道的有孔子，可见其品格的高尚。这四句的解释为……就如前面所说"虽九死其犹未悔"，但是毕竟环境十分恶劣，这么多人污蔑我，感到是一个问题，下文就对此做了说明。一起读一下。

从中我们看到，L老师对于《离骚》讲授的基本结构是：第一，疏通字词；第二，疏通句子，L老师会把整句用现代文翻译、串讲；第三，阐释内涵，结合相关知识和自己的理解阐发解释，从而突出主旨。

（2）我们发现，M老师的教学定位是：

第一，学生能够顺畅地朗读课文。

第二，能够了解作者屈原及"楚辞"的特点和文学地位。

M老师的课堂教学主要涉及的语文知识，一是《离骚》的基本介绍；二是让学生了解屈原"虽九死其犹未悔"的精神品格；三是了解"香草美人"象征着"高洁"；四是了解骚体诗的特点；五是了解《离骚》作为政治诗的内涵。由此可见，两位老师完全不同的教学处理，这背后跟学生的学情是紧密相关的。在L老师看来，不但要会流利地朗读《离骚》，而且要准确理解其中的意思。而M老师的教学定位，是让学生"了解"和"知道"文学经典《离骚》的相关知识，如"骚体"等。用M老师的话来讲，不要让学生对《离骚》"望而却步"。

（三）知识容量不足和"半拉子"课堂等导致参与式课堂效率低下

民族地区开展语文参与式课堂的情况较为普遍，但从内在影响因素来讲，知识容量不足和"半拉子"课堂等状况，往往导致效率不高。从问卷调查结果来看，新课程提倡的"自主、合作、探究"学习方式的落实，其形式在很大程度上表现为"小组合作学习"，但"小组合作学习"开展的效果并不理想，小组内参与度不高。有28.8%的学生认为课堂"经常"开展合作学习；有54.3%的学生认为"有时候"开展合作学习；有15.8%的学生认为"很少"开展合作学习；还有1.1%

的学生选择"从不"开展小组学习。小组一般由 4—5 人构成,有 48.0% 的学生选择小组成员"一学期变化一次"。从小组合作效果来看,有 40.5% 的学生经常"参与小组内讨论";有 23.7% 的学生经常担任"发言人";有 19% 的学生经常担任"记录员";有 11.8% 的学生经常担任"小组长";还有 4.9% 的学生"很少参与"小组学习。调研结果显示,合作学习的参与度不高且效果不明显。

从教师访谈结果来看,大多数教师都较为认可新课程所提倡的"自主、合作、探究"的教学方式,但教师的理解和其行动之间存在着距离。其中藏区 Z 老师谈到,新课程提倡教师少讲,学生多讲,在我们的课堂上行得通吗?学生底子差,所以大多数老师还是用传统方法"讲授"。T 老师谈到,有时候也尝试运用"小组合作学习",但很多时候效果不佳。从学生访谈来看,小组讨论时很多学生并不参与,而是借机聊天;很多时候小组发言人总是那一两个学生。

从参与式课堂理论观之,合作学习的真实发生,不是看课堂是否开展"小组合作"这一外在形式,而要看是否真正实现"分工"与"合作",是否依托语文知识,开展思维训练、审美实践和言语分享的参与式活动。因此我们认为,一方面,教师对新课程所提倡的"参与式""小组合作学习"理解普遍还是不到位,仅仅关注组织形式,却忽略"语文参与式"的核心要素。所谓"语文参与式"的四大核心要素,即语文课堂的"四有":有语文知识的问题情境;有语文思维的训练过程;有语文审美的实践活动;有言语产品的分享时间。达成这"四有",才能被称为"语文参与式"教学,才能把外在组织形式与内在学科特点真正融合起来。

1. 参与式课堂合作学习存在知识容量不足的现象

有效的语文参与式课堂,须以一定的语文知识为媒介。调研发现,民族地区小组合作学习"经常"使用率达 85% 以上,但从参与式视角进行课堂观察的结果来看,合作学习中任务驱动往往缺乏语文知识的支撑,从而导致低效或无效。以诵读教学为例。课堂上学生"读"的活动并不代表就有"诵读教学"。这就是王荣生所讲的不能以"学习活动"代替"教学内容",而要关注教师是否教给学生一定的名物、方法和理论知识，促进学生诵读水平的提升。以回族地区 W 老师课堂"诵读"为例。其诵读教学就镶嵌了相当容量的诵读知识，让学生的诵读学习活动有"法"可依：分别是正字音、画节拍、析情感、控语速。且看她的诵读教学设计流程（图 5-1）。

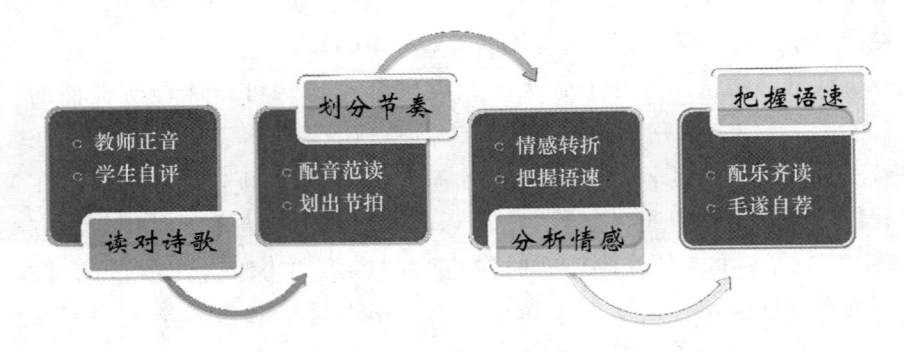

图 5-1　临夏 W 老师《涉江采芙蓉》诵读教学流程

W 老师从四个方面引导学生的朗读。一是读对诗歌，正字音。联系学过的文言文，理解"遗""谁"的字音和字义。二是划分节奏，使学生明了诵读诗歌的节奏。三是分析情感。明确一首诗中情感的基调和变化，这是诗歌学习的重点。四是把握语速。语速的缓急与诗歌情感的表达是紧密相关的。W 老师正是从这四个方面的诵读知识入手，通过教师范读、学生齐读、学生毛遂自荐读等形式，让学生由一开始的"读不好"，到最后渐入佳境。指导学生诵读的过程，也是逐渐深入体会诗歌内涵和情感的过程。我们看到，正是以诗歌诵读知识为媒介，本堂课的教学才真正体现了"语文参与式"的特点。

相比之下，有的教师提出了诵读的目标，却没有具体到语文知识教学上，因此，教学活动难以落实。如临夏某教师的课堂，也是以诵读切入的，而且有意识地让学生注意诵读方法，参考"诵读提示"；在诵读的方式上，也有学生自由朗读、点名读、齐读等多种形式。但是我们观察发现，教师的诵读教学仅仅提示学生要"有方法"，至于"什么方法""如何运用"，老师是没有"教"，没有"落实"的。

2. 实施中多存在"半拉子"课堂而导致效率不高

语文课是培养学生语言文字运用的综合性、实践性课程，课堂上学生是否生成了有效的言语产品，是参与式课堂成效的重要标志。调研发现，课堂上教师对学生当堂生成"言语产品"关注和重视不够，那么学生参与式学习的言语、思维、探究、审美等诸多目标的达成也就难以检验。

例如藏区 ZM 老师在课堂上，尽管开展了参与式活动，但由于任务难度偏大，学生思考和表达的困难多，最后教师不得不放弃学生"言语产品"分享环节，使得小组合作难以产生实质性的成果和进展。相比之下，回族地区 W 老师的参与式课堂之所以有效，就是因为每一次学习任务都关注学生"言语产品"的生成，为学生留出课堂言语产品的分享时间。

表 5-1　　回族地区 W 老师课堂学生言语产品统计与分析

	任务	学生言语产品
第一次合作学习	用优美的语言将全诗串成一段话	生1：撑船渡江去采芙蓉，沼泽地里长满了芳香的草，我所采的芙蓉是想送给谁呢？我所思念的人在远方，回过头望着故乡，那长路漫漫无边无际，两人感情深厚却远离他乡，以忧伤的方式孤独终老。 生2：渡江涉水去采芙蓉，在沼泽地里长满了许多芳草，我把芙蓉采来是想送给谁呢？我所思念的那个人在远方，回头望着回家的地方，回家的路无边无际，两个感情深厚的人却分居两地，我将以忧伤终老，直到死去。
第二次合作学习	1. 诗人是看到芙蓉芳草才想到"所思在远道"的吗？ 2. 抒情主人公是男性还是女性？	生1：不是。因为芙蓉代表的是美好的事物，她的心上人就像那朵芙蓉一样，在她心中是特别美好的，所以她想把美好的事物献给她心爱的人。 生2：女主人公在看到荷花的时候想起两个人曾经在一起的时光，由花想起曾经的一些往事。 生3：可能以前有一个男子采了芙蓉送给她，又勾起了她的回忆。 生4：我觉得是男的，因为在那个时代，不会有女的"涉水去采"。（师：说不定她坐船。当时东汉末年士子为了取得功名，多半离家出走，上京师，游太学，拜谒州郡门下，这么说，很大一部分人觉得是男的，也有人觉得是在外的男子模拟女性的口吻写的，还有一种说法就是"芙蓉"与"夫容"有谐音，可能是女子写的。所以这个没有任何定论，言之有理即可。）……

我们看到，新课程所提倡的"自主、合作、探究"的教学方式变革，具体在实施过程当中，如何结合学科特点，是变革有效开展的关键。W 老师的小组合作学习具有"语文参与式"的有效性特征，从学生生成的言语产品、课堂的氛围来讲，都符合语文参与式的特点。靳健称这些"创设了学生的体验活动，却没有落实；提出诗歌的背诵的目标，却没有达成……"的课，是虎头蛇尾的"半拉子"课堂。即教师充分设计"教的活动"，却忽略学生"学的活动"。那么，如果教学没有促进学生的变化，再精彩的课堂也是无效的课堂。①

（四）参与式课堂评价的有效性和创造性均有待提升

教师调查问卷结果显示，语文课堂教学中以教师"鼓励性"语言和正面、积极评价为主，"教师评价"所占百分比为 96.2%；其次为"学生相互评价"，再次为"学生自我评价"。从学生调查问卷结果看，"教师点评"是课堂上评价最为普遍的形式，其次为"学生互评"，"学生自评""集体讨论评价"等较少使用。因此，从总体上说，"教师评价"是语文课堂评价的主要方式，间杂学生自评、互评等形式。

课堂观察结果显示，从评价的形式探讨课堂教学评价是不够的，因为无论采取何种形式评价，最终都要以是否促进学生发展为基本标准。因此，还须立足语文参与式课堂的"有效性"和"创造性"特征，构建课堂评价机制。

1. 从参与式课堂有效性来看，课堂教学目标导向性不足

在语文参与式课堂上，教师不但要有清晰的目标意识，而且要依据目标，对学生的学习效果进行评估。参与式课堂的有效性评价，不仅要看"谁在评"，也要关注"评什么"。在调研中，藏区 M 老师为我们提供了有效性评价的范例：

---

① 赵晓霞：《公开课的预设与留白：从"适教"到"适学"》，《语文教学通讯》2017 年第 3 期。

表5-2　　　　　藏区 M 老师课堂有效性评价范例

目标与评价	教学活动
（一）教师出示教学目标	一是掌握生字、新词。二是懂得这则寓言的故事和寓意。三是能够说出"自相矛盾"的意思。四是有感情地朗读这则寓言
（二）以目标为导向检测教学效果	一是听写生字词。二是讲授"寓言"文体的构成：故事和寓意。三是为学生提供支架，"用自己的话"概括故事内容。四是师生探讨"自相矛盾"的寓意。五是课后朗读

通过"听写"，检测学生是否达成"掌握生字词"的目标；通过学生"用自己的话"概括寓言内容，检测学生是否达成"懂得了寓言故事"的目标；通过学生"讨论"寓意，检测学生是否达成"懂得寓意"的目标；通过"分析"语言现象，检测学生是否达成"掌握成语含义"的目标。M 老师课堂上出示的四个目标，都成为开展有效性检测的评价标准。以目标为导向，在形式上涵盖了听写、概括、讨论、分析等活动，在认知上涵盖识记、概括、探究、分析等思维过程，而且这些活动和思维都与学生语文素养的发展紧密相关。在调研中，大多数课堂评价都不能做到像 M 老师这样"以目标为导向"，往往是"感悟式"评价，未能形成科学的评价体系。

2. 从参与式课堂的创造性来看，课堂上学生言语创造表现平平

观察发现，在很多课堂上教师就连基本的课堂教学目标都未能达成，更难以关注学生"创造性"的言语实践了。因为课堂评价的"创造性"，是以评价的"有效性"为前提和基础的。如有的教师设置了"背诵"的目标，在课堂上却没有进行评价检测，而是将任务推到了课后；有的教师要求学生"记住生字词"，但没有当堂检测，也含混地将任务推到课后，例如"没有写会的同学中午复习"，评价的有效性也就无从谈起。因此，我们探究课堂上的"创造性评价"，是以"有效性评价"为基础的。

例如在藏区 M 老师的有效性评价当中，就凸显了学生的创造性言语实践活动。为了检测学生是否能够在不同语境下理解"自相矛盾"的含义，教师为学生设计了"拓展作业"，从学生创造性的言语实践

活动中，评价学生的学习迁移效果。又如在积石山保安族、东乡族、撒拉族自治县 L 老师的课堂上，全班学生"自主"讲授课文《最苦与最乐》，每个人都有一份准备好的"讲稿"，从生字词到句子理解，再到自己的感悟。摘录几位同学的"讲稿"：

生1：我们学过的《爱莲说》，说君子不与世俗同流合污，而本文中的君子有些不同，品格高尚的君子也有被世俗烦扰的忧愁呢！

生：每个人都因为所处立场和价值观不同，对什么最苦、什么最乐有着自己的认识。本文提出负责任是人生最大的苦，尽责任是人生最大的乐，可谓别出心裁，又洞察幽微。责任，或甘之如饴，或畏之如虎，趋避之间，最能反映一个人的品格。

我们看到，在积石山保安族、东乡族、撒拉族自治县 L 老师的语文课堂上，老师通过"学生讲课活动"激发学生"写出"并"讲出"讲稿，本身就是对学生创造性言语实践活动的表现与评价。在语文课堂上，对学生创造性言语实践能力的培养往往是有层级的，在课堂评价中要加以关注。

（五）教师专业素养差距大，学科教学法知识尤其薄弱

教育变革的核心力量是教师。从本次调查结果来看，教师专业发展是提升民族地区语文教育质量的关键。按照美国学者舒尔曼的分法，教师知识包括学科内容知识，一般教学法知识，课程知识，学科教学法知识，学生及其特性的知识，教育情境知识，有关教育目的、目标、价值及其哲学和历史基础的知识。其中，学科内容知识，主要是指教学的语文专业知识，如文学史知识、汉语知识等系统的语文知识。学科教学法知识（pedagogical content knowledge），是由舒尔曼首次提出的教师知识，是把教学内容知识与教学法整合起来，帮助我们理解特定的主题、问题或问题在教学中是如何被组织、表征和呈现的，以适应不同学习者多样的需求和能力。① 对民族地区语文教师的专业素养，我们仅从课堂观察活动的结论可以看出，某些教师缺乏语文专业知识，也就是舒尔曼所说的"内容知识"；而更值得关注的是，有很多教师具有丰富的语文专业知识，但教学中的"转化"存在问题，也就是缺乏学科教学法知识（PCK）。

1. 教师语文专业知识差异大，部分教师水平堪忧

在课堂观察调研中我们发现，教师们的语文专业知识水平，不仅在各地区、各学校之间存在较大差距，而且在同地区、同学校的教师之间也存在较大差距。《语文课程标准》没有要求学生具备系统的语文知识。但对教师来讲却要掌握系统的文学知识与汉语知识，目的是当学生遇到困惑时，教师能够准确地借助语文知识解释现象并为学生提供帮助。

在调研中，在藏区某教师的课堂上，就遇到教师专业知识不够扎实的状况。"选词填空"有这样的题目："认识的人都夸妹妹是个（　）。1. 灵活；2. 机灵；3. 鬼精灵"。我们来看教师的教学分析：

师：做这样的题，我给你们教过，首先要知道什么？

生众：词语的意思。

师：对，要先知道这个词语是什么意思。看第一题。认识的人都夸妹妹是个（　）。别说话，都夸妹妹是个（灵活），对不对？通顺不通顺？

生众：不通顺。

师：我们再来看第二个，认识的人都夸妹妹是个（机灵），通顺不通顺？

生众：……

师：那么先来看第三个，认识的人都夸妹妹是个（鬼精灵），通顺吗？

---

① 舒尔曼：《实践智慧：论教学、学习与学会教学》，王艳玲等译，华东师范大学出版社 2013 年版，第 155 页。

生众：……

师："鬼精灵"的意思是什么？鬼精灵包括了"灵活"和"机灵"，表示非常调皮，惹人喜欢。对不对？

生：嗯。

从这段课堂教学实录中可以看出，教师对于"选词填空"这类题目，首先教授学生学习方法："理解词意"。对于最后为什么选择"鬼精灵"，老师的解释是，"鬼精灵包括了'灵活'和'机灵'。因为第三选项'鬼精灵'包含了前两项的含义"，所以选择第三项。这显然没有切中这道题目检测的知识点。这就是"词性"知识。在句子"妹妹是个（　　）"中，只能填写名词，在三个选项中，只有"鬼精灵"满足这个条件。显然，教师不具备这一知识，因此在课堂上用"词义解释法"，只能使学生越来越混淆。这背后暴露了教师语文学科专业知识的不足。

2. 教师学科教学法知识（PCK）总体欠缺

本次调研发现，一些教师拥有非常良好的语文专业素养，但"教学转化"能力差距却很大。究其原因，即很多教师缺乏将内容知识转化为有效学习活动的"学科教学法知识"（PCK）的能力。教师的"学科知识形态"与学生"语文知识形态"是不同质的。《语文课程标准》强调"实践性"，即学生学习语文知识的基本状态。例如回族地区讲授《离骚》的L老师，东乡族地区讲授《一剪梅》的G老师，都有着非常扎实的语文学科知识，但在课堂上，这些"学科知识"却没有很好地"转化"为学生掌握的知识，这是非常遗憾的。相比之下，临夏H回族中学和夏河Z藏族中学三位教师在课堂上，就能够将学科知识有效地转化为学生学习的活动，真正促进学生在课堂上的参与和建构，促进学生语文素养的发展和提升。但这样的教师占比太小。我们来看藏区某教师《谁是最可爱的人》的教学案例。

师：我们可以看出，这篇文章是按照总分总的顺序来写的。我们以后写作文也不要开门见山，而是一步一步地把读者引向话题。这对我们写作文是很好地借鉴。

师：结尾使用排比的形式，写作文的时候，我们一定要……我们在结尾，一定要安排得当。下次写作文时，开头结尾都要写好。

在这个案例中，教师的教学逻辑是这样的：

假设：课文中出现的写作知识，归纳并讲授这些知识。

结论：那么，学生就能在写作中迁移运用。

这里，教师告诉学生的是知识的"理论形态"，如"写作不要开门见山""排比句用作结尾"。但课堂上教师如果没有让学生在这个理论知识的"点"上得到言语实践和训练，那么，就算是教师"告诉"学生原理性知识，学生从"理解"到"迁移""运用"，还有很长的距离。从深层次的理解来讲，这与人们学习语言的基本规律是相关的。因此，教师拥有"学科知识"只是好的教学的重要影响因素，如何将"学科知识"与教学情境形成"合金"，才是教师专业发展的核心素养。

3. 教师课堂语言有待锤炼，存在"碎片化""指令模糊"的现象

在课堂教学中，"提问"是关乎课堂教学目标达成的关键。问卷调查结果显示，课堂上教师促进学生参与最主要的方法便是"提问法"。课堂观察结果显示，部分教师的课堂语言较为随意，尤其是在"提问"时，对问题的设计与思考不足，存在"碎片化"提问现象，这值得深入反思。

例如藏区某小学教师，每句话不超过20秒就会用提问的方式暂停。如"那么大家来看，詹天佑承担了这项难度极什么？非常难的？"这样的问句，常常让学生无所适从。并且，教师在每句话中几乎都有"对不对""是不是"，这样的提问基本上是无效的，学生只能用"对"与"是"来一一回应。如教师问："那么这里应该填什么？"学生异口同声地回答："新月"。教师习惯性地接道："对，新月。是不是啊？"生："是。"教师问："对不对啊？"生回答："对。"

这样的对话在弗兰德斯量表中我们按提问和学生回答来处理，但

这样的对话在教学中的作用除了吸引学生注意力外，并没有为学生思考和表达留下空间和余地。

教师的语言需要清晰化、条理化，给出的学习任务或者指令需要明确化。如 Z 老师给出的指令："请不会的同学中午把这些词语写会。"

这是一句模糊性的学习指令，学生可以认为自己已经会了，那么中午便不再复习；学生可能仍然不会，但是中午未必能够自觉地完成此项作业。说到底，教师将课堂上应该解决的问题留到了课后，但教师没有明确的是："还有哪些学生不会""如果不会的学生中午写会了如何检测"。这样的课堂指令不但没有达成实际效果，还可能会降低教师的威信。Z 老师花了半节课时间教授生字词，仍然有学生不能掌握。教师认为，这是学生汉语水平基础薄弱所导致的。客观地讲，通过课堂观察我们发现，在 Z 老师的课堂上，老师没有真正通过提问为学生创设参与、建构的学习活动，学生学习效果不佳，教学存在很大的提升空间。因此，无论是什么样的学情，重点是要看学生是否在"这堂课"上有所提升和改变，这才是判断课堂有效性的关键；也就是说，只有当教师提升了课堂的有效性，才能够真正促进学生语文素养的发展和提升。否则，长此以往，学生的语文素养发展也就堪忧了。因此，教师语言的"碎片化""含混性"，都是教师教学理解或教学能力不足的外在表现。

4. 教师有进一步深造的诉求，但学校提供的机会不多

在访谈当中，有不少老师咨询深造的途径和渠道，表达希望进一步提高个人教学素养的愿望。对于教育硕士这类学习形式，虽然面向在职教师，寒暑假上课，但目前教育硕士进行全国统考，入学难度较大。此外，一些学校也不能为教师深造负担学费，给教师造成一定的经济负担，很多教师望而却步。对于国家职后教师培训，一般来讲时间较短，而且培训的覆盖面也较低，一些学校因为师资紧张，学期内很难派骨干教师外出学习深造。在本次访谈中，临夏州和政 S 中学的 D 老师谈到，他从 2003 年参加工作，就开始尝试搞参与式教学。一开始主要是凭着自己的兴趣；后来 2007 年、2008 年学习了兰州市榆

中小康营学校的改革，借鉴并尝试杜郎口模式和分层教学法；2013年，又学习临洮椒山中学的导学案教学。可见，教师教学改革的动力，有很多时候来自于外在的影响。当然，如何将外面的经验借鉴过来，还需要自身不断推敲、琢磨和探究。

（六）部分地区学生语文能力薄弱，新课程推进区域差异大

1. 学生对语文课总体上"比较喜欢"

从结果来看，民族地区中小学生"非常喜欢"和"喜欢"语文课的占比分别为 27.7% 和 53.9%，合计占到了 81.6%；"还可以"占比为 15.5%；"不太喜欢"和认为"枯燥乏味"的占比分别为 1.8% 和 0.9%。从中我们可以判断出，绝大多数学生（80% 以上）对语文课是有兴趣的。具体从民族来看，在藏族学生中"非常喜欢"和"喜欢"语文课的加起来占比为 82.1%；在回族学生中"非常喜欢"和"喜欢"语文课的加起来占比为 78.3%；在汉族学生中"非常喜欢"和"喜欢"语文课的加起来占比为 82.3%。数据显示，回族学生对语文课的喜欢程度略低于汉族和藏族学生；相关系数 P 检验 sig. 检验结果为 $0.718 > 0.05$，由此可见，民族因素不具有显著性。通过地区交叉制表的分析结果可以发现，对语文课的喜欢程度在地区之间并无显著差异。

但在访谈中了解到，在藏区以藏为主的学校里，很多藏族学生学习汉语有困难且缺乏自信。他们说：汉语文课上老师有时候讲的东西听不懂，有时候觉得课堂很枯燥，如一讲到议论文就是论点、论据、论证，没有什么意思。而在藏语文课上，教师会结合文化讲解一些知识，他们很感兴趣。因此，提高汉语课堂的有效性和创造性，开展具有"四有"特征的语文参与式教学，是民族地区推进教学方式变革，提高学生语文素养水平的关键。

2. 学生在语文课堂上学习主动性不够

从结果分析可以看出，在课堂上排名前三位的是学生"能够认真听讲，并做好笔记"，占比为 27.1%；"能够积极参与小组讨论"，占比为 21.9%；"能够主动回答老师的问题"，占比为 17.0%。此外，

有11.5%的学生"能够总结学习方法",有10.6%的学生"能够听讲,很少做笔记",只有8.6%的学生"能够主动向老师提出问题",还有2.2%的学生对语文课"不太有兴趣,常常干自己的事"。

由此可见,尽管有80%以上的学生"非常喜欢"或"喜欢"语文课,但是从课堂学习状况来看,"能够认真听讲并做好笔记""积极参与小组讨论""能够主动回答老师问题"的选择比率都在30%以下;"能够认真总结学习方法""能够听讲,很少做笔记"的选择比率在10%左右;而能够"主动提出问题"的比率仅为2.2%。从这个结果来看,学生在语文课堂上的学习状况不容乐观,学习的主动性不够。从课堂观察来看,尤其是在某些地区的语文课堂上,学生都是在教师要求下做笔记,学习的主动性不足。

在访谈中,临夏州的S老师谈到,他们学校的汉族学生、回族学生的比例为1∶1,但回族学生的家长总体上不重视教育,学生的语文素养和能力差,教师的问题也比较严重,很多教师专业不对口。

3. 部分地区学生汉语文交际能力堪忧

相比之下,以汉语为教学语言的回族、东乡族、撒拉族等地区学生的语文表达和日常交际能力较强,藏族地区"以汉为主"学校的学生在汉语文的交流和运用上也没有问题。汉语水平最为薄弱的是来自藏区"以藏为主"学校的学生。他们的母语大都是藏语,而在学校、家庭里,较少有运用汉语交际的环境,仅仅依靠课堂汉语教学,其汉语交际能力堪忧。

在藏族某乡村小学,学生难以用汉语组词、难以用汉语解释词义、难以用汉语造句。例如在"识字教学"中,四年级学生用"骄"组词,结果学生除了课本上的"骄傲"而外,不会组其他的词。当老师问及含义时,学生难以用汉语表达该词的意思。又例如,在藏族某县城中学,学生难以用汉语"解释"《自相矛盾》里的"矛"和"盾"的含义,但学生能够借助课文插图告诉笔者哪个是"矛",哪个是"盾"。这都说明学生的整体汉语水平参差不齐。

在与藏族某中学的学生访谈时笔者发现:一个小组里"敢于"和我们交流的学生很少,很多学生表现得羞涩和不自信。班级传看汉语小说，尽管都是青春小说，但学生能够"阅读"汉语小说，这说明他们的汉语"阅读"能力强于"口语交际"能力。

在访谈中，作为语文教研组长的 T 老师谈到，藏族学生学习汉语的最大难处，就在于缺乏汉语交际的语言环境。除了汉语课外，其他时间他们都说藏语。因此，她要求学生在汉语课上必须用汉语尝试表达，鼓励学生利用各种机会用汉语交流。T 老师的做法，是力图创设各种汉语交流情境，激发学生学习运用汉语的热情。

此外，调研发现，以藏为主的学校里的学生，其汉字的书写规范问题也值得关注。

4. 部分学生难以参与语文课堂生活

在调研中笔者还发现，在"以藏为主"的学校里，有的学生游离于课堂生活，难以理解教师的课堂教学内容。例如，笔者在与个别藏族学生的交流中发现，几位学生在整堂课上都没有参与教师的学习活动，也不明白教师指令的意图。

师：大家找出三种不同的革命精神并加小标题。（学生默读、思考）

（笔者见桑吉埋头读书，便**随机采访**：你知道老师让你们干什么吗？桑吉说不知道。笔者：老师让你们给课文的三种精神加小标题。你知道是什么意思吗？桑吉说：不知道。）……

师：第二个事例和第三个事例也存在这样的结构，我们读的时候画出来。

（发现卓玛同学没有动笔，**便问**：你知道文章写了哪几个故事吗？她回答说：不知道。可见，老师所要求的任务对她来讲非常困难。）

师：我们把三个故事搞清楚之后，再来看看文章承上启下的段落是哪些？画出来。

（笔者**访谈**桑吉同学：还有一个跟第 8 自然段相似的承上启下的段落在哪里？回答说：不知道。）

通过访谈桑吉和卓玛同学，笔者发现，当教师把他的问题和任务抛给学生后，不仅一些学生回答不尽如人意，而且有部分学生根本就没有理解教师上课的问题和任务的真正含义，因此完全无法参与到课堂学习中来，无法进入正常的课堂生活。通过对学生桑吉的访问，笔者有四点反思：第一，桑吉和卓玛的汉语交流水平较弱，她们不大能够听得懂笔者的发问；第二，桑吉和卓玛对老师布置的任务听不懂，所以导致课堂上无所适从，要么，他们听懂了任务的意思，但由于任务太难而无法完成；第三，在本堂课上，像桑吉这样听不懂的学生不止一位，老师为什么丝毫没有察觉学生的困难而进行调试？第四，学生在课堂上非常谦恭，他们即便没有听懂，也不会站起来向老师发问。但是，对老师的恭敬谦虚，是道德层面的；如果学生在课堂上听不懂教师的提问，或无法参与课堂活动，那么，学生的"课堂生活"必然是痛苦而煎熬的。

笔者通过对比发现，学生汉语水平的高低除了自身基础之外，汉语文课堂教学的有效性也是关键的影响因素。同样是在藏区的藏族学校里，课堂教学水平高的班级，学生汉语表达的能力和素养要高于其他班级。教师不能因为学生原本基础薄弱而放松对学生的要求，反而应该花更多的时间和精力，追求"四有"的参与式课堂，让学生一课一得，逐渐提升汉语文的素养和水平。

（七）汉语教科书编撰水平有待提升，教师使用中存在各种困难

回族、东乡族、藏族地区"以汉为主"的学校，其语文教科书与全国其他地方的并无差异。这里主要探讨藏族地区以"以藏为主"学校所使用的汉语文教科书。目前来看，它们基本上使用的是西部五省区藏区编写的教科书，这五省区就包括西藏、青海、四川、甘肃和云南。该教科书是由人民教育出版社出版的《义务教育课程标准小学实验教科书（藏族地区使用）·汉语》《义务教育课程标准初级中学试验教科书（藏族地区使用）·汉语》和《全日制普通高级中学教科书（藏族地区使用）·汉语》。

1. 藏区汉语教科书编排体现了新课程理念，立足于语言训练

以初级中学教科书为例。其说明指出：《义务教育课程标准初级中学实验教科书（藏族地区使用）·汉语》是根据教育部颁发的《全日制民族中小学汉语课程标准（试行）》，在《九年义务教育三年制初级中学教科书（藏族地区使用）·汉语》的基础上编写而成的，供以藏语授课为主、单科加授汉语的藏族学生使用。其编写的指导思想是：适应素质教育的总要求，从第二语言教学的基本特点出发，坚持功能、结构、文化相结合的原则，以培养和提高学生的汉语基本素养为主要目的，养成学生学习汉语的良好习惯，促进学生汉语思维的发展。汉语课程的学习要使学生受到思想品德和民族团结的教育，并使他们具有一定的创新精神和实践能力。

从教科书编排来看，教科书包括"课内学习""课外学习"和"附录"三部分。以第五册为例。"课内学习"分6个单元，24课，各单元以课文反映的生活内容为主题编排，分别是诗歌、生活情趣、科普短文、至爱亲情、环球风采和古代生活。每单元后分别安排"综合练习""应用学习"和"词语的积累和扩展"。课文分为教读课文和自读课文，每课包括课文、生字、词语、词语例解和练习。自读课文以培养学生自学能力为目的，没有词语例解。"综合练习"是对本单元内容的小结，除了复习和巩固外，还安排一定量的听、说、读、写训练，提高学生整体运用汉语的能力。其中还编排了与中国少数民族汉语水平等级考试（MHK）相近或相同的题型。"应用学习"以汉语语言实践为主，贴近学生生活实际，整合听、说、读、写语言能力，注重培养学生自主、合作、交际的学习态度和精神。每学期安排1—2次大的应用学习活动。"词语的积累和扩展"将同类或相关联的词语集中起来，目的是补充课内词语学习，提高词语学习的效率。"课外学习"有6课，课文后配有简要的思考和练习，指导学生从内容、语言等方面进行自学。

从教科书编排来看，针对藏族地区学生的基本学情，结合第二语言习得的基本原则，以及新课程所提倡的教育理念，突出学生汉语学习的"语言实践和运用"。其中值得关注的是，课后的"词语"解释

是先用拼音注音，然后用藏语解释；课后练习题也是突出词汇的积累与运用。立足于语言实践与运用的设计理念，无疑是符合语文课程标准的基本思想的，但在调研中发现，这些课后"语言训练"与课文理解的关联度不够紧密。笔者从语文教学的角度来看，这种编排是否适用于学生阅读能力的提升，值得反思。

2. 个别学校使用全国统编语文教材，部分篇目难度偏大

在夏河某藏族小学的访谈中，教授一年级的D老师告诉我们，从上一年开始，学校已经不再使用原先的五省区统编教材，而是改为教育部"统编教材"，这套教科书已于2017年秋季在全国推行使用。D老师告诉我们，之所以换教材，是因为家长认为国家统编教材质量好，不希望自己的孩子汉语水平落后于其他学校的学生。但D老师说，统编教材进度快，难度大，教学中很多学生跟不上，老师教得也很吃力。

调研发现，学校学生还使用《汉语同步练习》。这是由人民教育出版社、课程教材研究所、汉语课程教材研究开发中心编著的，由人民教育出版社出版的《义务教育课程标准小学实验教科书（藏族地区使用）·汉语》的配套练习册。虽然这套练习旨在巩固学生汉语学习水平，加强对学生的语言实践和训练，但我们发现，其中的问题是语言训练与"课文"之间联系不够紧密，这就无形中把"阅读教学"与"词语积累教学"混在一起，值得反思。

此外，藏区汉语教材中有些篇目偏难。例如高中选编了培根的《论友谊》，很多内容读起来非常抽象难懂。如文章中引用的古希腊谚语："一座城市如同一片旷野。"即便是汉语为母语的笔者去理解这句话，都有困难，何况是汉语为第二语言的学生？因此，笔者反思：培根的随笔除了具备一般随笔的特色外，还充满了哲理。在课前让学生提前了解培根的哲理思想，引导学生熟读课文，体会随笔的语言特色，或许有助于教师的教和学生的学。但是，很多句子读上去很拗口，课本中培根《论友谊》的汉语译文本身是否达到了"信达雅"？这还需进一步研究。

（八）语文课程改革是一项综合性工程，受到多方面因素的影响

民族地区新课程改革是一项综合性工程，受到民族、地域、文化等多方面因素的影响。在调研过程中，每次途经临夏回族自治州到甘南藏族自治州，最为深刻的感受是，回族地区道路两旁都是清真寺，而一到藏族地区都是佛教寺庙，这是两种完全不同的文化氛围。因此，新课程实施各地区的差异大，除了民族差异（主要涉及母语学习和第二语言习得）外，地域差异也较大，如州政府所在地学校，与普通的县、乡镇学校，课程改革的实际进程也很不相同。但无论何种差异，从语文教学角度来讲，深入课程改革，促进学生核心语文素养的发展，是西北各民族、各地区、各学校、各语文教师所面临的问题和挑战。

1. 某些藏族学校采用双语方式教授汉语

对于藏区"以藏为主"的学校，学生基本上是藏族，而且除了汉语课外，其他课程都用藏语授课。在有的汉语课上，如果教师也恰好懂得藏语，在教学中遇到难懂的字、词、句时，教师往往会用"藏语"为学生疏通、解释含义。

如执教《上帝发的答卷》的 ZM 老师，懂得汉藏双语。我们看到，与其他懂藏语的老师一样，当遇到一些学生较为陌生的汉语词汇时，老师就会用藏语进行解释说明。例如用"一弯（　）"选词填空时，ZM 老师先用藏语和学生解释"一弯"的含义。在课文学习中，对学生理解有困难的"名声""突发奇想""荒诞性"等都用藏语解释了一遍。但学生对"突发奇想"还是难以理解，在梳理全篇时，老师再次用藏语进行了解释。

我们发现，ZM 老师用藏语解释的几个词语，都是整篇文章理解的关键词句。这样的"双语"教学，无疑为学生提供了更多的帮助性支架。如某藏族小学的学生用"无论……都"造句："无论遇到什么困难，我都不会抱怨。"S 老师认为，这个句子讲得非常有哲理，便用赞赏的态度进行了肯定，紧接着又用藏语和学生讨论了该句的含义。这些方法都是在关键处为学生学习提供了帮助，值得借鉴和学习。但有的教师提出了不同的观点,认为应该为学生提供更多的汉语语境,这有待于深入研究。

2. 立足文化传承,中华传统经典学习的任务艰巨

在调研过程中我们发现,很多民族地区的汉语教师具有较强的文化传承使命感。按理说,在"以藏为主"学校的汉语课上,学生学习现代汉语都有困难,何况是古文?加之高考题目不涉及文言文,教师也许未必重视文言文教学。但在实际的调研中发现,很多民族地区的汉语老师,包括汉族老师和藏族老师,他们对于文言文教学还是非常重视的,因为老师们认为,文言经典能够让学生更好地了解中华传统文化,增进对汉语的理解,培养学生对传统文化学习的兴趣。

在调研中一些学生反映,藏语文课堂上教师总能结合文化来讲,"很有意思";其实中华传统文化源远流长,博大精深,值得教师在汉语文教学中融入传统文化的内容。例如《〈论语〉五则》《生于忧患,死于安乐》《马说》三篇文言文,恰恰涉及中国古代儒家文化的三位代表人物:儒家学派开创者孔子和孟子,儒家学派传承者韩愈。这三堂课给我们的启示是:在民族地区,如何通过汉语课堂传播中华优秀传统文化,是值得深入探讨的课题。

3. 民族地区有宗教信仰,教学中"不问不告"是基本原则

学校里是不允许传播宗教的,我们要区分教学中所涉及的宗教知识和教学外的宗教传播。例如,我们在 ZM 老师的课堂上,课文题目就叫《上帝发的答卷》,ZM 老师为学生介绍"三大宗教",以导入新课。

师:今天我们来学习新课,讲课文之前,我想问一个问题,这篇课文的名字是《上帝发的答卷》,大家知道世界上的三大宗教吗?

生众:佛教、伊斯兰教、基督教。

师:对,基督教是世界上信仰人数最多的宗教,它的创立者是传说中的耶稣,教义就是叫人忍受痛苦,死后升入天堂去见上帝,上帝是基督教教徒最崇拜的对象。伊斯兰教的创始人是穆罕

默德，教义是使人信仰唯一的真主，严禁信徒去信仰其他的神或偶像。佛教创始人是释迦牟尼，出生在现在的尼泊尔境内，是释迦部落的王子，在29岁开始修行，创立了佛教，教义是四个真理及四谛。今天我们所学的上帝就是基督教所崇拜的对象。

宗教知识是否有讲授的必要？对于普通地区的学生来说，似乎就没有必要，只要简单介绍一下"上帝"，学生就明白了。但民族地区宗教文化浓厚，教师巧妙地从介绍三大宗教导入，为学生排疑解惑，增长见识，提高学习兴趣，加深他们对课文的理解。

对此，教学中一般的原则是"不问不告"。因为当涉及宗教知识时，如果对学生理解文章不会造成影响，课堂上教师就没有必要进行讲解；而当学生遇到理解困难时，教师就可以补充一些相关的常识，但仅限于知识性的了解和介绍，不可进行宗教的传播。

二 深化西北地区语文课堂变革的建议

针对西北地区语文课堂教学所存在的主要问题，建议从明确语文参与式课堂的教学目标和内容、澄清语文参与式课堂的"四有"内涵、建构有效性和创造性的参与式课堂评价体系三方面推动语文参与式课堂的理论建构和实践探索。

（一）进一步转变教学观念，由"适教"课堂到"适学"课堂

新课程改革的深化，仍然要从转变观念入手。所谓传统"灌输式"的课堂，其表现特点是教师注重"教"的活动，而忽略学生"学"的活动，或忽略学生"学的水平"，说到底是一种"为教而教"的"适教"课堂。"适教"课堂是有历史的，这源自赫尔巴特的"三中心"观，即"以教师为中心，以课堂为中心，以教材为中心"，其教育目的是促进知识传授。20世纪，自杜威以来，教育家们逐渐提出要从"为教而教"的课堂转向"为学而教"的课堂。新课程改革提出"自主、合作、探究"的学习方式，其实质也是要突

出学生的主体性。近年来，教育部提出了中国学生核心素养概念，落实到语文课程上，就是强调发展学生的言语素养、思维素养、审美素养、文化素养等，这成为当代语文教育的核心任务和课程愿景。

从"适教"课堂向"适学"课堂转变，是从以传统的知识传授为中心的"为教而教"范式向以学生发展为中心的"为学而教"范式的转变，这是新时期教育对人的培养的需要。美国詹姆斯在《学习落差》[1]一书中指出，教育改革的成败，核心是课堂，而课堂的成败关键在于教学是否促进了学生的发展。如何"适学"？涉及两方面的内涵，其一是转变教师的观念，教师不再只是单纯的知识传递者，而是要组织学生学习，引导和创设环境，成为学生获得能力发展的促进者。其二是转变学生的学习方式，它不是指具体的学习策略和方法，而是学生在自主性、探究性和合作性方面的基本特征。[2]

因此，"教"是为了促进学生的"学"。如果教师充分设计"教的活动"，却忽略学生"学的活动"，导致教学最终没有促使学生发生变化，那么，再精彩的课也是低效或无效的。语文教学要"守正与创新"，所谓"守正"，即教学不能脱离文本解读；所谓"创新"，即教学最终要促进学生的发展，也即促进学生言语能力、审美能力、思维能力、探究能力的变化，真正实现从"适教"到"适学"的课堂变革。

（二）以核心素养为引领，深入推进"语文参与式"课堂教学改革

核心素养也称"21世纪素养"，是指在信息时代下，为实现自我价值和社会良好运行所需要的指向终身学习的必备品格和关键能力。

---

[1] James W. Stigler, and James Hiebert, *The Teaching Gap: Best Ideas from the World's Teachers for Improving Education in the Classroom*, Free Press, New York, London, Toronto, Sydney.

[2] 王鉴、王明娣：《课堂教学范式变革：从"适教课堂"到"适学课堂"》，《山西大学学报》（哲学社会科学版）2016年第2期。

近年来，国家提出"学科核心素养"的概念，其中"语文学科核心素养"主要包括语言建构与运用、思维发展与提升、审美鉴赏与创造、文化传承与理解四个层面。立足学生语文学科核心素养的发展，民族地区语文课堂教学，需进一步深化"语文参与式"教学改革。与以往不同的是，当以往的改革进入具体学科课程层面时，由于相关理论支撑的不足，教师难以将宏观的理念"落地"，与学科内容紧密结合起来。从而导致课程改革进展缓慢。所谓"语文参与式教学"，是以促进学生个性的全面和谐发展为宗旨，以平等参与、丰富多样的学习活动为载体，通过小组和班级学习形式，引领学生自主运用语文知识，训练言语能力、思维能力、探究能力、审美鉴赏能力及其情感态度的实践活动。语文知识问题情境、语文思维训练方式、审美情感体验活动、言语成果分享过程四者之间的结构关系和相互作用形成了语文参与式学习的有效性条件。① "语文参与式教学"的四个有效性条件，与"语文学科核心素养"不谋而合，其中，"文化传承与理解"在具体的语文课程学习当中，应转化为"这一篇"的语文知识问题情境。

具体从课堂教学的流程来看，需从以下四个方面保障"语文参与式教学"的有效开展。

1. 明确教学目标和内容，是推进"语文参与式教学"改革的前提

以明确的语文参与式课堂目标为引领，是针对西北民族地区语文课堂教学目标与任务含混、模糊的现状而提出的。《普通高中语文课程标准（2017年）》明确提出学科核心素养是育人价值的集中体现。我国基础教育正从"知识本位"时代走向"核心素养"时代。② 课堂教学是形塑学生发展核心素养的主要渠道。③ 推进参与式课堂改革，需将一般性课堂教学理论与语文课堂教学目标和任务紧密结合起来，

---

① 靳健：《语文参与式学习及其有效性条件》，《教育研究》2014年第6期。
② 王兆璟、戴莹莹：《论教育活力》，《教育研究》2017年第9期。
③ 王鉴、王文丽：《课堂教学如何构建学生发展核心素养》，《高等教育研究》2018年第1期。

以解决以往改革中理念难以落地的困境。那么，明确语文课堂教学积淀语文知识、训练言语能力、涵养语文思维、健全主体人格的目标与任务，使其四位一体、相互作用，构成了民族地区语文参与式课堂发展的有效性条件。此外，民族地区语文教师还须加强对"这一篇"的教学目标和内容的提炼能力。

第一，明确语文课堂教学积淀语文知识的目标与任务。语文课程包含着丰富的语文知识，但需要在教学中结合学情和"这一篇"的特点加以创造性转化。语文知识目标的教学设计要关注知识的呈现方式，强调学生对语文知识的探究与实践，为学生创设运用语文知识的语言情境。第二，训练言语能力的目标与任务。高中语文课标组组长王宁提出"语言运用与建构"是核心中的核心，其他素养皆以此为基础。在语文参与式课堂教学中，培养学生"聆听、阅读、对话、写作、探究、审美"的言语实践能力是核心目标，并要在言语实践活动中实现其他素养的综合发展。第三，涵养语文思维的目标与任务。语文思维既包含普遍意义上的思维方法，又包括语文思维的独特内涵，如相对于抽象思维的形象思维、相对于分析思维的直觉思维等。在语文教学中，思维与语言的发展是密不可分的，在确立语文课堂教学目标时，须注重学生的语文思维训练过程。第四，健全主体人格的目标与任务，在多元化语文价值观中涵养独立、自由、自强、自律、合作、宽容的主体性素质，是语文教育最终的旨归。教师在设计教学目标时，应充分考虑对学生健全人格的熏陶和培养，既要做"经师"，又要为"人师"。

2. 澄清语文参与式课堂的"四有"内涵，是保证质量的关键

建构清晰的有语文内涵的参与式课堂模式，是民族地区语文课堂变革发展的关键。在调研过程中发现，新课程"合作、参与、探究"的理念可谓深入人心，但如何体现语文课程的内涵和特点，是民族地区语文教师需要直面的时代课题。从内涵建构来看，语文教师在课堂上要做到"四有"：有语文知识问题情境、有语文思维训练过程、有审美情感体验活动、有言语产品分享时间。

首先，发展有语文知识问题情境的语文参与式课堂。调研中发

现，民族地区语文课堂上不缺乏"语文知识"，但这些知识大都以教师"单向传输"的方式呈现，学生学习的效果不佳。这种"单向传输"的知识学习难以激发学生参与式的学习活动。就语文知识本身而言，它是思维和智慧的结晶，而其形式是静态的现成的。但在教学当中，应把知识看作认识的过程和求知的方法，这是现代动态的知识观。"语文知识问题情境"设计则是教师为学生提供相关学习资源和情境，引导学生带着兴趣和问题进行探究的过程，从而促进学生认知和情感的发展。

其次，发展有语文思维训练过程的语文参与式课堂。语文思维是一种特殊的心理现象，它既包含普遍意义上的思维方法，又具有语文的独特性。从思维的类型和品质来看，语文包含言语形象思维、文章逻辑思维和语感直觉思维等，并以其独特的方式区别于其他课程的思维培养。因此，缺乏思维引领的语文课堂教学实践将变成教条式的机械记忆，语文独特的言语形象思维、文章逻辑思维和语感直觉思维等思维活动的发展、思维水平的提高，是学生个性成熟与健全的标志。

再次，发展有审美情感体验活动的语文参与式课堂。审美体验是语文参与式课堂的特征之一，尤其是在文学类作品如诗歌、散文、戏剧等中，需特别关注审美情感体验过程。设计中须紧扣"语言"并在"虚心涵泳"中发展学生个性化理解和情感体验。学生个性化理解和情感体验，是语文课堂相比于其他课堂的又一特征，是语文参与式课堂内涵建设的重要构成。哪怕是一个词语、句子或篇章，既有作品自身的"期待视野"，同时学生又无不带着自己的"前见"参与课堂对话活动，因此，教师通过有效的语文参与式活动设计，促进学生个性化情感体验和言语产品的生成，让审美情感体验渗透在民族地区语文课堂上。

最后，发展有言语产品分享时间的语文参与式课堂。语文课程标准提出的"语言运用"落实在语文参与式课堂上，即教师要为学生"聆听、阅读、对话、写作、探究、审美"等言语实践活动留出分享时间。从后现代哲学的角度讲，语言是存在的家园，人学习语言文字的过程也是被语言文字同化的过程。因此，语文参与式课堂建设，须为学习者的创造进行言语涵养的"听、读、说、写""探究""审美"等平台，让学习者在"分享"中，交流与提升运用和驾驭中华民族共通语的实践能力。

3. 建立有效性和创造性的参与式课堂评价，是检验学习效果的有力保障

语文参与式课堂评价的有效性和创造性机制，是指以语文参与式课堂目标为指导，通过语文知识问题情境、语文思维训练过程、审美情感体验活动和言语产品分享时间等课堂实践，为促进学生学习和教学提供反馈信息和矫正策略，从而为语文参与式教学的实施提供评价过程和方式。① 针对调研结果中以"教师评价为主""学生参与度不高"等状况，我们不仅要关注"谁来评"的问题，而且要关注语文课堂上"评什么"和"怎么评"等问题，从而建构有效性和创造性的语文参与式课堂评价机制。

首先，所谓"评什么"，即一以贯之地以语文参与式教学的"四有"内涵为评价的基本内容。目前的课堂评价策略，更多地关注教学的外在表现，如课堂气氛、师生平等、小组合作等。语文参与式教学评价的有效性建构，是在语文参与式教学目标与评价的呼应中，将内涵式评价与外延式评价有机结合起来，以语文参与式教学"四有"指标为基本内容，检测和评价课堂教学的有效性。那么，立足心理学负反馈理论，着眼于学生课堂上"学"的效果，最终从学生的言语实践活动的"外化产品"进行课堂质量和效果评价。从语文有效性学习理论来看，学生"学"的结果也是从大众化的"语言"规律到个性化的"言语"实践的过程，通过个性化的"言语产品"检验来评价学生学习、调适教师教学。②

其次，所谓"怎么评"，需在阶梯式层级和文化场域中提升语文参与式课堂评价体系的创造性。语文参与式课堂评价体系的"创造

---

① 靳健：《语文参与式学习及其有效性条件》，《教育研究》2014 年第 6 期。
② 赵晓霞：《语文课堂教学有效性模式探微》，《中国教育学刊》2014 年第 11 期。

性",是以"有效性"为前提和基础的。所谓阶梯式层级,是指语文参与式教学目标体系都具有阶梯式层级特征。如思维过程的"识记、领会、运用、分析、综合、评价",言语能力的"聆听、阅读、对话、写作、探究、审美",情感行为的"愿意、行动、批判、建构、创造"等,前一个层级为后一个层级的基础。因此,课堂评价的创造性体系,皆是由浅入深,由表及里地形成学生的创造性能力的过程。所谓在文化场域中凸显创造性,是指语文课程对学生创造性能力的培养,不能仅仅着眼于交流和工具层面,同时还应着眼于文化熏陶和精神陶冶的价值。西北地区语文参与式课堂变革的发展,须兼顾国家弘扬中华优秀文化的基本精神,一方面,在西北地区语文教育中弘扬中华优秀传统文化,是时代的重要使命;另一方面,优秀传统文化能够加深语文课程对于学生的吸引力,使学生受到中华优秀传统文化的滋养。

(三) 促进语文教师专业发展,政府要提供支持和保障

富兰指出,教育改革的成败非常关键的因素是个人的成长和变化,而且"如果没有学习型的学生,就不可能有一个学习型的社会;如果没有一个学习型的教师,就不可能有学习型的学生"[1]。任何一项教育变革,教师都位于核心的地位。因此,教师的专业化发展,是民族地区教育改革推进的重心。主要包括:第一,促进现有教师的专业发展;第二,吸纳优秀毕业生进入教师队伍。这两个方面都需要政府提供政策保障和经费支持。

无论哪一项工作,我们都需要对教师专业知识和能力构成有清晰的理解和定位。以往的教师专业能力考核,往往从学科专业知识、教育学和心理学知识以及教学技能等方面进行。但国际上的最新研究表明,教师的专业知识还有一项重要的构成要素,即学科教学法知识。它是对"教师个人教学经验、教师学科内容知识和教育

---

[1] [加]迈克尔·富兰:《变革的力量:透视教育改革》,中央教育科学研究所、加拿大多伦多国际学院译,教育科学出版社2004年版,第158页。

学的特殊整合"①。这是一种使得教师与学科专家有所区别的专门知识,是有别于学科与教学知识领域的一种知识体系,是"教师最有用的知识代表形式"。

在本次调研中我们发现,对于很多拥有良好语文专业素养的教师来讲,之所以没有在教学中取得好的教学效果,根本上是因为缺乏在特定的主题、问题中对教学内容的组织、表征和呈现能力,从而难以适应不同学习者的能力发展需求,也即缺乏学科教学法知识(PCK)。从这个角度来讲,我们应该就不同地区教师专业知识的特点,因地制宜地提供"套餐式"培养服务;在教师准入机制中,同样应根据教师知识的特点,制定更为科学的考核制度。这些工作都是迫切而紧要的。

(四) 加强民族地区语文教材建设,合理使用语文教科书

语文教材是语文课程内容的重要载体。从教材建设与教学资源开发来看,现供西北五省区藏族地区使用的《汉语》教材,如今在国家"立德树人"方针指引下,围绕"中国学生核心素养"的教育目标,应调整其内容和组织形式,使其更好地紧跟时代发展的要求。尤其是最新颁布的《高中语文课程标准(2017年)》提出了新的理念和培养目标,对少数民族地区的语文教材建设提出了新的要求。在教学资源开发方面,既要着眼整体,又要兼顾地方。如中华优秀传统文化应该成为青少年的共同文化记忆,同时要针对西北地区独特的自然、文化、风俗等开发具有时代特色的校本教材,在课堂教学中有效实施和开展研究性学习、综合性学习,拓展整本书阅读、专题学习的资源和课程,未来还需进一步在这方面进行探索。

从语文教材的使用来看,目前语文教育低效的重要原因是语文教学内容的缺失,语文教师对教学目标和内容的把握也不甚清晰。这与语文教科书大都是"文选型"的,由一篇篇课文选编而成有关。我

---

① L. S. Shulman, "Those Who Understand Knowledge Growth in Teaching," *Educational Researcher*, 1986: 56.

们看目前的"统编版"语文教科书,在体例形式和内容选择上更为科学,更符合"语文"学习的基本规律。因此,西北地区语文教育教学水平的提升,还有赖于教科书编撰水平的提升。通过教科书编撰,引领教师在教学中合理、有效地使用教材。

王荣生提出教科书使用的"画三种颜色"策略:第一种颜色是选文中"可教的"内容;第二种是选文中学生学习可能"有困难处";第三种是选文中超出学生学习范围处。其中第三种超出学习范围的部分是不需要教的,而第一种"可教的"与第二种"有困难的"重合处,正是"这一篇"的教学内容。这一策略有利于提升民族地区语文教师对教材的合理使用能力,从而提升语文课堂教学的质量。

(五)加强中华传统文化学习,促进国家认同与民族团结

2017年初,中共中央办公厅、国务院办公厅印发《关于实施中华优秀文化传承发展工程的意见》,这是党的十八大以来,国家对继承与弘扬中华优秀传统文化的进一步推进。该意见特别指出,中华优秀传统文化发展工程要"贯穿国民教育始终",尤其要以基础教育为重点。继承中华民族优秀传统文化,西北地区语文教育对之有着不可推卸的责任。这不仅能够提升学生对传统文化的认同,受到传统文化精神的滋养,而且能够提升学生学习汉语的兴趣。

1. 语文课堂上要培养学生对传统文化学习的兴趣。通过学习传统文言经典,促进学生了解优秀传统文化,增进人生智慧。所谓"经典训练的价值不在实用,而在文化"[1]。

2. 对于传统经典的教学,须将重点落实到言语实践上来。语文课堂上学习传统经典,要立足于"文言",渗透着"文学""文章"和"文化"的内涵。如学习"学而时习之"的"学",要让学生了解古代学生的课程——"六艺";由"有朋自远方来"中的"朋",讲到"同门为朋,同志为友",在"文言"理解中提高学生的文化认知。

---

[1] 朱自清:《经典常谈》,中华书局2009年版,序言。

3. 教学方法上要加强背诵，培养语感。文言文关注的是所言之志，所载之道，而这不仅需要教师引导帮助学生理解，还需要让学生在不断朗读与背诵中加以体会、感受。

4. 在评价方式上要多元化。文言文教学的评价主要是"纸笔测试"，但如果立足于中华传统经典的角度，那么所涉及的内涵则更为宽泛，在评价上是否可引入更多形式有待思考。

（六）多方面协同创新，整体推进西北地区语文教育改革

教育改革是一项复杂的生态系统。在这个系统中，需要多方面协同创新，才能从整体上推进民族地区语文课堂教学的变革，提升民族地区语文教学的质量。从政府方面来讲，要充分重视地方教育的发展，为教育改革提供政策支持和资金保障。从学校来讲，要建立起学习型组织，因为依靠教师单枪匹马的探索，其力量是有限的。学习型组织形式是多样的，可以是教研活动，可以是共同备课等。教师是课堂变革的核心力量，教师对教育改革的理解及其目标、实际的探索能力、坚持力和协作能力，是改革成败的关键。正如伊斯顿所指出的，如果"教师的教学实践在学校改革后没有发生变化，那么，在改进计划实施以后学校也不会改变。"[1] 从教学周围环境来讲，还须调动学生家长、社区、校外专家等的力量，共同促进语文课堂的变革。在这个过程中，我们要把"改变课堂"作为"改进学校""改进教育"的基本支点。

综上所述，教育改革是一项复杂的、系统的工程，在这个生态系统中，有多方面的力量和因素影响着改革的进程，如教育政策、行政管理、学校文化、社区环境、家长、教师观念和实践能力等。这些因素形成一种动态的、多变的体系，教育改革需要协调好多方面的力量和因素，使之形成合力。而这其中最为核心的教育改革力量乃是教师，包括教育目标、探索能力、保持能力和协作能力。这四个方面缺

---

[1] J. Estonia（1991），*Decision Making and School Improvement: LSCs in the First Two Years Reform*, Chicago, IL, Chicago Panel on Public School Policy and Finance.

一不可。当考量西北地区语文课堂教学变革的基本状况时，不但要以课堂教学为中心，还要充分考虑到其他影响因素，考虑到教师内在的学习和外部协调能力等诸多关系。这是本书所得出的基本结论与建议。

参考文献

（梁）刘勰：《文心雕龙》，郭晋稀注释，岳麓书社 2004 年版。

（宋）朱熹：《四书章句集注》，中华书局 2011 年版。

（清）孙希旦撰，沈啸寰、王星贤点校：《礼记集解·学记第十八》，中华书局 1989 年版。

（明）王阳明撰：《传习录》，于自力、孔薇、杨骅骁注译，中州古籍出版社 2008 年版。

（明）张岱著，夏咸淳、程维荣校注：《陶庵梦忆·西湖梦寻》，上海古籍出版社 2001 年版。

张世英：《进入澄明之境——哲学的新方向》，商务印书馆 1997 年版。

牟宗三：《圆善论》，吉林出版集团有限责任公司 2010 年版。

牟宗三：《中国哲学十九讲》，吉林出版集团有限责任公司 2010 年版。

吕叔湘：《吕叔湘语文论集》，商务印书馆 1983 年版。

张志公：《传统语文教育教材论——暨蒙学书目和书影》，上海教育出版社 1992 年版。

王力：《关于古代汉语的学习和教学》，唐作藩、李行健、吕桂申编：《王力论语文教育》，河南教育出版社 1996 年版。

张隆华、曾仲珊：《中国古代语文教育史》，四川出版社 2002 年版。

周振甫：《怎样学习古文》，中华书局 1992 年版。

费孝通：《乡土中国》，人民出版社 2008 年版。

李秉德、李定仁：《教学论》，人民教育出版社 2001 年版。

王鉴、万明钢：《多元文化教育比较研究》，民族出版社 2006 年版。

王鉴：《课堂研究概论》，人民教育出版社 2007 年版。

靳健：《后现代文化视界的语文课程与教学论》，甘肃教育出版社 2006 年版。

靳健等主编：《中学语文课程与教学设计》，高等教育出版社 2014 年版。

王荣生：《语文课程与教学内容》，教育科学出版社 2015 年版。

施良方：《学习论》，人民教育出版社 2001 年版。

哈经雄、腾星主编：《民族教育学通论》，教育科学出版社 2001 年版。

宝玉柱：《民族教育研究》，中央民族大学出版社 2009 年版。

朱自清：《经典常谈》，中华书局 2009 年版。

韩军：《韩军与新语文教育》，北京师范大学出版社 2006 年版。

徐贲：《阅读经典》，北京大学出版社 2015 年版。

孙亚玲：《课堂教学有效性标准研究》，教育科学出版社 2008 年版。

[英] 安东尼·吉登斯：《社会的构成：结构化理论纲要》，李康、李猛译，中国人民大学出版社 2016 年版。

[英] 保罗·威利斯：《学做工》，秘舒、凌旻华译，译林出版社 2013 年版。

[美] 克利福德·格尔茨：《文化的解释》，韩莉译，译林出版社 2014 年版。

[美] 维纳：《控制论》，郝季仁译，科学出版社 1985 年版。

[加] 马克斯·范梅南：《教学机智——教育智慧的意蕴》，李树英译，教育科学出版社 2001 年版。

[加] 迈克尔·富兰：《变革的力量：透视教育改革》，中央教育科学研究所、加拿大多伦多国际学院译，教育科学出版社 2004 年版。

[瑞] 费尔南迪·德·索绪尔：《普通语言学教程》，商务印书馆 1980 年版。

[美] B. S. 布鲁姆等编：《教育目标分类学》第一分册《认知领域》，罗黎辉、丁证霖、石伟平、顾建明译，施良方校，华东师范

大学出版社 1986 年版。

［日］佐藤学：《学习的快乐——走向对话》，钟启泉译，教育科学出版社 2004 年版。

［美］威伦、哈奇森、博斯：《有效教学决策》，李森、王纬虹译，教育科学出版社 2009 年版。

［英］韦尔斯：《在对话中学习：社会文化理论下的课堂实践·导读》，外语教学与研究出版社 2010 年版。

［美］布鲁斯·乔伊斯等：《教学模式》，兰英等译，中国人民大学出版社 2016 年版。

［美］詹森（Eric Jenson）等：《深度学习的 7 种有力策略》，温暖译，华东师范大学出版社 2009 年版。

［美］舒尔曼：《实践智慧：论教学、学习与学会教学》，王艳玲译，华东师范大学出版社 2013 年版。

［美］帕梅拉·格罗斯曼：《专业化的教师是怎样炼成的》，李广平、何晓芳等译，人民教育出版社 2011 年版。

［美］安德森等编：《学习、教学和评估的分类学》，皮连生译，华东师范大学出版社 2007 年版。

［美］莱斯利·P. 斯特弗、杰里·盖尔主编：《教育中的建构主义》，高文、徐斌艳、程可拉等译，华东师范大学出版社 2002 年版。

［美］Ellen Weber：《怎样评价学生才有效》，陶志琼译，中国轻工业出版社 2016 年版。

［美］约翰·D. 布兰思福特等：《人是如何学习的》，程可拉等译，华东师范大学出版社 2012 年版。

［法］丹齐格：《什么是杰作》，揭小勇译，广西师范大学出版社 2015 年版。

［美］哈罗德·布鲁姆：《如何读，为什么读》，黄灿然译，译林出版社 2015 年版。

［美］布鲁姆：《西方正典》，译林出版社 2011 年版。

［意］卡尔维诺：《为什么读经典》，黄灿然、李桂蜜译，译林出版社 2015 年版。

［法］孔帕尼翁：《理论的幽灵》，吴泓缈、汪捷宇译，南京大学出版社 2011 年版。

［美］艾德勒、范多伦：《如何阅读一本书》，郝明义、朱衣译，商务印书馆 2004 年版。

［英］奥尔德森：《阅读评价》，王笃勤导读，外语教学与研究出版社 2011 年版。

［美］沙朗·沃思、希尔维亚·L. 汤普森：《方法篇：美国中小学阅读》，顿祖纯译，教育科学出版社 2008 年版。

巴登尼玛：《藏族教育之路探索》，《教育研究》1998 年第 10 期。

王鉴：《课堂的困境》，《当代教育与文化》2013 年第 9 期。

王鉴、王明娣：《课堂教学范式变革：从"适教课堂"到"适学课堂"》，《山西大学学报》（哲学社会科学版）2016 年第 3 期。

靳健：《语文参与式学习及其有效性条件》，《教育研究》2014 年第 6 期。

靳健：《把语文课上成语文课——由程翔老师的一节"课堂作品"说起》，《语文建设》2012 年第 2 期。

王宁、易敏：《语言与言语理论在语文教学中的运用》，《语文建设》2006 年第 2 期。

詹先友：《藏区教育的地域性和民族学研究》，《民族教育研究》2012 年第 3 期。

王荣、曲江尚玛：《青海藏区教育现状及今后发展思路》，《中国民族教育》2013 年第 10 期。

祁进玉：《青海省藏区藏汉双语教育研究与思考》，《中国民族教育》2016 年第 11 期。

王洪玉：《甘南藏汉双语教育历史与发展研究》，学位论文，中央民族大学，2010 年。

李长吉：《讲授文化：课堂教学的责任》，《教育研究》2011 年第 10 期。

丛立新：《讲授法的合理与合法》，《教育研究》2008 年第 7 期。

杨薇、郭玉英：《PCK 对美国科学教师教育的影响及启示》，《当代教师教育》2008 年第 3 期。

陈振华：《讲授法的危机与出路》，《中国教育学刊》2011 年第 6 期。

赵晓霞：《如何在知识情境中展开对话——高三语文复习课对话教学例说》，《语文教学通讯》2012 年第 3 期。

赵晓霞：《学问魅力与赋权增能：论语文教师的专业素养》，《中国教育学刊》2013 年第 10 期。

赵晓霞：《语文课堂教学的有效性模式探微》，《中国教育学刊》2014 年第 11 期。

赵晓霞：《公开课的预设与留白：从"适教"到"适学"》，《语文教学通讯》2017 年第 3 期。

曹文轩：《语文课的几个辩证关系》，《光明日报》2013 年 4 月 25 日。

人民教育出版社、课程教材研究所、汉语课程教材研究开发中心编著：《义务教育课程标准小学实验教科书（藏族地区使用）·汉语同步练习》，人民教育出版社 2015 年版。

Ausubel, D. P. (1968). *Educational Psychology: A Cognitive View*. New York: Holt, Rinehart & Winston.

Halliday, M. A. K. (1978). "Towards a Language-based Theory of Learning." *Linguistics and Education*, 93.

Kieffer, C. H. (1984). "Citizen Empowerment: A Developmental Perspective." *Prevention in Human Services*, (3).

Palincsar, A. S. & Brown, A. L. (1984). "Reciprocal Teaching of Comprehension-fostering and Comprehension-Monitoring Strategies." *Cognition and Instruction*.

Shulman, L. S. (1986). "Those Who Understand Knowledge Growth in Teaching." *Educational Researcher*, 56.

Vygotsky (1987). "Thinking and Speech." In R. W. Rieber & A. S. Carton (eds.). *The Collected Work of L. S. Vygotsky*, Volume 1: *Problems of General Psycbology*. New York: Plenum.

Rappaport, J. (1987). "Terms of Empowerment/Exemplars of Prevention: Toward a Theory for Psychology." *American Journal of Community Psychology*, 15.

James A. Banks (1988). *Multiethnic Education Theory and Practice*. Allyn and Bacan, Inc.

Storr, A. (1988). *Solitude*, London, Flamingo Press.

Senge, P. (1990). *The Fifth Discipline*, New York, Doubleday.

Pascale, P. (1990). *Managing on the Edge.* New York, Taouchstone.

Schrage, M. (1990). *Shared Minds*, New York, Random House.

Estonia, J. (1991). *Decision Making and School Improvement: LSCs in the First Two Years Reform.* Chicago, IL, Chicago Panel on Public School Policy and Finance.

Lang, P. (1992). "Administrative Workshop." unpublished paper, Oshawa, Ontario, Durham Board of Education.

Good, T., and Brophy, J. (1996). "Teaching Effects and Teacher Evaluation." In J. Sikula (ed.), *Handbook of Research on Teacher Education.* New York: Mamillan.

James W. Stigler, and James Hiebert. *The Teaching Gap: Best Ideas from the World's Teachers for Improving Education in the Classroom.* Free Press, New York, London, Toronto, Sydney.

后　　记

　　本书是在教育部人文社会科学青年基金项目"新课程下西北民族地区语文课堂教学方式调查研究——以甘肃省为例"的结项报告基础上修改完成的。从课题立项，开展研究，到结项，再到出版，历时5年有余。题目也最终确定为"西北地区语文课堂变革研究——以甘南、临夏、天祝、肃南四地为例"。课题的顺利开展，得到西北师范大学教育学院、西北民族教育发展研究中心领导和同事们的大力支持和悉心指导。感谢西北师范大学教育学院刘旭东、王鉴、李泽林、胡红杏、张善鑫诸位教授，语文教育研究所的石义堂、李金云、张永祥、马胜科诸位教授，兰州大学李硕豪教授，甘肃民族师范学院张筱兑教授，他们对本书提出了宝贵的意见和建议。特别要感谢我的导师靳健教授，他对语文参与式教学的内涵阐释和理论建构，为本书提供了基本理论框架。

　　本书是在广泛而深入的调查研究基础上完成的。5年来，课题组成员奔赴甘肃各民族自治州、自治县、自治乡，从发放问卷到访谈，再到深入课堂做研究，搜集到大量真实而生动的第一手资料。在这个过程中，我们得到了民族地区诸多领导、老师、朋友们的支持和帮助。尤其要感谢甘南的贡布次旦、杨雪峰、旦正道吉、郭宁宁、李桂青等，临夏的李逢忠、汪作霞、汪燕、马晓春、杜宏、苏俊德、王光宗等，天祝的徐文龙，肃南张小琴等，诸位老师为调研工作的顺利开展多方筹措、联络、奔走。还有很多只有一面之缘的教育局领导、老师和同学们，他们不但贡献了智慧，为我们答疑解惑，还呈现了真实而生动的课例。后期修改中当"重温"这些访谈和课例时，我们仍然能够真切地感受到当时的温度，他们的坚守，为西北民族地区教育的发展不断沉潜力量。

　　本书中很多数据搜集、整理等工作都是由我和西北师范大学教育学院诸位研究生完成的。其中张娟娟、苏俊娇、马娟妮、刘红艳、陈昕、李海义、卢敏等曾跟我数次走进田野调查，在资料整理方面付出了辛勤劳动，崔庆蕾、赵娜等对书稿做了校对。感谢同学们的辛勤付出。

　　本书在一定程度上记录和反映了西北民族地区语文课堂变革的基本状况，并着眼于语文课堂教学的有效性和创造性视角，提出了改进策略。但由于水平有限，书中还存在很多不足和纰漏，恳请专家、学者、老师们提出宝贵意见和建议。

　　古代孔子提倡《诗》教，以培养"温柔敦厚"的君子。对于现代语文教育，我们要认识到，它不仅是语言思维之教，而且是审美、文化之教。因此，西北民族地区的语文教育，不仅要发展学生语文核心素养，也要培养西北民族地区青少年的健全人格和文化自信。

　　因此，我们还在路上。

赵晓霞
2019年7月于兰州